王萌　著

谋　心

日本在中国沦陷区的"宣抚工作"

（1937—1945）

社会科学文献出版社
SOCIAL SCIENCES ACADEMIC PRESS (CHINA)

本书为

国家社科基金青年项目
"抗战时期日本在中国沦陷区内的'宣抚'工作研究"
（项目号：15CZS042）

国家社科基金抗日战争研究专项工程
"世界反法西斯战争（含中国抗战）档案资料收集整理及研究"
（项目号：16KZD020）

成果

目 录
CONTENTS

绪　论

一　课题的研究意义

将中国传统"内政性"词汇改造成对外战争中的话语资源，是近代日本军国主义构建战争话语体系的一个特点。"宣抚"一词，中国自隋末就有，[①] 本意是指中央官员前往地方，将朝廷方针传达民众，以使民心安定。该词自明清以来已很少使用。然而在战时日本的语境中，"宣抚工作"成为日本军政当局对沦陷区民众采取的"居高临下"的统治策略，具体而言，乃"对于战地因敌人错误领导而狂热，或怯于战祸不知所归的民众，通过传达日军出师的真正精神，恢复并维持治安，使之助力于产业、经济、交通、文化复兴，通过安定民心，使之成为东亚联盟体之一环，确立明朗中国建设的基础"。[②] 在战争时代，"宣抚"一词被频繁使用，随着日本战败，"宣抚"与"征发"、"治安肃正"等军国主义用语，从日语世界中销声匿迹。

"宣抚工作"，顾名思义，是将"宣传"与"安抚"结合的一种谋略性活动。"宣抚"[③] 工作的对象则是日军占领区内的民众。

---

① "宣抚"的说法最早出现于正史记载，乃隋臣裴矩被宇文化及封为河北道宣抚大使："（宇文）化及僭帝号，以矩为尚书右仆射……为河北道宣抚大使。"参见李延寿撰《北史》卷38《裴矩传》，中华书局，1974，第1393页。
② 三田了一『新秩序建設と宣撫工作』改造社、1940、500—501頁。
③ 为阅读方便，本书以下行文中"宣抚""宣抚工作""宣抚员""宣抚班"等词不再一一加引号。

宣抚工作的目的，是获取日军占领地区的民心，在当地建立日本主导、傀儡政权协从的殖民统治体系。自九一八事变以来，日本对东北沦陷区的宣抚工作，伴随关东军的武力占领与"治安"作战而启动。卢沟桥事变爆发后，日本向华北沦陷区各地派遣大批宣抚班，全面侵华时期的宣抚工作由此拉开序幕。在淞沪会战的尾声，一些宣抚班活动于江南沦陷区的主要城市，日本对华中①沦陷区的宣抚工作亦紧锣密鼓地开展起来。太平洋战争爆发后，伴随日本对东南亚的武力侵略，宣抚工作延伸至该区域，成为日本对当地实施军政统治的重要手段。从投入的人力、物力、财力来看，在日本发动的十四年对外侵略战争期间（1931—1945），全面侵华时期日本军政当局对中国沦陷区的宣抚工作，无疑是这一工作中最具规模、运作最为成熟的一环。

对这一时期宣抚工作的考察，能够使我们发现日本军政当局对中国沦陷区实施殖民统治的思维逻辑，看到中国沦陷区民众在日本殖民统治下的多重面相；我们也能从中剖析日本侵华战争对于中国社会的深层影响，深刻理解中国人民反抗日本军国主义武力侵略与殖民统治的伟大意义。

二　既有研究成果

宣抚工作研究是抗战史研究、日本侵华史研究的重要组成部分。迄今我们对于宣抚工作的认识，除少数西方学者的论著以外，②

---

① 本书的"华中"，按当时日本对中国区域的划分，概指日军控制下的长江中下游沦陷区。

② 西方学界研究这一课题的代表者，首推加拿大学者卜正民。卜正民在其著作中涉及日本对沦陷后江南社会的"宣抚工作"，特别关注中国人"合作者"的立场及其所处的"历史情境"。参见〔加〕卜正民《秩序的沦陷：抗战初期的江南五城》，潘敏译，商务印书馆，2016，第8—25页。卜正民对于"宣抚工作"对象"历史情境"的分析，反映了中日学界之外第三国学者的视角，这一视角具有"平视"研究对象的特征，有可取之处，但也存在"观念先行"等问题。

大部分来自战后中日两国学界的研究成果。对既有成果进行系统性的梳理、总结、评判，有利于我们对这一课题开展深入、系统、全面的研究。

中国学界对于宣抚工作的研究，伴随改革开放以后对中国抗日战争期间沦陷区研究的深入而展开。学者对宣抚工作的观察视角不同，产生了多样化的研究成果，主要集中于以下几个方面。

关于宣抚工作的基层组织宣抚班的研究。赖晨、王龙等人认为，宣抚班是日军在占领地区实施殖民统治的别动队，被日军讴歌为"没有武器战士"的宣抚员，同样存在战争犯罪行为。① 日本军政当局于卢沟桥事变发生后不久，即向华北派遣大批宣抚班，华北各地的宣抚班成为日本在当地开展宣抚活动的主力部队。张汉静、王鹏飞则对晋北沦陷区内宣抚班的活动进行了考察。② 在核心史料方面，叶伟敏指出，日军华北方面军编写的《宣抚班小史》是深入了解华北宣抚班不可或缺的史料，应得到学界关注。③ 谭忠艳对华中沦陷区内一些地区宣抚班的业务进行分析，发现这些宣抚班对所在地民众采取"恩威并施""剿抚兼施""教化安抚"等手段，意图构建由日本控制的基层统治秩序。④ 解学诗发现，南满洲铁道株式会社在全面侵华初期的日本对华宣抚工作中扮演重要角色，华中日军向南京至杭州一线诸多城市派遣宣抚班。与华北各地宣抚班相似，华中各地宣抚班中满铁出身人员占相当大的比重，这一类宣抚员利用从事宣抚工作的机会，对华中沦陷区的社

① 赖晨：《宣抚班：日军侵华心战特务组织》，《钟山风雨》2013 年第 3 期；王龙：《滴血的橄榄枝：抗战时期日军的"宣抚班"》，《文史天地》2016 年第 7 期。
② 张汉静、王鹏飞：《抗战初期山西晋北地区侵华日军宣抚班研究》，《史志学刊》2019 年第 5 期。
③ 叶伟敏：《侵华日军〈宣抚班小史〉史料价值评析》，《抗战史料研究》2018 年第 1 辑，团结出版社，2018。
④ 谭忠艳：《满铁华中宣抚班"宣抚活动"研究》，《军事历史》2019 年第 3 期。

会经济结构进行了一系列的调查。①

　　关于区域宣抚工作内容与形式的研究。王乐就日伪当局对伪满农村的巡回电影放映工作进行了较全面的考察，发现这一工作规模庞大，其中满洲映画株式会社举行的"启民电影"放映活动是核心部分。② 王晓峰注意到日伪在伪满基层推行的宗教宣抚工作，如1938年春，关东军派出由普化佛教会等各宗派僧侣、信徒组成的宣抚班，为长白、抚松、桦甸等地民众举办讲经会等活动，意图切断当地民众与东北抗日联军的精神联系。③ "铁路爱护村"是日伪在华北沦陷区内为防护铁路交通线而构建的一种村政体制。"铁路爱护村工作"是全面侵华时期日本对华北宣抚工作的重点，王占西对这一"工作"的起源、运作模式进行了较细致的考察。④ 周东华利用《新浙江日报》《杭州新报》等杭州沦陷时期日伪发行的报刊，结合日方相关档案，发现日华佛教会是日本对沦陷后杭州推行佛教宣抚工作的实际机构，该机构的佛事活动服务于日本对杭州社会秩序的重建与对当地民心的笼络。⑤ 赵伟以1939年在上海创刊的《大陆画刊》为考察对象，指出该刊特意选择通俗路线，编排一些趣味性、娱乐性话题，通过将殖民话语融嵌于图片，或包裹于文字解说，

①　解学诗：《日本对战时中国的认识——满铁的若干对华调查及其观点》，《近代史研究》2003年第4期。

②　王乐：《"本土化"的帝国殖民地宣传——以伪满农村电影巡回上映为例》，《当代电影》2011年第2期。

③　王晓峰：《日伪统治下的东北宗教侵略》，《东北史地》2007年第4期。

④　王占西：《抗战时期的华北沦陷区铁路"爱护村"述论》，《日本侵华南京大屠杀研究》2018年第4期。

⑤　周东华还在文中表示，虽然他的研究采取与卜正民基本相同的视角和方法，即关注沦陷初期杭州著名僧侣及其个人选择的"历史情境"，但无论是从道德批评角度看日华佛教会的"提携、反共和共荣"，或是从民族主义角度看该会用大乘教义宣扬的"大东亚和平共荣"，还是从人道主义角度看该会的慈善与救济，其都是为了达成宣抚目的——"向占领区民众宣扬（日本）帝国的理想，纠正其过去错误的对日观念，使彼等民众成为帝国最佳合作者"。参见周东华《全面抗战初期日军对沦陷区的佛教"宣抚"研究——以杭州日华佛教会为个案》，《社会科学研究》2020年第6期。

达到宣抚民众的目的。① 近年来，一些学者关注到医疗宣抚工作对消除民众对日恐惧感与战争记忆的作用，如张慧卿、王萌、王格格以大屠杀后的南京地区为考察对象，通过考察日本医学界与日军军医的相关活动，揭露了医疗宣抚工作的形式与特点。②

关于宣抚工作中傀儡基层组织的研究。潘敏发现江苏沦陷区内各市县"治安维持会"听命于当地宣抚班，为其掌控与利用。③曹大臣以沦陷初期的太仓县为考察对象，指出日军宣抚工作对于当地社会秩序的恢复起到一定作用。他发现，因宣抚员有限，控制盲点较多，华中宣抚工作体系存在的缺陷，成为日后汪伪在该区域反复进行"清乡"的重要原因。④ 张泰山考察了日伪对湖北沦陷区的文化控制模式，发现伪汉阳县政府《晴川民报》、伪黄陂县政府《新黄陂》月刊、伪安陆县政府《安陆周刊》等傀儡报刊刊载的新闻稿件，主要由当地宣抚班提供，指出宣抚班在日伪对当地民众的宣传中起到重要作用。⑤

---

① 赵伟：《摄影如何"宣抚"——以〈大陆画刊〉为窗口》，《现代中国文化与文学》第 32 辑，巴蜀书社，2020。

② 张慧卿：《后大屠杀时期日军当局在南京医疗"宣抚"的实质》，《学海》2018年第 6 期；张慧卿：《"宣抚"抑或控制：大屠杀后日军在南京的卫生防疫》，《江海学刊》2019 年第 3 期；王萌：《日本对沦陷后南京的医事卫生调查》，《民国研究》2018 年春季号，社会科学文献出版社，2018；王格格：《全面侵华初期日本在华北沦陷区的医疗"宣抚"考论》，《民国档案》2021 年第 2 期。

③ 参见潘敏《日伪时期江苏县镇"维持会"研究》，《抗日战争研究》2002 年第 3 期。潘敏的研究并未局限于考察"治安维持会"这一傀儡基层组织，而是以江苏沦陷区基层政权整体为研究对象，全面考察日军侵略对江苏社会造成的影响，以及江苏社会各阶层的反应。参见潘敏《江苏日伪基层政权研究（1937—1945）》，上海人民出版社，2006，第 1 页。此外，巫仁恕的研究表明，沦陷时期治理苏州城市的机关，除伪吴县县公署、伪江苏省政府之外，背后更有日军宣抚班的操控。参见巫仁恕《劫后"天堂"：抗战沦陷后的苏州城市生活》，台北，台湾大学出版中心，2017，第 82—83 页。

④ 曹大臣：《日本占领华中初期的基层控制模式——以太仓县为中心（1937—1940）》，《民国档案》2004 年第 1 期。

⑤ 张泰山：《论抗战时期日伪在湖北沦陷区的文化控制模式》，《武汉科技大学学报》（社会科学版）2005 年第 4 期。

关于"新民会"的研究。成立于 1937 年 12 月的"新民会"，是日本仿效伪满洲国"协和会"，在华北沦陷区内推行思想战与"治安强化"的傀儡民政组织，与日本对当地的宣抚工作紧密联系。王强、曾业英等学者对"新民会"的成立宗旨、工作性质以及受日伪控制的程度进行了较为细致的考察。① 唐志勇发现，"新民会"曾于河北、山西、山东及陇海路以南部分地区选拔一些青少年与妇女会员，组成"救国宣抚队"，协同当地宣抚班对民众开展宣抚工作。② 刘江则专门考察了"新民会"组织机构变迁的情况，注意到 1940 年 3 月以后，"新民会"与宣抚班合流，组织机构进一步扩大，反映了侵华日军对华北沦陷区统治方式的变化。③ 刘大可从区域社会视角考察了山东沦陷区内"新民会"与各地宣抚班间的关系，指出"新民会"建立初期在山东势力的扩展借助了日军宣抚班的活动，两者的组织形式具有一致性。④

对宣抚员私记的解读。在战争时代，从事宣抚工作的人员以手记、战记、日记等私记形式，留下大量关于自身宣抚经历及观感的记录。这类私记被王向远称为宣抚文学，即"以日军的'宣抚'活动为题材的侵华文学"。⑤ 王向远还强调，宣抚文学反映出侵华日军在中国沦陷区内的所作所为，描写沦陷区中国民众的某些生活侧面，在日本侵华文学中占有特殊且重要的位置。⑥ 黄彩霞、王升远则进一步解读宣抚文学的特殊价值，认为其承载历史

① 参见王强《汉奸组织新民会》，天津社会科学院出版社，2006；曾业英：《略论日伪新民会》，《近代史研究》1992 年第 1 期。
② 唐志勇：《日伪"新民会"始末》，《山东师范大学学报》（社会科学版）1994 年第 3 期。
③ 刘江：《应对与调适：日伪华北新民会组织机构变迁（1937—1945）》，《学术研究》2019 年第 9 期。
④ 刘大可：《山东沦陷区新民会及其活动》，《山东社会科学》2001 年第 3 期。
⑤ 王向远：《"笔部队"和侵华战争——对日本侵华文学的研究与批判》，北京师范大学出版社，1999，第 153 页。
⑥ 王向远：《日军在中国沦陷区的"宣抚"活动及"宣抚文学"》，《名作欣赏》2015 年第 31 期。

记忆，不仅对战时战后日本文学史、思想史的研究具有重要意义，对于梳理日本侵华史亦具有重要史料价值。①

另一方面，战后日本学界关于宣抚工作的认识与研究，也形成了一定数量的成果。例如，我们在评述宣抚工作的虚伪性时，往往会引用竹内实的评价：

> 所谓"宣抚"或者"宣抚班"等用语，今日，已成为日语世界中的死语。然而在卢沟桥事变后的中日战争期间，它却寄托了某种浪漫主义，是最尖端的、思想的、政治的用语……"宣抚思想"所描绘的世界之像，必然在现实发展中破灭。从仅有的现实性角度而言，它不过是一种幼稚的思想。这种幼稚性，结果反映出日本一边侵略中国，一边却仰赖从中国补给粮食与工业资源，不得不寻求与中国民众合作的矛盾。②

虽然竹内实从思想史的角度批判了宣抚工作的性质，然而从严格意义上说，竹内实的评价并非出于历史学者的立场，而是从批判日本右翼思潮美化侵略战争的现实角度出发的。竹内对此也有说明："'宣抚思想'伴随日本的战败，已成为死语，故而被免除了回应现实的责任。但是作为'思想'行为的'宣抚'，却并未自此消失。如今我们只要稍微偏离视角，就当然会认可新的'宣抚思想'，如此则必定又会在这一思想下见证其死亡。"③

小野田廉平从史实角度考察日本全面侵华战争中宣抚工作从诞生至终结的过程，认为"从中国事变的特征来看，维持占领区

① 黄彩霞、王升远：《"不拿武器"的侵略：日本对华"宣抚工作"与"宣抚文学"研究刍议》，《山东社会科学》2018 年第 6 期。
② 竹内実「ああ大東亜共栄圏・宣撫の思想（上）」『新日本文学』1972 年第 11、12 合刊号、42、56 頁。
③ 竹内実「ああ大東亜共栄圏・宣撫の思想（下）」『新日本文学』1972 年第 11、12 合刊号、62 頁。

域稳定统治实属必要。陆军的方针，是将恢复占领地区治安视为第一要义。而为了对占领地区实施稳定统治，最重要者乃掌握民心，即使民众成为己方之友"。在小野田看来，宣抚工作包括"人道援助活动""治安恢复与维持活动""开发援助活动"等，具有人道主义、温情主义的特征。值得注意的是，他虽然指出宣抚工作走向失败不可避免，但认为"中国事变中日本的宣抚工作，对于现代军民合作问题，从掌握民心的角度也给我们提供了启示"。①

伪满洲国既是宣抚工作的诞生地，也是这一工作的试验场。清水亮太郎指出，九一八事变发生后，伴随关东军的武力侵略，宣抚工作逐步成为日本"统一"伪满民众思想的武器。1937 年之后，东北抗日联军领导的游击战，对于日本对伪满基层的统治构成严重威胁，关东军"治安工作"的"成效"很大程度上依赖宣抚工作的推展。② 寺户尚隆则通过考察日本佛教界在伪满基层推行的佛教宣抚工作，指出日本军政当局虽欲以此掩蔽日本人在伪满的民族优越感及其殖民统治的实质，然而大同佛教会等宗教组织开展的工作，最终未能在伪满民众中普及日本佛教，暴露出以日本佛教为核心的佛教宣抚工作的空洞性。③ 中生胜美揭露了关东军利用鸦片对伪满洲国与苏联交界地区鄂伦春族进行宣抚工作的诸多史实，因鄂伦春族人具有过人视力及熟稔"满"苏交界地区地理环境，被关东军当局利用于收集苏军情报，也由此成为宣抚工作的对象，"因日本方面系统地消除这段记忆，甚而连此事实的存在亦无从知晓"。④ 南龙瑞关注满洲电影株式会社推行的电影宣抚

① 小野田廉平「支那事変における日本の宣撫工作」『軍事史学』第 49 巻第 2 号、2013 年 6 月、58 頁。
② 清水亮太郎「満州国統治機構における宣伝・宣撫工作」『戦史研究年報』第 17 号、2014 年 3 月。
③ 寺戸尚隆「日本の仏教界による『満州国』宣撫工作」『龍谷史壇』第 138 号、2013 年 12 月。
④ 中生勝美「オロチョン族をアヘン漬けにした日本軍——『満州国』少数民族宣撫工作の裏面」『世界』2000 年第 5 号、196 頁。

工作，指出在甘粕正彦担任该会社理事长后，"满影"与关东军、伪满国务院总务厅弘报处、"协和会"等紧密联系，积极开展巡回放映等活动。虽然满洲电影株式会社在伪满基层大力普及电影文化，但因诸种因素，始终未能将"日满一体、民族协和"意识植入中国人头脑中。①

全面侵华战争爆发后，宣抚工作成为日本对华北"治安战"的重要一环。山本昌弘指出，1939 年初日军华北方面军将在华北的"治安工作"视为"长期思想战"，认为对于华北的彻底占领，必须通过"把握民心"来实现。基于这一考虑，华北日军实施大规模的宣抚工作，侧重于通过供给占领区内民众粮食、日用品、医药品等手段来笼络人心。② 谷拓弥则通过考察华北方面军宣抚班所编写的《红色抗日县政府的县治行政》等报告，发现日本在华北沦陷区内开展宣抚工作的另一目的，在于获取中国共产党及八路军的情报。③

宣抚工作形式的多样化，也受到日本学者的关注。川濑千春注意到日军利用中国民间艺术年画作为宣抚工具的现象。他发现，全面侵华时期日本军政当局将亲日意识融入年画创作的构想，源自关东军对伪满民众的宣传策略。华北日军在其推行的"治安作战"中，为了动摇民众的抗战意志，将"日华亲善""大东亚共荣圈"等文字融入年画中，反映出日军对八路军与抗日民众的宣传攻势。④ 在沦陷区基层推广日语教育，是宣抚工作的重要内容。田

① 南龍瑞「『満州国』における満映の宣撫教化工作」『アジア経済』2010 年第 8 期。

② 山本昌弘「華北の対ゲリラ戦、1939—1945——失敗の解析」波多野澄雄・戸部良一編『日中戦争の軍事的展開』慶応義塾大学出版会、2006、189—212 頁。

③ 谷拓弥「日中戦争期における——日本軍の情報活動：北支那方面軍の共産党軍対策を中心として」『防衛研究所紀要』第 21 巻第 1 号、2018 年 12 月。

④ 川瀬千春「日本の大陸侵略と中国の民衆芸術『年画』の変容——中国人の『抗日年画』、日本軍の『宣撫年画』」『国際開発研究フォーラム』1997 年第 7 号。

中宽认为，日本军政当局以沦陷区儿童为主要对象，于小学教育中推广《日语会话读本》，视之为诱使中国民众拥护日本"东亚新秩序建设"构想的文化战略，然而这一手段对于中国民众而言，"不外乎是屈辱的军国日之丸的象征而已"。[1]工藤信弥在南龙瑞的研究基础上，将研究视野扩大至中国沦陷区全域，认为以巡回电影放映为形式的宣抚工作在华北沦陷区遭到诸多抵抗，在"获取民心"上取得的效果极为有限。[2]

通过对中日两国学界关于宣抚工作研究状况的回顾，不难发现两国学界关于宣抚工作的研究，均取得了较丰富的成果，充分说明这一领域的研究，对于两国学界深化中日战争史研究、中国沦陷区史研究，乃至近代中日关系史研究都具有重要意义。

我们发现，两国学界的研究成果，主要发表或出版于 20 世纪 90 年代以后。近年来，一些较高质量的研究成果的问世，反映出学界对这一选题已产生一定的研究兴趣。推究其背后原因，除抗战史研究、沦陷区史研究的深入之外，还得益于大量核心档案、文献的电子化和网络公开，以及一些纸质档案经整理后的出版。如《宣抚班小史》《宣传宣抚参考手册》等，系当时华北日军为便于宣抚员开展工作而编写的"教科书"式文件，现均可于日本国立国会图书馆近代文献数据库、亚洲历史资料中心检索、浏览、下载；反映日本对伪满、华中沦陷区宣抚工作动向的重要史料《宣抚月报》《华中宣抚工作资料》等，均已由日本不二出版社出版。尽管如此，从目前学界关于日本对中国沦陷区宣抚工作既有研究成果来看，相较于国民政府对国统区的民众工作、中国共产党对抗日根据地的群众工作的研究成果，仍显薄弱。

另从既有研究成果的研究方法与取向来看，中外学者基本厘

①　田中寛「東亜新秩序建設と日本語の大陸進出——宣撫工作としての日本語教育」『植民地教育史研究年報』第 5 号、2002 年、149 頁。

②　工藤信弥「日中戦争期日本陸軍における宣撫工作と映画交流：民心獲得のための活動として」『軍事史学』第 52 巻第 2 号、2016 年 9 月。

清了宣抚工作的来龙去脉，在研究中对其内容、形式、特点也有一些概括性表述，然而关于这一工作的实际运作情况及沦陷区民众的反应，缺乏更为具体的实证研究，尚存在笼而统之、大而化之的问题。就区域而论，关于伪满地区宣抚工作的研究成果最为丰富，华北沦陷区次之，华中沦陷区则偏少，华南沦陷区基本未涉及，存在研究着力不均衡的问题。

值得注意的是，中日学界关于宣抚工作的性质认识上也存在偏差。中国学界一般将宣抚工作视为日本对中国沦陷区实施殖民统治的重要策略，强调其侵略性与虚伪性。这一论断是完全正确的，也是符合基本史实的。然而一些日本学者基于对一些碎片化史料的解读，罔顾日本侵华战争的时代背景，将宣抚工作视作战时日本对沦陷区民众采取的人道主义活动，类似结论应该引起我们的警戒，并予以坚决批驳。

此外，王向远、黄彩霞、王升远等学者提到的宣抚文学现象，值得我们关注。不可否认，所谓宣抚文学，确有一部分具有文学色彩，如小池秋羊的《华北宣抚行》、岛崎曙海的《地貌：宣抚官诗集》等，[①] 主要是宣抚员个人的散文集或诗作，对于宣抚工作研究，史料价值有限。但也有相当一部分，详细记载了宣抚员的活动及其对沦陷区社会的观察，对于我们了解当时沦陷区民众的抗日斗争与日常生活，显然具有较高史料价值。一些宣抚工作人员的私记，则是其战后忆述的产物，不仅对其所从事的宣抚工作的内幕多有揭露，而且对其有较为深入的反思与批判，因此具有一定的思想性。我们认为，宣抚员私记对于研究宣抚工作在基层实际运作的情况，可谓重要史料，将之简单归纳为宣抚文学，不能充分体现这类文献的特征。不妨将之视为一类特殊史料，通过与其他文献资料的对比、佐证，发掘一些新的研究线索。当然，根

---

① 小池秋羊（实名「大河原秀雄」）『北支宣撫行』都新聞、1939；岛崎曙海『地貌：宣撫官詩集』二〇三高地詩社、1939。

据具体的研究课题，宣抚员私记的史料价值也存在高低之别。

三　研究思路与框架

本书希望通过对大量公私文献的解读，为读者呈现全面侵华战争时期日本对中国沦陷区宣抚工作的实相，并深刻剖析其侵略本质。不同于以往的研究，本书在研究视角上，注重宏观与微观相结合，希望做到"既见森林又见树叶"。一方面，我们需宏观把握宣抚工作的来龙去脉、性质、影响，探讨其对于日本侵略国策的价值与意义，及其在中国沦陷区陷入困局、最终失败的深层原因；另一方面，因中国沦陷区各地人文地理风貌存在较大差异，侵华日军及傀儡政权对各地的控制力度亦有强弱之分，宣抚员职业出身与人生经历的差异，对其所从事的宣抚工作也不可避免产生影响，故而我们需按区域与个人，通过对一些个案的细致考察，更准确地了解这一工作在沦陷区基层开展的面相。

基于以上研究思路，本书拟以三部分展开研究。第一部分考察日本军政当局对华北、华中、华南沦陷区宣抚工作的实际情况。具体可分为四章。

卢沟桥事变发生后不久日本军政当局向华北沦陷区派出首批宣抚班，至1940年2月华北宣抚班解散。日本对华北沦陷区的宣抚工作自启动至终结的历史过程，可谓日本对中国沦陷区宣抚工作的缩影。第一章通过考察华北宣抚班的扩张轨迹与组织结构的变化、宣抚工作的内容与性质、旧新宣抚员群体的组成与更替、侵华日军眼中宣抚工作的成效与阻力等问题，希望对华北宣抚工作有一较总体、全面、系统的认识。

第二章对日本对华中沦陷区宣抚工作的个案——南京的宣抚工作展开考察。全面侵华时期，在日本对华中沦陷区各地开展的宣抚工作中，南京宣抚工作是比较特殊的一环。日本军政当局对当地的宣抚工作不仅具有"中日亲善"的示范意义，也在一定程度上意图抹除中国民众的创伤记忆，掩饰日军犯下的暴行。笔者希望通过对南京宣抚工作的考察，揭示作为战争加害者的日本，是如何利用各种手段试图修改并抹去中国民众的创伤记忆，从而为其侵略谋求合理性的。

第三章对日本在华中沦陷区内宣抚工作的另一种模式——杭州宣抚工作进行考察。杭州作为浙省首府、江南名城，在全面抗战初期并未如南京等地般遭受严重兵燹，沦陷时期的杭州既是日军牢牢控制下的"警备区"，又处于日伪与国共军事对峙的前线，民间抗日力量始终活跃。对于杭州特务机关对当地的宣抚工作进行考察，不仅有助于观察沦陷后杭州社会秩序的重建过程，也有助于了解当地民众对于宣抚工作的应对与抗争情况。

在第四章中，笔者利用日本海军编写的《三灶岛特报》等档案，以三灶岛为个案，探讨日本对华南沦陷区，尤其是以往学界鲜有关注的岛屿宣抚工作的开展情况。1938年2月日本海军第二次占领三灶岛后，开始在当地兴建军用机场及各种附属设施；面对岛民的激烈反抗，日军在对之残酷"扫荡"的同时，亦施行以宣抚工作为手段的殖民统治。日本在三灶岛的宣抚工作，虽然规模较小、形式较单一，然而其所体现的区域特点，值得我们关注。

宣抚员处于侵华日军与沦陷区民众之间，是一个有别于职业军人的特殊群体。在第二部分，笔者依托宣抚员私记，以六位宣抚员为对象，考察这一群体在战时环境下的宣抚生活及精神世界。具体分为三章。

日本全面侵华战争爆发后，满铁职员熊谷康曾在嘉定与蚌埠两地从事宣抚工作，见证了战争对于两地社会的冲击。第五章利用熊谷的私记及相关史料，捕捉他对日本侵华国策的实践与认知，剖析日伪统治下"江南"与"淮北"两个区域社会的复杂面相。

宣抚员渊上辰雄留存的战时日记，翔实记录了其在晋南沦陷区从事宣抚工作的经历及心理活动。在第六章中，笔者希望通过对渊上辰雄《派遣日记》的解读，了解日本对晋南沦陷区宣抚工作所及的张力与所受的阻力，从中一窥晋南沦陷区内日伪势力与国共抗日力量博弈斗争的情况。

第七章对四个名不见经传的小人物冈本勇平、岛崎曙海、小岛利八郎、关田生吉的宣抚经历与观感加以考察，剖析战时环境下宣抚工作在沦陷区基层的运作情况及宣抚员的精神世界。

第三部分对一些与宣抚工作相关的问题进行考察。具体分为两章。

第八章考察全面抗战时期同仁会的活动轨迹。宣抚工作的主要实施组织是宣抚班，但不限于宣抚班。通过阅读相关文献，一个从事医疗宣抚工作的庞大组织——同仁会浮出水面。同仁会是个怎样的医疗组织？它在日本对中国沦陷区的卫生工作中，究竟扮演了怎样的角色？同仁会在华卫生机构又与日本军政当局存在怎样的联系？对于这些问题的思考，或有助于我们深入了解医疗宣抚工作的真相与本质。

在全面侵华战争时期，日军高层对于士兵在中国战地的肆意"征发"有所警惕，将之视为宣抚工作之"敌"。诸多宣抚员在私记中，都指出日军战争犯罪行为对于宣抚工作造成负面影响，其中"征发"问题尤为严重。何谓"征发"？日本士兵在中国战地是如何"征发"的？其背后又存在怎样的心理结构？第九章考察日本士兵在中国战地的"征发"现象、近代日本对"征发"的法理认识及其所构建的"征发"模式，剖析这一中国"内政性"词语运用于军国话语体系的深层原因。

最后，笔者将六份华北日军关于宣抚工作的文件译成中文，作为附录。这些文件真实地揭露了日本对中国沦陷区内民众进行宣抚工作的诸多内幕，以及日本军政当局为宣传战、思想战所进行的精心调查与准备。对于这些核心史料的解读，有助于了解日本在中国沦陷区的宣抚工作的本质。

需说明的是，九一八事变后日本在伪满开展的宣抚工作也是抗战时期日本对中国沦陷区宣抚工作的重要组成部分。如前所述，日本对伪满宣抚工作已多为学界所关注，相应成果亦颇为丰富。鉴于此，我们将这些成果积极吸收于本书之中，而不单独列章。

此外，本书中所指的"宣抚员"，即宣抚班成员。因当时语境，一些文献称之为"宣抚班员"或"宣抚官"、"宣抚工作者"等，本书除必要的史料引用外，统一称之为"宣抚员"。

第一章　日本在华北沦陷区的"宣抚工作"

"宣抚"一词，本指中央官员前往地方招抚民众、安定人心。近年来，中外学界开始关注战时日本对华宣抚工作，已有不少成果问世，然而对于从事宣抚工作的实施组织——宣抚班，了解仍然有限。何为宣抚班？八路军总司令朱德指出，日本特务机关利用宣抚班，宣传"建设东亚新秩序"、"日满华提携"与反共思想，对沦陷区民众进行各种挑拨离间的宣传。① 国民党方面则指出，"凡敌寇足迹所到的地方，都有这种组织，其宣抚计划，以'迅速把握民心，确保情报搜索，确保通信线等'为工作方针"。② 显然，国共两党均将宣抚班视为抗战宣传战线上"凶恶的敌人"。一本名为《宣抚班小史》的小册子，作为日本军政当局为新招募宣抚员所编的必读教材，在序言中如此评价宣抚班对于日本在华北殖民统治的作用：

> 事变爆发迄今已三载，华北建设宣抚与军方的治安肃正工作形影相随，得到显著健实的发展。即宣抚班为适应华北

---

① 《三年来华北宣传战中的艺术工作》（1940 年 7 月 24 日），中共中央文献编辑委员会编《朱德选集》，人民出版社，1983，第 72 页。

② 秉中编《敌伪宣传内幕》，军事委员会政治部，1942，第 11 页。

当下治安情势，除本部宣抚班外，其他完全配属于管下各军及兵团，分散配置于交通要冲、各县城主要都邑，或从军作战，致力于宣抚圈的扩大宣传。眼下宣抚势力圈伴随我军治安工作之进步，取得异常显著之发展，不断强压扑灭敌人的人民战线。如今华北全域已陷入激烈的思想战漩涡中。我宣抚班日益获得民众，取得显著成果。当地班员的志气日益旺盛，克服瘴疬，忍受风沙，取得军宣一体之成果。①

序言中提到的"思想战"概念，为军国体制下的日本军政当局广泛使用。在国家总体战的视域下，思想被视为一种"武器"。日本军政当局认为，"直接或间接使敌人心理动摇，使之丧失抗敌意识也即敌意，由此取得战果之所在，即为思想之战"。② 不难理解，对日本军政当局而言，华北宣抚班作为与日军"治安战"相配合的宣传武器，其任务在于争取华北沦陷区内的民众，消除他们的敌意，服务于日本对当地的殖民统治。本章拟考察华北宣抚班的扩张轨迹与组织结构的变化、其所从事的宣抚工作的内容与性质、华北新旧宣抚员群体的组成与更替、日军眼中宣抚工作的成效与阻力等问题，希冀对日本在华北沦陷区内的宣抚工作有一总体、全面、系统的认识。

一　华北"宣抚班"的扩张轨迹与组织结构变化

宣抚班作为侵略日军中的一个特殊组织，其形成可追溯至九一八事变时期。关东军第十师团在参谋樱井德太郎的策划下，在伪满各地从事作战之前，往往派遣"靖乡队"进入抗日游击地区劝说当地民众"归服"，并在当地征集物资、收集情报，以供日军

① 「序言」『宣撫班小史』日本防衛省防衛研究所、支那 – 支那事変全般 –180。
② 内閣情報部『思想戦概論』内閣情報部、1940、6 頁。

作战需要。在第十师团结束作战之后，"靖乡队"继续动员当地民众维护沿途所经村落的铁路或公路等交通线，推行所谓"爱路村工作"。全面侵华时期日本对中国沦陷区的宣抚工作，即起步于伪满的"爱路村工作"，而"靖乡队"则为宣抚班的前身。①

卢沟桥事变爆发后不久，北平宣告沦陷。不久，华北日军北平特务机关成立"北平治安维持会"，并内设"宣抚委员会"，要求该委员会"以适当贴切之宣抚工作，致力于市民各阶层之启蒙，以此获得市民大众之信赖"。华北日军对北平宣抚工作十分重视，视之为日本在伪满宣抚工作的延伸，"北平工作之适当与否，直接影响华北各省，并波及全中国。特别对于与其具有血缘关系之满洲国统治，亦将产生极大波动，故而必须慎重注意"。②

与此同时，满铁职员八木沼丈夫被招至华北驻屯军天津司令部，受命组织华北宣抚班。八木沼丈夫，1895年出生于福岛县东百川郡的一户农家，中学毕业后任小学教员。1917年，八木沼作为满洲独立守备队队员前往中国东北，1920年除队后以满洲日日新闻社特派员身份常驻哈尔滨，以擅长文章闻名于当地日侨。九一八事变爆发后，八木沼进入南满洲铁道株式会社，担任情报课弘报主任，不久后作为关东军首批宣抚员活跃于海龙、西丰等地。他将宣抚员比作"没有武器的战士"，向日本军政当局反复宣传宣抚工作的价值。全面侵华战争爆发后，在八木沼的策划下，第一批宣抚员选出，包括具有"爱路村工作"经验的满铁职员52人，分成7个班，分别活动于昌黎、唐山、塘沽、杨村、廊坊、安定、长辛店等地，主要保障日军对北宁线等铁路的控制。

1937年8月，日军华北方面军司令部成立，不久，其特务部

---

① 青江舜二郎『大日本軍宣撫官——ある青春の記録』芙蓉書房、1970、61、91頁。

② 北平陆军机関「北平治安維持に伴ふ宣傳計画」『北支事変解決後の処置　昭和12年7月18日—12年8月24日』日本防衛省防衛研究所、支那-支那事変全般-168。

设立华北宣抚班本部。9 月初，喜多诚一出任特务部部长，日本军部规定其职权为"指挥所属部员对军方作战之后方地区，执行各有关政务事项，统辖指导中国方面之机关，为使该地区成为实现中日满合作共荣之基础而进行各项工作"。① 由此可见，指导宣抚班及其宣抚工作，属特务部职权范围。然而，在战时环境下，华北各地的宣抚班虽受特务部与宣抚班本部指导，但其具体配置地区由日军各地作战部队与当地特务机关协商决定，由此形成各地宣抚班在军事行动上受当地日军警备部队调遣，而在民政业务上受当地特务机关指挥的局面。为配合日军对津浦、京汉线及平绥、晋北等地的作战与占领，华北宣抚班分为从军宣抚班与定点宣抚班两种。国民党将前者称为"部队宣抚班"，视之为"部队政治部"；将后者称为"地区宣抚班"，视之为"动员委员会"。② 在功能上，从军宣抚班与日军作战部队一同行动，除为部队收集情报，"征发"物资、人夫之外，还要向作战地区中国民众宣传日军出兵的"真义"；定点宣抚班则侧重于在日军攻陷的地区从事召回避难者、组织成立"治安维持会"、处理民众控诉案件等日常性的民政工作。至 1937 年 12 月末，日军在华北各地的宣抚班共 80 个，宣抚员共 829 人（其中日本人 534 人，来自伪满的中国人 295 人，下同）。③

伴随日军侵略的步伐，石家庄、青岛、太原、安阳等军事要地的宣抚班，名义上配属于当地特务机关，实际行动却受当地日军兵团指挥。1938 年 5 月徐州沦陷后，侵华日军对华北的作战策略从大规模会战转向为区域内"治安战"，通过确立"宣抚势力

① 防衛庁防衛研修所戦史室編『北支の治安戦（1）』朝雲新聞社、1968、41 頁。
② 参见秉中编《敌伪宣传内幕》，第 11—13 页。事实上，全面抗战时期国民党对于宣抚班功能的判断并不正确，如认为部队宣抚班以敌伪士兵为工作对象，"对敌伪士兵厌战的活动，作严密的监视"之说，显系错误。
③ 「昭和 12 年 12 月末日現在情況」『宣撫班小史』日本防衛省防衛研究所、支那－支那事変全般－180。

圈"及推行"华北铁路爱护村指导要领"，将宣抚工作与"治安工作"紧密结合。由各地宣抚班联结形成的"宣抚势力圈"，扩张至正太线、同蒲线、胶济线、陇海线沿线地带。日本军政当局认为，针对华北民众的宣抚工作，应有别于华中地区。"华中民众概比华北所受抗日教育之浸润更甚，如今应多在性格、思想、政治上做进一步考量"，① 华中各地的宣抚班因"难以取得充分效果"，其业务被移交华中派遣军特务部。与华中情况相反，华北方面军特务部对当地宣抚班的控制却不断弱化，各地宣抚班从配属特务部与宣抚班本部，转归华北各地日军直接指挥，其民政职能逐步褪色，军事职能不断加强。为顺应华北日军的需求，华北宣抚班数量进一步扩大，至 1938 年 12 月末，宣抚班总数达 128 个，宣抚员总人数达 1556 人（其中日本人 1014 人、中国人 542 人）。② 宣抚员中具有满铁背景者约 400 人，约占总人数的 25.7%。③ 1939 年以后，伴随日本军政当局华北"治安工作"的开展，宣抚班与宣抚员的数量均急剧增加，至当年 3 月，宣抚班总数达 181 个，宣抚员总人数达 2371 人（其中日本人 1363 人、中国人 1008 人）。④ 在此期间，日本从国内派遣大批新招募的宣抚员至华北沦陷区各地，满铁出身的宣抚员被逐步替换，至 1939 年 7 月，华北宣抚班中的满铁系宣抚员，除极少数外，均从当地撤走。

　　1939 年以后，华北各地宣抚班在当地日军部队指挥下直接参与一线作战，成为依附于日军的准军事组织。日本陆军大臣板垣

---

① 「中支宣撫班建直し　陸軍で人材を募る」『東京朝日新聞』（朝刊）、1938 年 6 月 13 日、第 11 版。

② 「宣撫班転属」『宣撫班小史』日本防衛省防衛研究所、支那 - 支那事変全般 - 180。

③ 「宣撫班要員募集に関し依頼の件」（1939 年 2 月 8 日）、『陸支受大日記（密）第 22 号　2/3　昭和 14 年自 5 月 6 日至 5 月 11 日』日本防衛省防衛研究所、陸軍省 - 陸支密大日記 - S14 - 22 - 111。

④ 「昭和 14 年」『宣撫班小史』日本防衛省防衛研究所、支那 - 支那事変全般 - 180。

征四郎对此则称:"他们(宣抚班员)进入中国内地,冒着危险而活跃。此外,从治安现状角度出发,将暂且考虑继续将宣抚班员配属于第一线的做法。"① 除基本宣抚业务外,各地宣抚班的活动集中于情报收集与整理、对敌"招抚"、调查宣抚对象的思想动向等。为加强日本军队对华北宣抚班的指导地位,华北方面军将全体宣抚班分为方面军司令部宣抚班与军(师团)宣抚指挥班两种,规定方面军司令部宣抚班隶属方面军参谋部,从事方面军管辖地区内宣抚工作计划、经费、预算之制定,负责该管辖区内宣抚班的组织、人事、培训、考绩等业务;军(师团)宣抚指挥班隶属军(师团)参谋部,在军(师团)管辖区域内从事以上业务。②

各地日军部队还直接插手当地宣抚班的人事与组织,规定由日军现役或退役将校(指军官)直接指导宣抚班的具体业务。以驻屯山东中南部地区的第一一四师团为例,该师团司令部规定,大队以上各部队,必须设立宣抚负责将校与部队宣抚员。宣抚负责将校一般为尉官级别,其职责为统筹其所属部队的宣抚工作、指导配属其所属部队的宣抚班;部队宣抚员一般为下士官级别,其职责乃受宣抚负责将校命令,协助宣抚班开展各项业务,或在其部队并未配属宣抚班的情况下独立开展宣抚工作。③

战争进入相持阶段后,日本军政当局为贯彻"以华制华"策略,开始扶植"新民会"在各地的势力。成立于1937年12月的"新民会",是日本仿效伪满洲国"协和会",在华北沦陷区内推行思想战与"治安强化工作"的傀儡民政组织。"新民会"以所谓中国传统社会"王道精神"为指导思想,推行"新民主义",追求

① 「帝国の対支具体方策 委員会の答弁」『東京朝日新聞』(朝刊)、1939 年 3 月 19 日、第 2 版。
② 杉山部隊本部宣撫班「北支那方面軍宣撫班指導要領抄」(1939 年)、『宣撫班 小史』日本防衛省防衛研究所、支那 – 支那事変全般 –180。
③ 「宣撫工作勤務規定 昭和 14 年 1 月 14 日 第 114 師団司令部」『陣中日誌 昭和 14 年 1 月』日本防衛省防衛研究所、支那 – 支那事変北支 –905。

"新民政治"，以实现"中日满共荣"及"彻底剿共灭党"为宗旨。① 自 1938 年 3 月起，"新民会"大举扩充地方分部，在华北沦陷区各地开展以民众政治训练与农村合作社运动为中心的"民众教化"运动，其势力不断向基层社会渗透，导致在民政业务上与宣抚班冲突。伴随"新民会"的兴起，日本军政当局认为宣抚班具有浓厚的殖民统治色彩，且在实际工作中"日人之间互相拆台，造成很坏影响"。兼之华北出现恶性通货膨胀，驻屯日军的军费为之紧缩，而宣抚工作耗费巨大，最终引起当地日本军人的不满。

1939 年末，华北日军内部出现主张将"新民会"与宣抚班合并的呼声。1940 年 2 月，日本军部、"兴亚院"、"临时政府"与"新民会"经过协调后，最终决定将华北宣抚班解散。3 月 1 日，原宣抚班人员与"新民会"整合，扩大后的"新民会"经费仍由"临时政府"承担。

华北宣抚班的解散，并不意味着华北"宣抚势力圈"的解体，在日本军政当局看来，宣抚班的业务为"新民会"所承袭，"宣抚班与新民会的统合，乃与临时政府一体两面，由此新生的大新民会将于贯彻对全华北民众的民心把握工作上再出发"。② 原宣抚班干部随即转任"新民会"职务，例如，活动于山东安丘县等地的第 42 宣抚班，其班长转任"新民会"安丘县总会事务局次长，职权未发生任何变化。③ 大批宣抚员被"新民会"吸收为"参事"，仍掌握当地县政的实权，而薪资由"新民会"负担。

九一八事变以后，特务机关作为日本军人干涉中国内政的象征，在中国民众中声名狼藉。全面侵华战争爆发后，特务机关与日本外交机构于华北沦陷区内并存，华北出现特务机关权力过大

① 《中华民国新民会章程》，"新民会"中央指导部编印《新民会会务须知》，1938，第 9 页。
② 「排共懇談会」事務局『新民会の新発足』「排共懇談会」事務局、1940、2 頁。
③ 「大日本軍第 42 宣撫班略史」『北支の宗教「基督教・回教」』日本防衛省防衛研究所、支那 - 参考資料 - 23。

而外交机构权力式微、特务机关"得意于权力与谋略"而外交机构"易游走于理想主义而行政手腕不足"的奇特现象。① 1940 年 2月，日本军政当局在解散宣抚班的同时，将华北沦陷区内的特务机关更名为"陆军联络部"，并将其对中国傀儡行政机构的幕后操纵，改为以顾问"好意援助"的形式。特务机关的改名与对傀儡政权操纵形式上的变化，反映出持久战体制下日本军政当局对华工作思路的转变，而华北宣抚班的解散，则是这一思路的具体体现。

　　尽管日本军政当局以掩耳盗铃的形式，试图抹除日本对华北沦陷区的殖民统治色彩，然而所谓的华人组织"新民会"仍不能令其满意。"新民会"中的日本职员多从日本国内募集，几乎都经过日本宪兵及特高课的"选考"，对于中国基层社会缺乏基本了解。② "兴亚院"华北联络部次长森冈皋认为，一般民众将"新民会"戏称为"大日本新民会"，并不视之为"中国的机构"。宣抚班与"新民会"整合后，"新民会就越发带有日本气味"。③ 尽管日本军政当局宣布解散宣抚班，然而按陆军省报道部的观察，即使到 1941 年初，"仍有很多宣抚班于当地活跃"。④ 事实上，据宣抚员樋口忠回忆，因"新民会"在山西等地的根基并不稳固，当地不少县仍以宣抚班为中心继续开展宣抚工作，宣抚班与"新民会"整合后，在人事层面也产生各种龃龉。⑤ 另一方面，因日本对华北、华中沦陷区采取"分而治之"的策略，在华中沦陷区，宣抚班并未退出宣传战、思想战的舞台，即使至 1942 年 5 月，仍有

① 青江舜二郎『大日本軍宣撫官——ある青春の記録』、86 頁。
② 青江舜二郎『大日本軍宣撫官——ある青春の記録』、115 頁。
③ 防衛庁防衛研修所戦史室編『北支の治安戦 (1)』、227 頁。
④ 「女宣撫班員になりたい」『東京朝日新聞』（朝刊）、1941 年 3 月 29 日、第 4 版。
⑤ 樋口忠「宣撫指揮班長」興晋会在華業績記録編集委員会編『黄土の群像』興晋会、1983、65 頁。

宣抚班配属日军部队从事一线作战的现象。①

　　可以看到，华北宣抚班的历史轨迹大致可划分为四个阶段：九一八事变时期，华北宣抚班的萌生阶段；隶属华北驻屯军时期，华北宣抚班的发展阶段；华北日军发动“治安战”后，宣抚班进入扩张阶段；而与“新民会”整合后，宣抚班步入解散阶段。由华北宣抚班的组织网络构成的华北“宣抚势力圈”，因华北日军的“治安战”需要，也不断发生变化，各地日军对之介入与控制逐步增强。在隶属关系上，原本隶属华北方面军特务部和宣抚班本部的各地宣抚班，在日军发动“治安战”之后，与特务部和宣抚班本部的关系逐渐疏离，转而配属当地日军部队，体现出日军对于宣抚班及其宣抚工作的绝对控制。为了应对无休止的“治安战”，日军将各地宣抚班转用于军事系统，使之成为依附于日军、服务于战斗的准军事组织，最终伴随日本对华政策的转变，华北宣抚班走上解散的道路。

二　“宣抚工作”的内容与性质

　　在隶属华北驻屯军时期，因侵华日军在华北的作战集中于“点”（都市）和“线”（交通线），华北宣抚班的活动侧重于组织铁路沿线地带的“爱护村”。② 1937 年 8 月，华北驻屯军制定的宣抚班工作方针将重点置于“确保交通通信网，以期用兵作战之安

---

①　以 1942 年 5 月参与浙赣会战的原田混成旅团为例，该旅团配属 1 个宣抚指挥班、5 个地方宣抚班。「原田混成旅团宣伝宣撫班編成表」（1942 年 5 月 12 日）、『原田混成旅団浙贛作戦　戦闘詳報　昭和 17 年 5 月 1 日—17 年 5 月 14 日』日本防衛省防衛研究所、支那 - 大東亜戦争武漢 -24。

②　华北日军认为“铁路沿线的民众比之一般民众，文化程度较高，其启蒙与组织也更为容易。而其背后腹地所居住的末梢组织的民众，常可通过本地带决定其志向。故而首先第一期宣传宣抚之重点应设定于主要都市及铁路地带”。「駐屯軍宣撫班第 1 期宣伝計画　抜粋　第 1 軍参謀部第 2 課」『第 1 軍情報記録 1/8　昭和 12 年 10 月 22 日—12 年 11 月 17 日』日本防衛省防衛研究所、支那 - 支那事変北支 -95。

全"与"主要镇抚沿线居民，使其成为明朗华北建设的基础"，强调宣抚班在宣传策略上应"取得大众的信赖、使（宣抚对象）认识其民族性"，而在指导要领上应促使民众"自发"负责铁路警备，宣传日军出兵中国的"正义性"与"基于兴亚大道本位的日满华友邻政策"。① 事实上，华北宣抚班对民众的思想战攻势与全面侵华前华北驻屯军的宣传基调完全一致，即"向华北民众说明，其疾苦乃南京政府及国民党党部的积恶所致，作为拔本去源工作，要致力于酿造南北分离、摆脱国民党党祸之新气氛，首先将重点置于高调宣扬华北自治，渐向华北各省推及其影响"，② 由此充分体现华北驻屯军自"华北事变"以来所持"华北分离"政策的一贯性。

1937 年 8 月，华北宣抚班本部成立。为了确保日军对北宁线等铁路沿线的控制，各地宣抚班进一步强化"爱路村工作"，其方针从"路政"转向民政，职责包括在铁路沿线"培育"地方干部、组织爱路少年队与青年队、成立"铁路爱护委员会"等。其实施的工作要领相当细化，从要求"爱护村"竖立"爱护村旗"、设定村界村标，到对村民巡回施疗、表彰亲日"义举"、举办展览会、募集亲日歌谣诗集，再到督励农民农业生产等，内容五花八门，形成一个相当庞杂的工作体系。③ 1937 年 12 月，日军华北方面军制定《军占领地区治安维持实施要领》，要求各地特务机关、宣抚班为当地部队协调食盐、火柴、棉布等日需用品的采购与运输，筹集驻屯与作战必需的物资，④ 由此进一步扩大宣抚班的活动

---

① 「駐屯軍宣撫班第 1 期宣傳計画概要（昭和 12 年 8 月 10 日）」『宣撫班小史』日本防衛省防衛研究所、支那 – 支那事変全般 –180。

② 「駐屯軍宣撫班第 1 期宣伝計画　抜粋　第 1 軍参謀部第 2 課」『第 1 軍情報記録　1/8　昭和 12 年 10 月 22 日—12 年 11 月 17 日』日本防衛省防衛研究所、支那 – 支那事変北支 –95。

③ 「軍宣撫班第 2 期宣傳計画概要（昭和 12 年 9 月 24 日）」『宣撫班小史』日本防衛省防衛研究所、支那 – 支那事変全般 –180。

④ 防衛庁防衛研修所戦史室編『北支の治安戦（1）』、57 頁。

范围。

1938 年 10 月，武汉沦陷。华北日军"鉴于广州、汉口沦陷后的新形势"，要求华北宣抚班将宣传重点置于"促进蒋介石政权的覆灭，特别要有助于治安肃正工作"，各地宣抚班以当地驻屯日军部队为中心，联络当地傀儡县政府，陆续举办"汉口陷落庆祝大会"，通过宣传"日军战胜的实状""蒋介石政权内部的紊乱""各国对蒋政权的态度恶化"等，叫嚣"蒋介石下野"，对国民政府形成猛烈的宣传攻势。各地宣抚班还利用此类民众聚会，以庙会等形式制造"中日亲善"的假象，如高邑宣抚班于"汉口陷落庆祝大会"结束后组织民众大游行，游行队伍沿城内一周后至车站附近，沿途表演舞狮、杂技、戏剧等，"万岁之声响彻高邑天际，到处飘扬着庆祝气氛"。①

自全面抗战以来，中国共产党所持积极抗战的态度，为日本军政当局高度重视。作为应对之策，各地宣抚班承命推行所谓"反共救国特别工作"。为了形成对共产党的宣传攻势，各地宣抚班采取"地方主义"，通过操纵当地各种傀儡机构与组织，利用汉奸政要街头演讲、诱导青少年讨论时局问题、组织谣言队散布民谣等，力求将"反共救国运动彻底化"；而在宁晋县等八路军作战活跃的地区，当地宣抚班特别举办"反共救国大会"，离间民众与八路军的感情，"以使八路军的暗跃为之无力"。② 为了争取欧美在华势力的支持，各地宣抚班通过吸引在华重要外人、新闻记者至沦陷区实地参观等形式，"使其认识到中国尤其是华北的新事态，

---

① 高邑第 82 宣撫班「漢口陷落慶祝大会舉行報告」（1938 年 11 月 3 日）、『宣撫工作実施計画表　昭和 13 年 11 月』日本防衛省防衛研究所、支那 – 支那事変全般 – 183。
② 高邑第 82 宣撫班「寗晋縣　反共救国大会状況報告」（1938 年 11 月 3 日）、『宣撫工作実施計画表　昭和 13 年 11 月』日本防衛省防衛研究所、支那 – 支那事変全般 – 183。

若要享受利益，就只能与日本合作之现实"。①

日本军政当局认为，宣抚工作的经费，本应由华北傀儡政权"临时政府"的财政负担，然而鉴于其窘迫的状况，则由日军的临时军事费中支出，宣抚物资要尽量从日军没收的物品中充用。②1939 年初，各地宣抚班转属当地日军部队，宣抚物资由日军华北方面军直接拨付当地日军部队，宣抚工作的成本为之大幅增加。一些花费低廉的"奇策"，如"纸人戏表演"等，被列入宣抚工作的内容。1938 年秋以后，华中沦陷区内有宣抚员将这一娱乐活动运用于上海、广州等地的宣抚工作，"实际取得极好的效果"。1939 年 3 月，宣抚班本部以张家口为中心举办所谓"纸人戏讲习会"，日本军政当局通过培训演艺者、组织"画剧队"，在华北与"蒙疆"沦陷区内积极推广"纸人戏宣抚"工作。③另一方面，一些宣抚班利用宣抚工作，竭力牟取民间财富。如太原宣抚班以"救恤难民"名义发行彩票，从中赚取暴利；平遥宣抚班则从伪满运来印刷机，大量印刷山西票伪钞，扰乱当地金融秩序；等等。④

侵华战争进入相持阶段后，日军对华北的"治安战"日趋激烈，八路军游击队的顽强抗战成为日军的"心腹之患"。日本军政当局通过扶植傀儡政权"临时政府"与傀儡民众组织"新民会"，加强对华北基层的殖民统治。面对"治安战"的新形势，宣抚班本部对各地宣抚班提出新的"期待"，即"对所在大众进行宣抚教化，根绝兴亚祸源之抗日反满思想，协助确保后方之治安。应对之（指宣抚班——引者注）加以指导与组织，以之作为扫共灭党

① 「第五期宣傳計画」『宣撫班小史』日本防衛省防衛研究所、支那 - 支那事变全般 - 180。

② 「支那窮民の救恤及宣撫費支弁に関する件」（1938 年 3 月 24 日）、『支受大日記（密）其65　73 冊の内　昭和 13 年自 12 月 5 日至 12 月 12 日』日本防衛省防衛研究所、陸軍省 - 陸支密大日記 - S13 - 31 - 140。

③ 「捕虜君も満悦　アサヒ 紙芝居　山西の宣撫に殊勲」『東京朝日新聞』（朝刊）1940 年 2 月 18 日、第 9 版。

④ 青江舜二郎『大日本軍宣撫官——ある青春の記録』、95、96 頁。

之一翼，为东亚共同体的形成与东亚新秩序的确立而迈进"。① 各地宣抚班的工作内容中，仅在对当地日军的军事协助方面，即包括"情报收集""敌情地形侦察及其他调查""道路向导及翻译""协助军用铁路、公路、桥梁、堤防、飞机场通信线路的修理与构筑""协助武器弹药的补给""协调战死战伤者的回送与收容""战场清扫""协调军方宿舍""军用粮食、马粮及其他物资之调配""军用枕木、钢材、木材及其他资材的收集""隐匿武器弹药的搜索与回收"等。此外，一些从军宣抚班对日军的协助，还包括确保兵站运输线之顺畅、指挥"保安队"协助日军警备、对敌方组织的破坏工作等，不一而足，内容繁杂（具体可参见本书附录），反映出当时日军对"治安战"的高度重视及对宣抚班最大限度的利用。

与此同时，日军在《华北方面军宣抚班指导要领》中，再度强调宣抚班民政工作的重要性，"在军队肃清讨伐之后，恢复并强化当地的地方行政机构，并开展对民众的组织工作，即恢复并强化地方自治团体、教化团体，其中重点指向对青年阶层的组织、指导"。② 不同于之前的民政工作，1939 年之后宣抚班的活动更侧重于"教化"，强调对民众的"启蒙"。各地宣抚班的活动内容虽有差异，但大致包括"学校教育工作""社会教育工作""青少年工作""宗教工作"等四类。

"学校教育工作"。几乎华北所有的宣抚班都会开展此项"工作"，以在中国民众中推行亲日教育。然而现实中这一"工作"相当复杂，具体而言：

　　　　伴随治安的恢复，使民众放弃抗日思想，顺应新中国及

---

① 杉山部隊本部宣撫班「宣撫工作業務概要」（1939 年）、『宣撫班小史』日本防衛省防衛研究所、支那－支那事変全般－180。

② 杉山部隊本部宣撫班「北支那方面軍宣撫指導要領抄」（1939 年）、『宣撫班小史』日本防衛省防衛研究所、支那－支那事変全般－180。

东亚新秩序建设、振兴亲日教育，并调查占领区内的教育与学校复课状况。在较能确保治安的地区，极力促使小学复校。在学生使用的教科书中修正有碍于新中国建设等内容，配给、普及、推广新政府编撰的新教科书。按地方请求，致力于协调新教科书的采购，更要对日语教学投入关注；为了通过语言促进中日亲善工作，编撰日语会话读本，普及日语……并在各宣抚班复校的县中成立由小学教员组成的教育研究会，指导其将以往于抗日名义下被误导的中国教育恢复正道，体现本来的姿态。使学生明了本次我军出师及圣战的目的，诱导其彻底认识中日满合作的必然性与东亚的新时势。①

1939 年 1 月整个华北沦陷区内复课小学数仅 605 所，入学学生数仅 26175 人；在各地宣抚班的推动下，日军控制下的宁晋等县"小学已达可开学的程度"，至同年 10 月，复课小学数猛增至 5824 所，入学学生数达 195721 人。② 日本军政当局认为，亲日气氛应从儿童的日语教育始，故将宣抚班本部编写的《日语会话读本》统一使用于各地小学课堂。不难发现，这一读本虽在内容上浅显易懂，然而字里行间充斥着伪满的"王道"思想与"临时政府"的"新民"理论，③ 体现了日伪当局奴化中国儿童思想的意图。

"社会教育工作"。华北日军"鉴于一般民众对于世界状况的动向、社会状况、时局变迁的认识程度几乎处于无知的状态"，强

---

① 「教化工作担当係概況」『宣撫班教化工作実施概況　昭和 15 年 3 月 31 日』日本防衛省防衛研究所、支那－支那事変全般－181。
② 「教化工作担当係概況」『宣撫班教化工作実施概況　昭和 15 年 3 月 31 日』日本防衛省防衛研究所、支那－支那事変全般－181。
③ 「日本語会話読本　巻 1　宣撫班本部編」『宣伝工作資料　3』日本防衛省防衛研究所、支那－参考資料－252；「改訂版　日本語会話読本　巻 2　宣撫班編」『宣伝工作資料　3』日本防衛省防衛研究所、支那－参考資料－252。

调"要将教化工作的重点置于对民众的启蒙"，[①] 因此宣抚班的"社会教育工作"主要针对以农民为主体的底层民众。在施行方式上，宣抚班采取多种办法，如派遣电影放映队至尚未通电的农村放映宣抚影片；为使中国民众"正确认识当下时局及憧憬乐业之生活"，举办"王道满洲国"展览会；为向民众灌输"亲日兴民"思想，举行"东亚新秩序"运动周；为增加农民之文化常识，使其了解宣传之内容，于农闲期举办识字教育讲习会；"为纪念中国事变爆发二周年，使中国民众认识中日满三国之合作精神"，收集以日本国力、伪满现状、华北"复兴"、中日学堂学生作品为主题的照片及海报，举行"兴亚"展览会等。

"青少年工作"。如前所述，宣抚班在中日战争爆发后不久推行的"爱路村工作"中，已有组织青年队与少年队之经验。武汉沦陷后，在"反共救国特别工作"中，高邑宣抚班挑选当地少年组成少年队，通过日语学习、合唱、体操等活动，培养其"团体精神"，对其进行"新民"教育，使其从事传单分发、海报张贴及城内清扫工作等。[②] 1939 年以后，华北日军令各地宣抚班在当地组织青少年"救国宣抚队"，并要"使这一组织成为对民众宣抚的先驱"。由此，华北沦陷区内宣抚班所至之处，"必定组织（救国）宣抚队，而使宣抚队网络于华北全域扩大、强化"。[③] 在宣抚班班长的组织与监督下，少年"救国宣抚队"主要由 15 岁以下者组成，青年"救国宣抚队"则主要由 16 岁以上 30 岁以下者组成。按日军制定的"救国宣抚队"指导要领，青年宣抚队作为宣抚班的外围组织，一般设置于县城内，"以尽可能地从宣抚基地向外围

① 「社会教育工作」『宣撫班教化工作実施概況　昭和 15 年 3 月 31 日』日本防衛省防衛研究所、支那 – 支那事変全般 –181。

② 高邑第 82 宣撫班柏郷分班「柏郷縣反共救国大会舉行状況」『宣撫工作実施計画表　昭和 13 年 11 月』日本防衛省防衛研究所、支那 – 支那事変全般 –183。

③ 「対青少年工作」『宣撫班教化工作実施概況　昭和 15 年 3 月 31 日』日本防衛省防衛研究所、支那 – 支那事変全般 –181。

渗透";对于少年宣抚队,则应利用其"纯真童心",使其对学校同学及家庭成员达到潜移默化的"宣抚"效果。日军强调,宣抚班应大胆任用"热忱有力"之中国人,"应尽可能地俟队员之自发活动,促使其自由活泼地工作"。①

1940年以后,日本军政当局认为,在华北傀儡政权成立一个阶段之后,对民众"教化工作"的重点在于青少年及知识阶层,对"一般民众"的"工作"已不再紧急,"这一工作的开展,在于打破原来封建旧习,使青少年运动及学生运动更为活跃,通过鼓吹新东亚思想,诱导青少年及学生自身投入新中国建设"。日本军政当局特别强调"青少年工作"的形式与方法:"本运动在实施之际,应避免直接灌输他们高深的思想及让他们参与同自身并无直接关系的运动。鉴于中国人的民族性,应确保运动与运动者的生活直接关联,指导其向运动目标前进。"②

"宗教工作"。宣抚班所推行的这一"工作",本质在于把握信教者的民心。在日军及宣抚班看来,战争环境下宗教对于民众之意义非同一般:

> 中国大陆几千年来之战乱、政变而使国土荒芜,民众遂失去可倚之所在。人心极度萎靡沉沦,民众逃避于政治,对于人为世界无可施之术,只能以所谓"没法子"为弃世之词。乃至追求依赖宗教世界,即使其信仰不脱迷信之范畴,但亦不可无视中国民众已将宗教融入生活之心理。为期民心安定工作之完全,须对以下宗教特别用心,以把握民心,扩大工

---

① 「青年少年少女婦女救国宣撫隊組織指導要領」『北支の宗教「基督教・回教」』日本防衛省防衛研究所、支那 – 参考資料 – 23。

② 「次期教化工作への意見」『宣撫班教化工作実施概況　昭和15年3月31日』日本防衛省防衛研究所、支那 – 支那事変全般 – 181。

作之效果。①

　　宣抚班所利用的宗教，包括基督教、佛教、伊斯兰教、道教以及儒学。所谓"基督教工作"，即于圣诞节与复活节到来之际，由宣抚班分发日本国内基督教徒向中国教徒赠送的礼物，以此体现两国教徒"亲善和睦"的虚相。鉴于华北沦陷区内欧美基督教派具有较强势力，华北日军要求宣抚班对之详细调查后，编写《基督教》《基督教用语略解》等参考书，分送日本驻华北各地军政机构。所谓"佛教工作"，乃由各地宣抚班组织中日僧侣于阴历四月初八释迦牟尼诞生日举办浴佛会，"以之给予沉落之民众欢喜与希望，促使其祈求和平到来之至愿，唤醒其信赖皇军之念"；于阴历七月十三日起三日间，在有日方僧侣参与的情况下，举办中元节佛法仪式，"以使民众彻底认识在华日军所谓一切行动乃大慈大悲精神之体现"。在此期间，徐州、开封等地宣抚班还举行"徐州会战战殁将士及黄河决堤罹难者慰灵祭"，在"收获安定民心之效果"的同时，使民众愤懑于"国民党军决堤黄河之暴虐"。所谓"伊斯兰教工作"，即笼络中国伊斯兰教徒为日本对苏"国策"所用。在日军看来，其乃"对苏联入侵西北地区牵制防御，是与强化防共渠道相关联、一刻亦不得忽视的重大工作"，因关系重大，日军要求宣抚班必须持慎重态度，按军部之方针而动。所谓"道教、儒学工作"，乃作为宣抚班"把握民心工作之一翼"，将各地因战乱而荒芜的道观、孔庙加以修复，并组织民众举办庙会活动，以起到民心安定的效果。②

　　除以上四类常规"工作"之外，鉴于华北各地的"治安"情况，华北日军另规定某些地区的宣抚班须从事一些特殊"工作"，

① 「対宗教工作の実施」『宣撫班教化工作実施概況　昭和15年3月31日』日本防衛省防衛研究所、支那－支那事変全般－181。

② 「対宗教工作の実施」『宣撫班教化工作実施概況　昭和15年3月31日』日本防衛省防衛研究所、支那－支那事変全般－181。

如秘密组织"说服归顺"、战乱孤儿收容、医疗宣抚等，全力配合日本对当地的殖民统治。

以上三项特殊"工作"中，以秘密组织"说服归顺工作"对于日本的殖民统治意义最为重大。抗战全面爆发以后，红枪会等秘密民间组织活跃于豫、苏、皖、鲁、冀数省，成为国、共、日伪争取的对象。华北日军很早就意识到对红枪会笼络与利用的重要性，将对红枪会的"说服归顺工作"视为"治安方针之第一主义，亦为宣抚工作目前之急务"。在日军看来，对红枪会进行"武力讨伐"没有意义，"不仅将对我军作战带来极大不利，而且对于无辜农民加以武力，也会为将来留下祸根"，故在策略上"应对这些秘密组织加以宣抚指导，使其理解日本的正义，巧妙利用这些潜在之势力，使之维持前线背后农村之治安并保护水路交通"。1939年1月，宣抚班本部派员调查河南安阳一带红枪会的实况，对当地红枪会首领李台进行劝降，不久后"说服"其出任"皇协军"第二军军长；绛县宣抚班班长樋口忠"如小说般"地单身前往"劝降"当地红枪会首领张乐文，并使其出任伪县长职。

所谓"战乱孤儿收容工作"，即由华北各地宣抚班选定100名在战乱中丧亲的中国孤儿，将其带至日本大阪等都市，给予教育机会，俟其完成学业后回中国。这一"工作"的目标，在于"增进中国民众的亲日感情"，"彻底培养未来新中国的中坚人物"。[1]

医疗宣抚工作是宣抚班宣抚工作的重要组成部分。1939年之前，各地宣抚班于当地陆续开办诊疗所，采取对民众免费或廉价收费治疗之策略，因华北农村医疗条件与卫生环境落后，这一"工作"成为宣抚班最易收获民心的手段之一。日本军政当局宣传道，中国民众对于日本"仁丹"的疗效有所了解，每当宣抚员给

---

[1]　「支那事変に依りて発生せる中国孤児の収容」『宣撫班教化工作実施概況　昭和15年3月31日』日本防衛省防衛研究所、支那－支那事変全般－181。

予其若干则"两眼放光"。[1] 1939 年以后，宣抚班本部对医疗宣抚工作加大经费投入，更注意将此"工作"与宣传相结合。药品袋是医疗宣抚工作的标志，宣抚班特别于其上添加绘画、漫画，塑造日军的"慈悲"形象，宣传"反共""反蒋""中日满亲善提携"等。[2] 相对于各地宣抚班简单的医事活动，较大规模的医疗宣抚工作则由日本医师组成的医疗卫生组织同仁会来组织实施。

由五花八门、林林总总的宣抚工作内容，不难解读其本质都在于控制中国民众的思想、消磨其反抗侵略者的意志，都是服务于日本对中国的武力侵略与殖民统治的策略之术。将宣抚工作总体视为侵略者捕捉人心的文化工作虽不为过，但从其内容变化亦可看到，其服务于日军军事的性质在后期日益凸显，对于包括青少年在内的特殊人群的影响逐步深入，呈现出日本军政当局对华北沦陷区基层社会不断加强渗透、对民众的思想与生活不断加强控制的实相。

三　"宣抚员"群体的形成与更替

宣抚员是侵华日军中的一个特殊群体。宣抚工作创始人八木沼丈夫曾对宣抚员人选提出要求："宣抚工作不能仅凭一时心血来潮或热衷物质，我们所要求者，乃精神肉体均健全，且具有殉道者热情的青年。"[3] 在日本军政当局看来，宣抚员在对中国民众宣传上应首先具备"先制"的手段。[4] 较早从事宣抚工作的华北驻屯军认为：

---

① 青江舜二郎『大日本軍宣撫官——ある青春の記録』、227 頁。
② 「医療部の設置と其の活動」『宣撫班教化工作実施概況　昭和 15 年 3 月 31 日』日本防衛省防衛研究所、支那 - 支那事変全般 -181。
③ 「大陸国策を現地に視る（18）」『東京朝日新聞』（朝刊）、1939 年 2 月 9 日、第 2 版。
④ 「駐屯軍宣撫班第 1 期宣伝計画概要（昭和 12 年 8 月 10 日）」『宣撫班小史』日本防衛省防衛研究所、支那 - 支那事変全般 -180。

先制乃宣传之要诀。故以无法循旧之创意与神速之实践，常能把握对象之心理。故而要出乎对象意表之外。强烈的主张、旺盛的斗志、无限的独创、周密的计划、贴切的运用，伴随坚强的信念，成为宣传的六大要素。然而综合统一以上要素，将宣传之威力集中于要地，此乃加诸指挥者双肩的任务。故而指挥者应迅速把握对象，选择时机，于对象动摇之际，使出适当方策，犹如热铁之末万不可使之冷却，而应加快锻造刀剑一般。①

如日本军政当局所要求的，宣抚员应具备较强的工作能力与心理素质，其从事的宣抚工作须具有一定的自由度及可发挥性。作为日军中的"嘱托"（即特派人员），一般认为宣抚员在日军等级森严的阶级体系中地位低下。② 然而，宣抚员对其自身身份与地位的认同，往往又超然于军队阶级体系，"从其内部来看，他们的工作并非处于如此的秩序之中，而完全另有其他。无论如何也想从事这一工作、必须从事这一工作，这一意图在他们内心激烈涌现出来时，就会体现于他们自主的行动中。这就是他们存在的意义"。③

如前所述，1938 年初，伴随日军的武力侵略，华北沦陷区域不断扩大。派驻各地的宣抚班数量不断增加，满铁系统的宣抚员已不敷需要。不久，华北方面军首次在日本国内招募宣抚员，八木沼丈夫亲自从天津飞赴大阪参加招募工作，体现华北方面军对这次宣抚员招募活动的重视。《朝日新闻》等报特意刊载招募公

---

① 「駐屯軍宣撫班第 1 期宣伝計画　抜粋　第 1 軍参謀部第 2 課」『第 1 軍情報記録　1/8　昭和 12 年 10 月 22 日—12 年 11 月 17 日』日本防衛省防衛研究所、支那 – 支那事変北支 – 95。
② 日军中一般有按"军官、下士官、士兵、军马、军犬、军鸽、嘱托"排序之说法。军"嘱托"的身份次于军鸽，并无任何"恩给"，也并不属于国家体系的官吏，临时"嘱托"随时可被解聘。参见青江舜二郎『大日本軍宣撫官——ある青春の記録』，第 192 页。
③ 青江舜二郎『大日本軍宣撫官——ある青春の記録』、84—85 頁。

告，要求应聘对象学历在专门学校毕业以上、年龄未满 30 周岁；经过资格审查后，再以体检与口试形式决定最终入选者。从招募公告可见，入选者可获得相当于日军中尉的待遇，除每月可获津贴 100 日元之外，日军另提供餐食、住宿等。不少日本青年第一次从公告中了解到"宣抚员"这一职业，首次应募者多达 690 人，其中不乏出身早稻田大学等名校的高学历者，有报名者甚至以血书自荐，一时引起日本社会的轰动。经过激烈竞争，当次招募华北方面军仅录取 100 人。①

1938 年 8 月，华北方面军第二次在日本国内招募宣抚员。关于此次招募工作，华北方面军参谋部在给日本陆军省电文中特别说明当时华北的情势："伴随日军占领地的扩大、宣抚班数量的增加、伤病者的补充、满铁职员的陆续回归，欲录用 200 名宣抚班成员。"② 因招募人数倍增，录取条件有所放宽，中学毕业、年龄 22 岁至 35 岁、"没有酒癖"的男性皆可应聘，而在语言水平上即使不懂中文也可申请；华北方面军另规定，在乡军人持下士官资格证或身份为训导的应聘者，可不论学历，给予退役军人特殊照顾。③ 考试形式则较第一次复杂，应聘者须参加笔试与口试两轮筛选。日后活动于兖州、曲阜一带的宣抚员冈本勇平，在手记中详细记载了自己参加笔试与口试的经历。据他回忆，笔试内容包括三题，即要求在华北地图上写出铁路、城市、河川名称；默写熟语之含义（即名词解释），如"联俄容共"、宋美龄、陈立夫、宋哲元、八路军等；要求完成一篇命题作文——"志愿成为宣抚员

---

① 『血書の志願　600 名も 宣撫班応募』『東京朝日新聞』（夕刊）1938 年 2 月 22 日、第 2 版。

② 「北支那方面軍参謀長　宣撫班要員募集に関し依頼の件」（1938 年 9 月 15 日）、『支受大日記（普）其 8　2/2　第 8 号の 2　12 冊の内　昭和 13 年自 8 月 30 日至 9 月 29 日』日本防衛省防衛研究所、陸軍省 - 陸支普大日記 - S13 - 16 - 158。

③ 帝国在郷軍人会本部編『陸軍軍人志願者の手引：附録・陸軍文官志願者の栞』軍人会館図書部、1942、99 頁。

的动机与觉悟"。在口试中，三位考官询问了冈本关于参加宣抚班的动机及对时局的认识，以及对宣抚工作的思想准备。颇有意味的是，当冈本回答要靠"诚意"与"忍耐"时，却遭到考官"像蒋介石那样有十年反日抗日思想的中国人会容易听进你的话吗"之类的反驳而感到难堪。①

1938 年 12 月，为顺应华北"治安战"的实际需要，华北日军第三次在日本国内招募宣抚员。华北方面军拟于该次招募中录用120 人，并提供相较前两次更优厚的待遇，专门学校毕业以上者，月津贴可提高至 140 日元。② 此次应聘者身份更加多样化，包括公司职员、学生、商店店员、僧侣等。③ 随着新进宣抚员人数的增加，华北方面军直陈宣抚负责将校的缺乏："为顺应春季肃清工作，急切需要培训大批宣抚员及对既有的宣抚员进行再教育，希望紧急增加两名定员以外的将校（中佐或少佐 1 名、大尉 1 名）……不得已的情况下，可起用预备役将校。"④

1939 年 2 月，华北方面军第四次在日本国内进行宣抚员招募工作，一次性录取宣抚员 650 人。⑤ 同年 7 月、11 月，第五、六次招募工作各录取宣抚员 250 人，在这两次招募工作中，当时华北战场上已出现不少宣抚员战死战伤的现象，故招募公告中特别说明"战殁伤病者以军人为准对待"。⑥

---

① 岡本勇平『武器なき戦士——ある宣撫班員の手記』北国出版社、1982、2—3 頁。
② 「北京杉山部隊特務部　北支宣撫班員募集」『東京朝日新聞』（朝刊）、1939年 1 月 5 日、第 10 版。
③ 「新宣撫員の試験」『東京朝日新聞』（夕刊）、1939 年 1 月 26 日、第 2 版。
④ 「宣撫官の養成及再教育の為将校増加せられ度件」（1939 年 1 月 24 日）、『陸支受大日記（密）第 16 号　2/2　昭和 14 年自 4 月 11 日』日本防衛省防衛研究所、陸軍省 - 陸支密大日記 - S14 - 16 - 105。
⑤ 「宣撫班要員募集に関し依頼の件」（1939 年 2 月 8 日）、『陸支受大日記（密）第 22 号　2/3　昭和 14 年自 5 月 6 日至 5 月 11 日』日本防衛省防衛研究所、陸軍省 - 陸支密大日記 - S14 - 22 - 111。
⑥ 「多田部隊本部　北支宣撫班要員募集」『東京朝日新聞』（朝刊）、1939 年 10月 23 日、第 7 版。

不难发现，1938—1939 年华北方面军多次在日本国内进行如此大规模招募宣抚员之原因，除满足华北"治安战"的实际需要之外，还在于希望尽快以新宣抚员群体替换满铁系旧宣抚员群体。对于日本军政当局而言，招聘满铁系宣抚员本具临时性，"不但派遣与满铁相关社员一名所需经费相当高，且从其素质角度而言，贵军（指华北方面军——引者注）也应尽快对之清理"。① 这一群体如其代表八木沼丈夫等，一般出身于原关东军中担任下士官的底阶将校，他们因"作风粗鲁、缺乏教养"，在华北日军中口碑很差。日军高层认为，这一群体格局狭隘、缺乏教养，"（他们）根本没有从对方立场考虑的看法。在比华北开发程度低得多的满洲，作为征服者虽可野蛮横行，然对于关内在文化上自负第一的汉人社会，却是风马牛难相及"。② 虽然满铁为缓和来自日军内部的非议，特意从华北当地物色宣抚员人选，然而被录取者多与八木沼丈夫沾亲带故，很快又被提拔担任宣抚班班长等重要职务，由此在华北宣抚班中形成以八木沼为核心的利益集团。1940 年春，日本军政当局内部就宣抚班究竟隶属当地日军，还是隶属中方傀儡机构"新民会"产生分歧，最终八木沼因坚持前者而失势离开。③

但另一方面，相较于满铁出身旧宣抚员群体，新宣抚员群体除个别之外，在录取前对于中国国情了解，"贫乏得令人震惊"。④ 日本军政当局规定，国内录取者在正式成为宣抚员之前，必须在日本国内学习基本文化课程。以 1939 年 12 月最后一批招募的宣抚员为例，200 余人在茨城内原道场进行为期 10 日的基础学习，在东京参拜明治神宫、靖国神社，访问陆军省等日本官厅之后，从

① 「宣撫員ノ所要経費ノ件」（1938 年 11 月 21 日）、『支受大日記（密）其64　73 冊の内　昭和 13 年自 11 月 29 日至 12 月 3 日』日本防衛省防衛研究所、陸軍省－陸支密大日記－S13－30－139。
② 青江舜二郎『大日本軍宣撫官——ある青春の記録』、115 頁。
③ 青江舜二郎『大日本軍宣撫官——ある青春の記録』、91、110—112 頁。
④ 青江舜二郎『大日本軍宣撫官——ある青春の記録』、79 頁。

东京站出发前往中国大陆。在抵达北平的宣抚班本部后，新宣抚员们另需进行为期一个月的宣抚理论、中国风土习俗、简易中文等的学习。据冈本勇平回忆，课程讲师都是军人或与军队有关的文官。冈本等人还会于宿舍楼前的广场学习手枪射击，在朝阳门外的射击场进行实弹射击训练等。① 日后在山西平遥从事宣抚工作的村上政则，回忆其在"新民堂"接受培训的课程时称，"都是程度相当高的学习"。他们的课程讲师中既有日军中的参谋，也包括傀儡政权"华北政务委员会"的要人王克敏、王揖唐等。② 颇为讽刺的是，当讲课至最高潮时，宣抚员们却经常打起瞌睡，"新民堂"由此变成"瞌睡堂"。日军的宣抚理论丝毫不能引起青年们的兴趣，"多是圣战的意义、指导民族的责任等观念性内容，无论哪个宣抚员听了，都会感到空泛无聊，几乎不会留下什么印象"。③

　　另需指出的是，新宣抚员群体在入职前的身份，较满铁出身旧宣抚员群体要复杂得多。除刚从大学、专门学校毕业的待业青年外，还包括从事各种行业者。其中三类职业值得注意。

　　第一类，僧侣出身。1938 年秋以后，天台、净土、日莲、丰山以及东西本愿寺等日本佛教组织，派遣僧侣来华从事佛教宣抚工作。1939 年 4 月，在日本军政当局的推动下，各教派联合成立"兴亚指导员培养所"。僧侣入所者，须学习军队重要科目及"国体本义""兴亚国策""时局讲座""中文""佛教概说"等文化课程，经三个月高强度训练，最终成为"身心强健的派遣员"。④ 一些僧人为成为宣抚员，特意专修中文，如出身东本愿寺的佐藤正导，在传记中忆述从军前的经历："当时的我，怀抱着以中国大陆为舞台，以宣抚员身份而活跃的理想。为了实现这个梦想，掌握

① 　岡本勇平『武器なき戦士——ある宣撫班員の手記』、31 頁。
② 　村上政則『黄い土の残照　ある宣撫官の記録』文芸社、2004、148 頁。
③ 　青江舜二郎『大日本軍宣撫官——ある青春の記録』、79 頁。
④ 　「『お坊さん宣撫班』　仏教各派で指導所を設立」『東京朝日新聞』（朝刊）、1939 年 5 月 7 日，第 11 版。

中文是绝对必要的，故特意入东亚学院学习中文。"① 宣抚员中有大量僧侣出身者，并非无因。僧侣宣抚员在作战结束后对死者的念经超度、对生者感情的抚慰，乃至举行中日战死者慰灵祭等宗教活动，易于引起中国民众的共鸣。僧侣宣抚员在进入抗日根据地时，因其身着特殊服饰、念经而行，村民们往往以礼相送，不起怀疑之心。然而在日军中，这类宣抚员口碑不佳，在中国战场上，来自各宗各派的僧侣们争权夺利、争吵不休，"虽然可以说这是日本佛教的堕落，但掌握此习惯者实际不少"，甚至日军亦揶揄"土匪第一、僧匪第二"。②

第二类，小学教师出身。在战时高物价经济的影响下，日本国内大批小学教师转业。1939 年以后，小学教师前往中国大陆谋求生计的现象屡见不鲜，仅当年以宣抚员或教员身份前往中国者，就达两千名之多。③ 这类宣抚员在华北沦陷区内热衷对儿童、少年进行推广日语教育等工作。如在徐州、宿迁等地活动的宣抚员小岛利八郎，原为小学教师，他在抵达当地后，即呼吁开办日语学校，声称"此乃宣抚班的紧急工作"。宣抚班因其确有教学经验，惯与儿童相处，亦准其负责当地学校的教育工作。④

第三类，思想"转向"者出身。宣抚员群体中不乏接受过左翼思想洗礼者。所谓思想"转向"者，即原参加左翼运动而最后放弃共产主义信仰者，这类人在"日本共产党受到大检举后，已在国内无容身之处……于是被送往大陆"。⑤ 在日本军政当局看来，这些思想"转向"者作为宣抚员具有颇多"优点"，如"有过去的经验、组织力、旺盛的调查研究欲""有思想免疫性，不受惑于

① 佐藤正導『日中戦争——ある若き従軍僧の手記』株式会社文芸春秋、2008、119 頁。
② 青江舜二郎『大日本軍宣撫官——ある青春の記録』、58 頁。
③ 「減らぬ先生の転職懲戒処分も覚悟で赴任の有様 文部省も対策に困る」『東京朝日新聞』（朝刊）、1940 年 1 月 9 日、第 9 版。
④ 小島利八郎『宣撫官』錦城出版社、1942、109 頁。
⑤ 青江舜二郎『大日本軍宣撫官——ある青春の記録』、106 頁。

新思想，恢复至民族之自觉""有观察历史动向的眼光"等。① 在华北沦陷区，不少思想"转向"者成为日本特高课或宪兵的"牵线者"，被赋予收集情报与撰写秘密报告的特殊任务；同时，日本军政当局又对这些人时刻警惕防范，由司法省派遣"思想官"加以监视、督导，"随着与大陆交通的频繁，且不论一般人，思想犯终于也与大陆之间关系不断紧密，故此际思想官的使命颇为重大"。②

在华北沦陷区内，日军也吸收一部分女性参与宣抚工作。卢沟桥事变爆发后，日军进占北平，以日本妇女中岛成子为班长，迅速组建一支特殊的部队——"北京妇女宣抚班"。"北京妇女宣抚班"标榜吸收中、日、"满蒙"各地的妇女，于哈德门外开设授业场，组织难民制作一些手工品以维持生计。中岛成子在"北京圣心女子学院"留过学，并在伪满从事过难民救恤工作。继中岛成子之后，华北宣抚班特别注意吸收具有一定学历的中国女子为宣抚员，至 1938 年 2 月，华北宣抚班 350 名华人宣抚员中，就包括北京女子大学毕业的青年女子 20 名。③

日本军政当局认为，宣抚工作最有效的方式，莫过于吸纳部分中国人为宣抚员，使之对沦陷区内民众"言传身教"。日本发动全面侵华战争后不久，日本军政当局即于伪满各地招聘大量"满人"宣抚员，他们成为最早参与华北宣抚工作的中国宣抚员。据曾任"满人"宣抚员的张成德忆述，"满人"宣抚员大多为雇员身份，穿伪满"协和服"或日军军装，因懂日语，在宣抚班中一般从事翻译工作。④ 伴随华北日军"治安战"的开展，中国人宣抚员

---

① 「大陸の建設陣営に献身する転向者　買われるその組織力」『東京朝日新聞』（朝刊）、1940 年 6 月 10 日、第 7 版。
② 「思想官を派遣し　大陸の『赤』殲滅」『東京朝日新聞』（夕刊）、1939 年 6 月 18 日、第 2 版。
③ 「歌人班長が語る宣撫の吟詠行　同志を求めに帰来」『東京朝日新聞』（朝刊）、1938 年 2 月 13 日、第 11 版。
④ 参见张成德《日寇侵华的特殊工具——宣抚班》，《山东文史资料选辑》第 25 辑，山东人民出版社，1988，第 150—154 页。

在数量上大为扩充。华北方面军曾向华北宣抚班本部下令，要求于济南成立"救国宣抚队"指导员训练所，"将作为各种救国宣抚队指导者的中国人培育训练为宣传宣抚斗士，将之作为宣抚班阵容的外围，以求速速恢复治安"。① 入选"救国宣抚队"者，除20岁至30岁的男子外，还需符合一些条件，如"当地县要人、地方上素有名望者、绅商子弟中身体强健、思想坚定的优秀青壮年""大学毕业者或学校学员中的优秀者"等，地方上富有资产者、素有名望者、宗教人士等，不论年龄、学历，皆可直接从事宣抚工作。这些条件大致反映华北日军选用中国宣抚员的要求。在华北日军的策划下，中国宣抚员大多为地方乡绅与知识阶层的子弟，故在沦陷区基层，父为"治安维持会"干部、子为日军宣抚员，父子俱为汉奸的现象并不少见。

中国宣抚员作为宣抚员群体之外围，当然不会得到侵略者的真正尊重。事实上，宣抚班所扶植的中国宣抚员，经常会被日军宪兵以"通敌嫌疑者"为名逮捕，这类事件十分频繁，"宪兵习惯的手段，成了他们的功勋"。即使日本宣抚员对此稍有反对或抱怨，也会受到日军的恫吓："你们难道忘了是我军的宣抚员？不要啰唆其他的事！只要按我军命令办事就好！"②

1939 年 7 月，为了"顾及中方的面子，并使日军的要求在被中方接受中能够较少产生摩擦"，华北日军于沦陷区内各县设立联络员制度。不久，县联络员改称"顾问"。"顾问"掌握县政实权，傀儡官员仰其鼻息。作为宣抚员的另一待遇，"（宣抚员）无论录用多少都不够，只能粗糙地培养后送往当地，不久，自然而然地取得县顾问的地位"。③ 大批宣抚员以谋生乃至成为暴发户的心态涌入华北，成为寄生于华北沦陷区基层的特殊官僚群体，不少人

① 「救国宣撫隊指導員訓練所に就いて」『北支の宗教「基督教・回教」』日本防衛省防衛研究所、支那 – 参考資料 – 23。
② 青江舜二郎『大日本軍宣撫官——ある青春の記録』、86、87 頁。
③ 青江舜二郎『大日本軍宣撫官——ある青春の記録』、117 頁。

在地方上横征暴敛、醉生梦死，其行径与日本军政当局所宣传的宣抚理念南辕北辙。总体来看，具有满铁背景的旧宣抚员不断减少，最终为其国内招募的新宣抚员所取代，宣抚员出身呈现多元化的取向。宣抚员因是非战斗人员，一般并不配给武器，故战死战伤者不少，在人员数量上需持续补充。据华北日军统计，至1940年2月会宣抚班解散之前，宣抚员共战死58名、战伤110名。[1] 满铁系宣抚员的战死、战伤，加快了旧新群体的更替。

四　日军眼中"宣抚工作"的成效与困局

尽管宣抚班及宣抚员在侵华日军中的实际地位不高，日本军政当局对其所从事的宣抚工作却极为重视。为提高宣抚工作的成效，日本军政当局编写具有教科书性质的《宣传宣抚参考手册》，既要求华北各地宣抚班按其中《占领区内各村平时集会方案》《应对华人心得百条》等规例行事，又要求宣抚员于实际工作中"发挥十二分之创意性"。[2]

日本军政当局对宣抚员所要求的能动性，是基于对华北基层社会的复杂情势而提出的。现实中宣抚工作的内容、对象需因不同区域社会政治、经济、文化环境的差异而变化，难以形成某种固定工作模式。宣抚工作在华北基层究竟是如何开展的？取得哪些成效，遇到哪些困局？对这些问题的考察，不失为了解日本对华北沦陷区实行殖民统治成败的重要线索。《治安工作经验收录》是华北方面军编写的重要机密文件，系日军开展一个阶段"治安战"后的经验总结，其中收录大量华北各地宣抚班开展宣抚工作的报告，较为真实地反映了华北各地宣抚班的活动状况，对于我

---

① 「北支から宣撫班長」『東京朝日新聞』（朝刊）、1940年2月15日、第9版。
② 杉山部隊報道課編『宣伝宣撫参考手帳』杉山部隊報道課、1939、1頁。另《占领区内各村平时集会方案》等三份文件，见本书附录。

们深入考察宣抚工作的实态具有重要的史料价值。

山西运城水头镇 1939 年 10 月遭日军攻陷后，当地宣抚班即拉开宣抚工作的序幕。从水头镇宣抚班的报告中，不难发现其宣抚工作确具一定的可操作性与规范性，该班由此被日本军政当局视为"成功"典范。其宣抚工作具体内容如下：

1. 第一期工作（1938 年 10 月 23 日至 12 月 31 日）

采取宽容主义，发挥总动员的功能，力求宣传招抚的实绩。连日举办民众大会、村长会议，在说明我军意图的同时，着力解决当时难民最为烦恼的粮食问题。向难民施与小米。致力于成立行政机构"治安维持会"。此后加强维持会与各村的联络。为使该会对各村的管理更为便宜，使联络者每日出席维持会，协助收集情报。至第一期中期，民心开始渐渐出现亲日倾向。可见治安之恢复。如此，12 月 6 日举办"中日亲善大会"，以此彻底贯彻（亲善之理念）。北方上王村附近张海朝指挥的自卫团时有出没，频繁处决汉奸，附近村长、维持会会员中亦有为之牺牲者。尽管对之实施数次讨伐，仍感北部地区民心动摇，此实乃宣抚之癌。基此实情，第一期在经济工作上必然消极。且当初部队驻在之情况，为满足部队需要，匆忙储藏冬季蔬菜的与收拾薪柴干草，并未积极开展工作。只不过在调查经济情况与补充维持会财源之际，于县城内储存些许物资。

2. 第二期工作（1939 年 1 月 1 日至 3 月 31 日）

在我军的威力下，张海朝自卫团解散。一部逃窜于北方稷王山，北部逐渐明朗化。种种治安工作呈现活跃态势。首先邀请要人回归，致力于对他们的怀柔。举行防共大会，对民众思想加以善导。积极开展施疗，开设新民小学，开始对儿童的教育。邀请当地要人，如最有力的张握介、陈元镇长及皇甫氏，计划强化行政机构，使之具有对本警备区域内全部村庄的统治指导权。成立作为各村警备机构的晋南禹都北域清乡保安队。在经济工作上，奖励生产，物价政策以恢复战前物价为主要目的，给予民众自由交易之机会；在我军保护下开设市场。华北通货统一工作，致力于旧币与"联银券"的交换，并禁止前者的使用。

3. 第三期［1939 年 4 月 1 日迄今（"今"指 1939 年 6 月——引者注）］

虽有少数敌方便衣横行，通常不过限于在远隔之地，对民心并无大的影响。附近各村几乎都恢复战前的治安状态，大量人口被收容，经济生活安定且民心齐整。对于我军的驻屯表现出很大的信任，呈现美好的宣抚景象。为建设新政权下的明朗社会，清除顽固的通敌者与流放不良分子，要转变以往的宽容主义，采取严格主义。要对恶行实施彻底的制裁。对民众实行新的居民管理规定。结束当地户口调查，完善防谍工作。组织夏县县政府，不断邀请要人参与，在经济工作上继续前期的各项工作。①

显然，水头镇宣抚班的活动在华北区域社会具有典型意义。在经历战乱后，当地宣抚工作的第一步，就是解决民众的粮食问题。伴随"治安维持会"的成立与运作，当地"治安"状况有所改善，随着对"通敌者与不良分子"的打击，宣抚班在当地确立了威信。尽管宣抚班对民众采取一定的怀柔手段、宽容主义，然而对于抗日力量则不竭余力地镇压，体现了日本对华北实施殖民统治的特点。

从各地宣抚班报告中可见，宣抚班也会根据当地实际情况，采取较为灵活的工作策略。较为集中者，包括以下几种。

---

① 「蓮沼兵団　水頭鎮方面の工作」『治安工作経験蒐録　昭和 14 年 6 月中旬』（第四輯）、日本防衛省防衛研究所、支那 – 支那事変全般 – 197。

开展民生工作。在河北晋县，宣抚班穿凿深井掌握水源。工事完成后，宣抚班又使当地村长等具民望者前往他村宣传日军"功绩"，邀请各地村民前往实地参观。[1] 在安平县，宣抚班与当地日军警备部队通过修复庙宇，开展民众回乡工作。目睹日军修复寺庙的"善举"，"出现居民逐渐回归之景象"。[2] 在临汾地区，宣抚班通过日军为民众调集一些生活必需的棉布、盐、砂糖等物资，借此获取民望。[3]

拉拢乡绅。在山西闻喜县，宣抚班邀请村长等乡绅参与宴会或恳谈会后，往往"物资缴纳、敌情密告等目的即容易达成"。[4] 在朔县，宣抚班吸引士绅参与宣抚工作，由宣抚班成立的县"宣抚委员会"，以伪县长为委员长，并由其出面组织乡绅出任委员，"反响效果显著"。[5]

利用妇女儿童群体的影响力。行唐宣抚班总结的若干工作经验中称："灵活运用当地女宣抚员，任用其教育指导妇女儿童，特别要倾听中国方面的言论，此举在宣抚上价值极大。"[6]在灵丘县，宣抚班发现"若宣抚员安排女子，实际效果良好，对于妇女工作之效果尤佳"。[7] 在洪洞县，宣抚班对当地儿童开展隔日一小时的

---

[1] 「篠塚兵団　晉縣方面の工作」『治安工作経験蒐録　昭和14年6月中旬』（第一輯）、日本名防衛省防衛研究所、支那－支那事変全般－197。

[2] 「桑木兵団　安平に於ける廟利用による帰来工作」『治安工作経験蒐録　昭和14年6月中旬』（第一輯）、日本防衛省防衛研究所、支那－支那事変全般－197。

[3] 「梅津兵団　平遙に於ける児童教育の実験」、『治安工作経験蒐録　昭和14年6月中旬』（第一輯）、日本防衛省防衛研究所、支那－支那事変全般－197。

[4] 「梅津兵団　聞喜方面の体験」『治安工作経験蒐録　昭和14年6月中旬』（第二輯）、日本防衛省防衛研究所、支那－支那事変全般－197。

[5] 「蓮沼兵団　朔縣の工作」『治安工作経験蒐録　昭和14年6月中旬』（第一輯）、日本防衛省防衛研究所、支那－支那事変全般－197。

[6] 「篠塚兵団　行唐縣に於ける工作」『治安工作経験蒐録　昭和14年6月中旬』（第三輯）、日本防衛省防衛研究所、支那－支那事変全般－197。

[7] 「蓮沼兵団　靈邱地区の工作」『治安工作経験蒐録　昭和14年6月中旬』（第五輯）、日本防衛省防衛研究所、支那－支那事変全般－197。

日语教育，给予杂志、点心作为奖励，儿童则为宣抚班在县城内散发传单。① 闻喜宣抚班亦发现利用儿童之价值，"使儿童帮忙于士兵内务作业，只要不妨碍军纪卫生防谍，则容许之。亲子之情古今东西同一，父母原将日军视为鬼子，见此则必生好意。现本队利用儿童，不断取得宣抚效果，宿营地一带军民已和气满满"。②

　　进行医疗宣抚工作。在晋南邱村地区，宣抚班为村民提供药物，"多人受此恩惠发誓信赖我军，并给予协助"。当地日军在报告中反复强调医疗宣抚之功效："对于缺乏卫生思想、迷信中药，并将之视为唯一起死回生的中国民众而言，令其吃惊的是，出现使用并非高价药品，也能使患病者完全康复的典型事例。我们用心于此方面之宣抚，一般皆能取得最好成绩。"③ 在曲沃、汾城地区，宣抚班特意将施赠药品等工作交由卫生兵执行，"以使之体会宣抚效验与趣味的同时，加深民众对日军的亲和与信赖"。④

　　与"治安战"同步，对地方村落、人群采取"分而治之"的策略。在国、共、日、伪等多股力量博弈下山西稷山县，宣抚班将当地村落分为"优良村""普通村""不良村"三类："优良村"，即对日军及傀儡政权持信任态度，为宣抚工作普遍"惠及"的村落；"普通村"，即对日军及傀儡政权持观望态度，为宣抚工作略有"惠及"的村落；"不良村"，即支援国民党军或八路军，积极从事抗战的村落。稷山宣抚班对各村落采取"分而治之"的策略：对第一类给予种种援助保护；对第二类以各种宣抚手段拉

---

① 「梅津兵団　洪洞に於ける工作」『治安工作経験蒐録　昭和14年6月中旬』（第二輯）、日本防衛省防衛研究所、支那－支那事変全般－197。
② 「梅津兵団　聞喜縣姚村地方の工作」『治安工作経験蒐録　昭和14年6月中旬』（第五輯）、日本防衛省防衛研究所、支那－支那事変全般－197。
③ 「梅津兵団　南部山西邱村に於ける工作」『治安工作経験蒐録　昭和14年6月中旬』（第二輯）、日本防衛省防衛研究所、支那－支那事変全般－197。
④ 「梅津兵団　曲沃及汾城の工作」『治安工作経験蒐録　昭和14年6月中旬』（第一輯）、日本防衛省防衛研究所、支那－支那事変全般－197。

拢；对于第三类则坚决要求日军武力"剿灭"，[1] 体现出日本军政当局分化抗日力量的用意。在呼和浩特地区，宣抚班对民众采取两面态度，一方面采取"温情"的态度，"努力以温情捕捉民众心理，以使宣抚达到彻底之效果"；另一方面则施以威吓，声称目击破坏铁路、公路、通信而不急报者，"将视为通匪处以严罚，所在村落全体将以连带责任给予处分"。[2] 万泉县是八路军游击队活跃的地带，亦有一部分国民党残留部队。当地宣抚班着重对国民党军部队开展劝降工作，如 1938 年 12 月国民党军冯仁甫部投降日军，宣抚班随即宣布保护其生命财产，使其任职于县"治安维持会"；另一方面，宣抚班利用当地乡绅势力，极力抑制八路军在当地的影响力："原县长朱一民的秘书李某向我方成功内通。李某几次与我方联络，策划暗杀原县长朱一民，以此防止县内共产化。朱一民虽为年轻辈，然因共产党出身，有相当势力……他不得接近朱一民，遂逃往某地潜伏，现为宣抚班员而活跃。"[3]

利用多种宣传手段。在"蒙疆"地区的托克托县，宣抚班利用伪县警聚集民众，在宣抚员演讲后鼓励民众自由提问，宣抚班为之作答，并给予宣抚品奖励。民众从最初对宣抚班的恐惧，转为获得宣抚品后的"喜悦"，"每月一回的宣传宣抚工作为其所期待，生活必需品特别受当地民众之喜爱"。[4] 多样化的宣传手段，往往开展于日伪与国共较量的中间地带。如在绛县，当地宣抚班向各村村长与当地小学教员分发各种宣抚文章与日军"捷报"，"以加深其对时局之认识，努力使其不受惑于敌人之逆宣传"；当

① 「梅津兵団　南部山西稷山に於ける工作」『治安工作経験蒐録　昭和 14 年 6 月中旬』（第二輯）、日本防衛省防衛研究所、支那 - 支那事変全般 - 197。

② 「蓮沼兵団　厚和—清水河方面に於ける工作」『治安工作経験蒐録　昭和 14 年 6 月中旬』（第二輯）、日本防衛省防衛研究所、支那 - 支那事変全般 - 197。

③ 「梅津兵団　南部山西、萬泉に於ける工作」『治安工作経験蒐録　昭和 14 年 6 月中旬』（第三輯）、日本防衛省防衛研究所、支那 - 支那事変全般 - 197。

④ 「蓮沼兵団　托克托に於ける工作」『治安工作経験蒐録　昭和 14 年 6 月中旬』（第二輯）、日本防衛省防衛研究所、支那 - 支那事変全般 - 197。

地宣抚班还通过巡回宣讲等形式造势，"因传达的事项往往村民了解多不彻底，故认为以巡回宣抚形式对一般民众进行宣抚乃最有效果的方法"。① 在晋南闻喜县，宣抚班注重信息在民众间的口耳相传："一般日军通过翻译，则使宣抚失去效果。若使村民中的有力者进行自然之宣抚，则效果很大。使维持会会员与苦力杂谈，要比维持会长、村长等的演说宣传效果更大。"② 在"蒙疆"丰镇地区，宣抚班称插入"归顺土匪"照片的宣传文章受到民众好评，分发介绍日本国情的宣传资料亦受到欢迎。③

济南宣抚班的宣传工作被日本军部视作颇有成效，主要因宣抚班扶持当地"自卫团"与"救国宣抚队"等傀儡组织，使之经常对民众讲演。济南宣抚班要求汉奸于演讲中留意，"对于知识阶级，若使用侮辱中国的言辞，则徒然招致他们的反感""对于无智的农民，主要举蒋介石的焦土政策之例""言论中慎用伤害自尊心之语""利用中国风俗中的一例（比如戏剧中的红白脸）"等。④ 行唐宣抚班所总结的若干"良法"，主要针对文化水平较低的底层民众，"视觉宣传亦有实施之价值。在制作宣传海报等之际，一看上去就似宣传文章风格（高远理论者）的效果往往很小，故而应选定卑切亲近风格者"；"文书传单布告应简单。因地方非文明世界，务使文盲农民亦可理解"；等等。⑤ 宣抚班对于士绅阶层、知识分子、底层民众采取不同的宣传策略，反映出他们对于华北区域社会不同阶层的政治倾向、经济实力、文化水平等情况确有较

① 「梅津兵団　南部山西、絳縣に於ける工作」『治安工作経験蒐録　昭和14年6月中旬』（第三輯）、日本防衛省防衛研究所、支那 – 支那事変全般 – 197。
② 「梅津兵団　南部山西、東鎮に於ける工作」『治安工作経験蒐録　昭和14年6月中旬』（第三輯）、日本防衛省防衛研究所、支那 – 支那事変全般 – 197。
③ 「蓮沼兵団　豐鎮方面に於ける工作」『治安工作経験蒐録　昭和14年6月中旬』（第三輯）、日本防衛省防衛研究所、支那 – 支那事変全般 – 197。
④ 「尾高兵団　済南近傍の粛清工作に就て」『治安工作経験蒐録　昭和14年6月中旬』（第七輯）、日本防衛省防衛研究所、支那 – 支那事変全般 – 197。
⑤ 「篠塚兵団　行唐縣に於ける工作」『治安工作経験蒐録　昭和14年6月中旬』（第三輯）、日本防衛省防衛研究所、支那 – 支那事変全般 – 197。

深入的了解。

加强与驻屯日军部队、日本宪兵、地方傀儡政权的情报合作。在束鹿县（今辛集市），宣抚班与日军部队、宪兵"紧密合作"，建立情报网络，共同镇压抗日力量。"宣抚班与束鹿部队长紧密联系，向部队长提交仪式大纲，按其指示进行。宪兵协助敌情侦察，专门搜查不良分子，通过对城内的整肃而使不良分子难以生存。三方每日联系，真正成为一体，致力于明朗建设。"① 曲沃宣抚班对当地汉奸送至的情报，无论其是否具有价值，皆给予奖赏，以此扩大情报来源等。② 在河北怀来县，宣抚班认为"讨伐是最好的宣抚"，即通过驱逐"匪患"获取民心，同时通过设立道路通信网，获取必要的情报。宣抚员认为，须安排可堪信任的密探，使其监视乡绅，观其言行是否一致；还要在他们内部安插心腹，时刻注意他们的动向。③ 华北方面军给予庄司地区的宣抚工作较高评价："治安工作、政治工作、宣抚工作及其他三机构（当地日军部队、宣抚班、伪县公署——引者注）常常共同行动，三者一体，共同取得合作互助之果实，共同致力于提高效果。"④ 由宣抚班与驻屯日军部队、日本宪兵、地方傀儡政权形成的情报网络，将特务工作延伸至日伪统治下华北沦陷区各角落，是日本军政当局对华北实行殖民统治的基石。

对日军军纪有所劝诫。1937年末，日本军部就指出："军队及军人的举动应严肃得当，恩威并施是宣抚工作的第一要义。与之

---

① 「篠塚兵団　束鹿に於ける工作」『治安工作経験蒐録　昭和14年6月中旬』（第三輯）、日本防衛省防衛研究所、支那－支那事変全般－197。

② 「梅津兵団　曲沃及汾城の工作」『治安工作経験蒐録　昭和14年6月中旬』（第一輯）、日本防衛省防衛研究所、支那－支那事変全般－197。

③ 「蓮沼兵団　懐来方面に於ける工作」『治安工作経験蒐録　昭和14年6月中旬』（第三輯）、日本防衛省防衛研究所、支那－支那事変全般－197。

④ 「篠塚兵団　庄司地区に於て実験せる治安工作に就て」『治安工作経験蒐録　昭和14年6月中旬』（第六輯）、日本防衛省防衛研究所、支那－支那事変全般－197。

相反，部分军人、军属因无意间对中国人存在不当行为，宣抚工作成果即将毁于一旦。"① 一些宣抚班也表明，当地驻屯日军部队的军纪是否严明，决定其宣抚工作的成败，"无论如何雄辩的宣抚员投入宣抚工作，通过试验即可知，若翻译行恶、军队军纪军风颓废，则对民众的宣传将无任何效果。深切感到百言不如一行"。② 临汾宣抚班要求经过当地的日军部队约束军纪，"当专念于民众宣抚时，作战上通过村落的部队将当地房屋毁坏作为燃料，或将家禽无偿带走等行为，对于当地宣抚工作实极为有害"。③

尽管日军报告中罗列了各地宣抚班的诸多成绩，但也承认其遇到的阻力，反映出日本对华北殖民统治所陷入的困局。怀来宣抚班发现，宣抚员对村民的演讲，不过"在一片好奇心的喧闹中匆匆结束"；分发物品的方式或能奏奇效，但在物资较为丰富地区，"大多也不过产生一时之效果"。④ 在深泽县，宣抚工作的困境在于当地宣抚班的流动性。当宣抚班调离当地后，民众对于宣抚工作的热情随之低落。⑤ 更重要的是，宣抚工作并不能真正"感动"中国的知识阶层，乡绅刘大鹏在日记中对日本宣抚员之演讲嗤之以鼻："日人演说者多，虽有翻译，通话也不真。历时既久，方才散会，予以为此会有何益处？"⑥

日本军政当局注意到民众对于宣抚工作的敷衍态度与"应景"之策，将之视为宣抚工作的失败：

① 防衛庁防衛研修所戦史室編『北支の治安戦（1）』、57 頁。
② 「篠塚兵団　深縣に於ける工作」『治安工作経験蒐録　昭和 14 年 6 月中旬』（第三輯）、日本防衛省防衛研究所、支那 – 支那事変全般 –197。
③ 「梅津兵団　平遙に於ける児童教育の実験」『治安工作経験蒐録　昭和 14 年 6 月中旬』（第一輯）、日本防衛省防衛研究所、支那 – 支那事変全般 –197。
④ 「蓮沼兵団　懐来方面に於ける工作」『治安工作経験蒐録　昭和 14 年 6 月中旬』（第三輯）、日本防衛省防衛研究所、支那 – 支那事変全般 –197。
⑤ 「篠塚兵団　深澤に於ける工作」『治安工作経験蒐録　昭和 14 年 6 月中旬』（第二輯）、日本防衛省防衛研究所、支那 – 支那事変全般 –197。
⑥ 刘大鹏著，乔志强校注《退想斋日记》，1938 年 5 月 15 日，北京师范大学出版社，2020，第 476 页。

对于日军入城，有露出笑容挥舞日章旗，表示欢迎者；也有如难民，乞求哀怜而哭泣者。匪徒大半都是此类叫喊着"没法子"的人，故我军当初为这些笑者、泣者所欺骗，遭受诸多危害。过去一年之宣抚工作，绝不可谓取得成功。①

久经战乱的华北民众，对于宣抚班的宣抚工作自有应对之策。牙医出身的宣抚员小泽开作以其亲身经历，指出宣抚班对华北民众所施的"小恩小惠"，并不能改变中国民众对日本的反抗精神。他对八木沼丈夫的言行嗤之以鼻：

对于宣称宣抚班乃宣布皇道，拯救苦于战祸的中国民众的八木沼丈夫而言，给予贫苦民众粮食与药物，必定会使其喜悦。然而日军进攻之后去往他处，一切又会恢复原样。中共的强大即在于其所至之处建立组织。即便蒋介石的军队、阎锡山的军队亦是如此。所谓捕捉民心，不是用微薄的物资来引诱村中的老人妇女儿童，而是使当地的优秀青年自主从事乡村建设。虽然现在抗日反日精神遮蔽了全中国，可能如此工作并无法实现，然而，只要我们的思想理念能够打动他们，他们必然就会"回心"。②

在小泽看来，宣抚工作的组织性与持久性，决定了华北的"民心"所向，宣抚班的无序性与临时性，并不能真正唤起中国民众的认同。尽管小泽反对八木沼的做法，但在头脑深处，他仍将宣抚工作视作削弱民众抗战的思想武器，将宣抚工作视作日军对抗八路军等抗日武装力量的不二法门，这一点与八木沼并无二致。

---

① 「支那民族統治策二就テ（支那視察報告第一号）　自昭和十四年二月」『参考資料関係雑件』（第十巻）、日本外務省外交史料館、H－7－2－0－4_010。

② 青江舜二郎『大日本軍宣撫官——ある青春の記録』、109 頁。

1939 年 1 月至 1940 年 3 月，华北方面军推行三期"治安肃正"，在华北"治安工作"方针中，始终强调宣抚工作持久化对于华北"治安战"的重要性，"不要满足一时之宣抚，重点在于永远获得民众"，特别要注意"密切军队与民众的关系，把握民心"等，[①]反映出日本军政当局对于宣抚工作结构性弊病的某种反思。

诸多宣抚班都隐晦地表达了宣抚工作因日军部队的各自为政、横行无忌与滥施暴行而成效甚微。例如，闻喜宣抚班虽立意与当地日军、宪兵等采取一致步调，然而"各地军队所进行的治安宣抚工作缺乏协调联系，皆从自身立场行事，与军部所进行的宣抚指导相悖，结果住民反而困惑于不知所从"。[②]现实中，宣抚班根本无法约束日军行动。在晋中榆次、安邑两县，宣抚班直陈宣抚工作所遇阻力，"虽因村民抗日思想根深蒂固或土匪出没，然细细思考，乃我大多数士兵并不理解中国人的心理，无法鉴别敌人便衣与无辜民众之区别，且对中国人有蔑视的风气。对于要人、苦力持同样不逊之言语态度，使他们发自内心反抗日本官兵。故对于民众的掌握亦无从实现"。[③] 在石家庄地区铁路沿线，宣抚工作遭到当地民众的抵制。当地宣抚班认为当地文化程度较高，在"征发"物资时须合理定价，然而日军对专用电线杆仅以每根三十钱的代价肆意"征发"，造成民众的恐慌。[④]在天镇地区，因日军部队政出多头，宣抚工作混乱不堪，"在警备地区归顺改编成自卫团后再度反叛，逃亡至邻接的警备地区，对此特务机关、现地警备队并不与当地警备队联系，就直接开展归顺工作，导致其残党产生

①　防衛庁防衛研修所戦史室編『北支の治安戦（1）』、116 頁。

②　「梅津兵団　聞喜縣姚村地方の工作」『治安工作経験蒐録　昭和 14 年 6 月中旬』（第五輯）、日本防衛省防衛研究所、支那 – 支那事変全般 – 197。

③　「梅津兵団　楡次、安邑両縣に於ける治安工作の経験」『治安工作経験蒐録　昭和 14 年 6 月中旬』（第五輯）、日本防衛省防衛研究所、支那 – 支那事変全般 – 197。

④　「篠塚兵団　欒城縣方面に於ける工作」『治安工作経験蒐録　昭和 14 年 6 月中旬』（第六輯）、日本防衛省防衛研究所、支那 – 支那事変全般 – 197。

动摇。由此暴露军队统制能力的低下，大大损害了其威信"。① 中方的诸多记载也说明，日军地方部队所犯的暴行，导致当地宣抚工作失效。如乡绅刘大鹏就发现，在日军推行的太原宣抚工作中，"日军首领竭意抚循晋民，而不肖之日军竟在间口穿房入户，扰害百姓，甚至奸淫妇女。以致晋人男女老少痛恨日军，盼日军之败，且有'日本鬼子快快走，只留娘子关一口，若要不走，都教喂了中国的狗'之童谣。可见晋人痛恨日人之甚矣"。②

最重要的是，宣抚工作遭到八路军的坚决反击。日军对宣抚工作的重视，从侧面反映出其对手——八路军具有强大的群众工作能力。为了解八路军群众工作的实际情况，1939 年 5 月，华北方面军派遣宣抚员三崎良一潜伏至当时刘伯承领导的一二九师活动的山西省和顺县，进行为期近一个月的秘密调查。日军独立混成第二旅团步兵第三大队将校田副正信曾在察南地区与八路军多次交锋，据其忆述：

> 当时在察南政府中派有日满系顾问及指导官，对各县也派有指导官。但是，治安工作与现实状况并不相适。例如，部队进驻后，立即搞起植树节活动。这时的重要工作，应是收集情报，保护、修补公路与通信线路，并训练自卫团。与之相较，共产党军队的政治工作比我方则巧妙得多。他们将怀柔、威力相结合，牢固掌握农民阶层。处于彼我势力中间地带的居民，朝迎日军，晚通共军，向双方纳税等，这是必须予以重视的事实。我相信扩大治安圈的第一要务，就是掌握民心。因此，指导部队注意对居民采取威武与慈爱相结合的工作方法，并教育士兵每人都要做宣抚员，要注意正确的

---

① 「蓮沼兵団　天鎮方面の工作」『治安工作経験蒐録　昭和 14 年 6 月中旬』（第六輯）、日本防衛省防衛研究所、支那 - 支那事変全般 - 197。

② 刘大鹏著，乔志强校注《退想斋日记》，1938 年 6 月 28 日，第 477—478 页。

行为。①

可以看到，八路军在察南地区的群众工作极大牵制了当地宣抚工作的推进，巩固了当地民众抗战到底的决心。平山县大半区域位于中国共产党领导的抗日根据地内，八路军在当地设有县公署，具有完善的行政组织力，当地宣抚班"对彼之劝降宣传，一朝一夕难见效果"的呼声，② 反映了八路军所树立的县政权不为宣抚工作所动摇的真实状况，而八路军持之以恒的群众工作，对农民阶层反复的教育与动员，最终使宣抚工作流于形式，成为阻遏日伪势力深入华北沦陷区基层的最关键力量。

发动全面侵华战争后，日本军政当局基于统治伪满的经验，迅速成立华北宣抚班，将日本势力渗透于华北基层社会。伴随日军对华北主要都市的侵占，沦陷区内形成了以宣抚班本部为中枢、以各地宣抚班为末梢的"宣抚势力圈"。伴随华北"治安战"的开展，华北宣抚班的组织结构也发生变化，成为从属于华北日军的准军事组织。而在人事架构上，满铁出身的旧宣抚员群体逐渐为职业多元化的新宣抚员群体所替代，意味着日本军政当局基于华北的复杂情势，对于宣抚员素质能力有更高要求。八木沼丈夫等满铁出身的宣抚员的失势，反映出日本将伪满统治模式运用于华北沦陷区的失败，揭示了宣抚工作的结构性弊病——临时性、无序性的问题依旧存在，从侧面反映出日本军政当局对华北宣抚班人力、物力、财力上的支持难以为继。1940 年 3 月，华北宣抚班与"新民会"整合，除将大量财政需求转嫁于傀儡政权之外，并不能解决宣抚工作内在的结构性弊病。

<hr>

① 防衞庁防衞研修所戦史室編『北支の治安戦（1）』、66 頁。
② 「篠塚兵団 平山に於ける 工作」『治安工作経験蒐録 昭和 14 年 6 月中旬』（第二輯）、日本防衛省防衛研究所、支那 – 支那事変全般 –197。

客观而言，宣抚工作能够取得一定成效，是因为捕捉到战时环境下部分旧军人、乡绅、底层民众政治投机、随波逐流、苟求太平的心理，体现了日本军政当局将宣抚班作为推行思想战、宣传战的战术意图；华北宣抚班在实际工作中所表现出的灵活性与能动性，除去宣抚员个人因素，也是日本军国主义对于侵华战争的精密筹谋与对中国国情长期调查的结果。

从外在角度来看，宣抚工作的成效因日军军纪的败坏大打折扣，并不能真正缓和中国民众对侵略者的敌意。华北宣抚班的解散，喻示日军对华北沦陷区宣抚工作总体上的失败。这一现实说明，全面侵华战争前期日本军政当局以宣抚工作为核心的殖民统治模式，在华北基层社会遭遇包括八路军在内的各股抗日力量的强烈抵抗，不仅取得的实际成效十分有限，而且使其陷入难以拔脱的困境。

第二章　日本在华中沦陷区的"宣抚工作"（一）

——以南京地区为考察对象

　　1937 年 12 月 13 日，南京沦陷于日军之手。日军在南京城内惨绝人寰的大屠杀，使南京几乎成为一座死城。虽然以往中外学界关于南京大屠杀的研究已不胜枚举，然而关于大屠杀之后日本军政当局在南京开展的宣抚工作，却还不太涉及。[①] 事实上，在日军屠戮南京军民的同时，日本军政当局已开始筹备在当地开展宣抚工作。对日本军政当局而言，宣抚工作固然是欺骗与蒙蔽中国沦陷区民众的重要手段，但在大规模屠杀之后的南京开展这一工作，则别具用意。笔者希望利用日军特务系统的宣抚班与外务省

[①] 经盛鸿对沦陷后南京的政治、经济、社会生态有丰富的研究，关于日本对南京民众之宣传工作，参见《南京八年沦陷史》（社会科学文献出版社，2005）第五章"日伪对南京的社会控制与特务统治"。关于沦陷后南京特务机关之活动及性质，参见林伯耀《南京沦陷以后日寇南京特务机关的作用》（陈安吉主编《侵华日军南京大屠杀史国际学术研讨会论文集》，安徽大学出版社，1998）。而关于日伪控制下南京基层组织的运作状况，参见朱宝琴《沦陷时期南京社会的基层控制》（《南京大学学报》2003 年第 1 期）。三位学者的研究成果对日军在南京的宣抚工作均有所述及，然皆侧重于对日军暴行的揭露，而未涉及外务省系统同仁会等组织对宣抚工作之参与。此外，曹大臣以太仓县为个案，分析了战时日军在江南开展宣抚工作的运作机制，对于本书亦有相当之启发意义，参见《日本占领华中初期的基层控制模式——以太仓县为中心（1937—1940）》（《民国档案》2004 年第 1 期）。

系统的同仁会①的相关史料，通过对两者在南京宣抚活动的考察，揭示作为战争加害者的日本，如何利用各种手段试图修改并抹去中国民众的创伤记忆，从而继续开展侵略活动。

一　南京"宣抚工作"的启动

1937 年 8 月，淞沪会战爆发，日本进兵华中。长江三角洲地带既是国民政府统治的中心区域，也是欧美在华利益集中之所在。10 月日军占领宝山县城后，随即组织了在华中的第一个宣抚班。当时上海派遣军司令官松井石根认为，日军华中作战的最终目标既然是南京，就"特别需要配属一个强有力的特务机关。除了对作战需要进行策划宣传外，占领地的治安工作、人民的抚慰和指导工作都需要该机关进行策划。这是战争状态下极为需要做的紧急事务"。② 淞沪会战结束后，随着日军在华中占领区域的扩大，12 月，鉴于在华北的宣抚经验，日本出台了《华中占领地宣抚工作实施纲要》，明确华中宣抚工作之目的乃"使庶民速归正业，保证其生命财产，首先使民心安定，恢复秩序，使其信倚我军恩惠之同时，逐步脱离执行抗日主张的国民政府，依附于新生政权，并从政治思想经济上形成亲日的氛围"。③ 值得注意的是，该纲要特别强调诱使民众脱离国民政府的重要性，暴露出日本早有树立傀儡政权取代国民政府之心。

12 月 10 日，日军预计南京陷落在即，日本驻南京武官佐方繁

① 同仁会成立于 1902 年，作为一个日本民间医疗团体，长年在华经营医务。至 1937 年全面侵华战争爆发前夜，同仁会在北京、青岛、济南、汉口等地开办了四所直属医院，派遣了大批医务人员来华从事医事活动，出版了多种医学著作与学术刊物，对近代中国的医疗卫生事业产生了重要影响。
② 《松井石根阵中日记》，1937 年 10 月 23 日，王卫星编《南京大屠杀史料集》第 8 卷，江苏人民出版社、凤凰出版社，2005，第 107 页。
③ 「中支占领地区二於ケル宣撫工作概要」井上久士编『華中宣撫工作资料』、51 页。

木少佐与满铁上海事务所职员松冈功、马渊诚刚等人奔赴南京，筹划宣抚事宜。① 12 月 14 日，南京特务机关成立，佐方成为第一任特务机关长，负责对沦陷后南京的宣抚工作。12 月 24 日，南京特务机关组织了从事具体宣抚业务的南京宣抚班，班长为满铁职员佐藤鹤龟人，班员也基本来自满铁系统，这些人不仅谙熟中国政治、经济、习惯方面的专门知识，而且中文水平都达到了专家的程度，混入中国人中其身份往往不易被察觉。②

　　除了日军在南京的特务机关，日本外务省也积极参与南京宣抚工作。对日本政府而言，南京宣抚工作之要义，除"救济民众""安定民心"外，还有向国际社会展示日本"人类之爱"。中日战争全面爆发之后，外务省令日本医疗组织同仁会派遣数个诊疗班前往华北、华中沦陷区，协助日军开展诊疗业务。外务省认为，派遣同仁会诊疗班之目的，乃"值此事变之际，作为我方文化工作之一，应考虑通过此活动尽可能得到内外民众的谅解"。③ 当时的同仁会会长林权助称："随着战局的进展，对一般民众之宣抚救治实乃必要，而且战前同仁会在华医院从事医疗事业已有三十五年，其存在亦无非基于救恤民众的精神……此次的中国事变不比既往各种事件，正所谓救济人类和平的一大圣战，故交付我同仁会的任务亦极为重大。"④ 考虑到诊疗班与当地日军特务机关的关系，同仁会理事小野得一郎特别向外务省强调了"此次诊疗班的事业一定与陆军的宣抚工作合辙，明了同仁会将按陆军指挥开展

①　「満鉄派遣中支宣撫班工作状況報告」井上久士編『華中宣撫工作資料』、19 頁。

②　東中野修道「南京事件の真相——南京特務機関（満鉄社員）丸山進の回想」『亜細亜大学日本文化研究所紀要』1996 年第 2 号。

③　「同仁会救護班派遣二関スル件」（1937 年 9 月 22 日）、『同仁会関係雑件/診療班支那派遣関係』（第一巻）、日本外務省外交史料館、H‐4‐2‐0‐3_4_001。

④　林権助「同仁会診療救護班各位に告ぐ」『同仁会関係雑件/診療班支那派遣関係』（第一巻）、日本外務省外交史料館、H‐4‐2‐0‐3_4_001。

行动之重要意义"，① 表明了同仁会参与日军宣抚工作的决心。

1938 年 2 月末，日本驻上海总领事冈本季正向外务大臣广田弘毅发电，称日军对于在南京开展卫生工作感到棘手，其压力主要来自英美等国在南京的势力："总之，外人怀抱杞人忧天之想法，他们有意以他们之手推进此项事业，尤其是国际委员会已经改称为美国救济委员会（原文如此——引者注），并从美国获得巨额资金，积极对难民进行救济、诊疗、防疫等各种社会事业。对于此时他们的乘机，我方必须预先采取充分的准备。之前文化事业部计划中的派遣我方权威医师等的工作，也应采取至急适当的措施。"② 1938 年 3 月，在外务省的要求下，同仁会向南京派遣诊疗班。该班计划将总部设于南京，并派遣分班至其近郊及镇江、扬州、浦口、芜湖等地进行巡回诊疗。南京诊疗班的班长为东京帝国大学医学博士冈崎祗容，班员也主要由该大学医学部的医师组成。

由于预计 1938 年 5—6 月华中可能暴发大规模的霍乱疫情，日本驻南京总领事花轮义敬呼吁外务省尽快向南京派遣防疫班："流行病的防御乃燃眉之急。此际我方若不讲究适当的方法，就会导致当地国际救济委员会乃至美资医院的积极活动，愈加助长中国人依存欧美的观念，而给把握人心带来极大困难……故请立即准备五十万人份的伤寒、霍乱疫苗，以每日 500 人为治疗目标，尽快设置医疗机构，派遣专家。"③ 在外务省文化事业部的组织下，继南京诊疗班之后，同仁会另派遣一个防疫班前往南京。该班由以台湾总督府医师小林义雄为班长的 35 名医务人员组成，主要人员

---

① 小野得一郎「同仁会诊疗救护班と伴に」『同仁』1937 年第 11 号。
② 「中支诊疗救护班派遣二関スル件」（1938 年 2 月 23 日）、『诊疗班支那派遣関係』（第一卷）、日本外务省外交史料馆、H－4－2－0－3_4_001。
③ 「同仁会诊疗救护班中支派遣二関スル件」（1938 年 3 月 16 日）、『同仁会関係雑件/诊疗班支那派遣関係』（第一卷）、日本外务省外交史料馆、H－4－2－0－3_4_001。

来自当时台湾总督府的下属医疗组织——博爱会。[①] 1939 年 4—5月，同仁会南京诊疗班与防疫班相继抵达南京。这两支队伍的派出，表明以同仁会为代表的日本医学界，成为日本军政当局于沦陷后的南京开展宣抚工作的重要协助力量。

二　南京"宣抚班"的各种"宣抚"活动

南京宣抚班直接听命于当地特务机关，在南京沦陷后不久即开展宣抚活动，其首务在于成立伪南京自治委员会，以便尽快实现难民迁返之目的。宣抚班不可能阻止日军对南京军民的杀戮，对于国际委员会设立的安全区却极为警惕，认为它的存在"不仅对于南京的治安维持、复兴构成极大阻碍，而且在国际委员会的统辖下，很容易使依赖欧美的弊风深入难民心中"。[②] 1938 年 1 月1 日，在南京特务机关的操纵下，伪南京自治委员会成立。该会自当月 5 日起逐步从国际委员会接收难民，将之分散至南京五区内，与此同时，陆续恢复战前的保甲制度。然而，难民对日军的暴行感到恐惧，且其住所多被焚毁，宣抚班的迁返工作进展缓慢。尽管如此，在宣抚班与国际委员会的反复交涉之下，至 2 月底大约有17 万名难民被迁返，国际共管的安全区也于 3 月上旬遭到解散。宣抚班在迁返难民时，协助当地日军进行各种搜查，通过对难民发放所谓"良民证"，维持"治安"。

在强迁难民之后，南京宣抚班开始了社会秩序的恢复工作。伪自治委员会的财政状况极为困窘，宣抚班认为，"由于经济资源

① 博爱会系 1914 年受台湾总督府资助成立，是在厦门、福州、广东、汕头等台湾人故乡开展医疗活动的日本机构。日本全面侵华战争期间，同仁会与博爱会在业务上有密切联系。关于战时博爱会的活动，参见中村孝志「厦門及び福州博愛会医院の成立——台湾総督府の文化工作」『天理南方文化』1988 年 11月号。

② 「南京班第二回報告」井上久士編『華中宣撫工作資料』、151 頁。

的缺乏和拥有 30 万的贫困人口，要想南京早日确立财政显然是极其困难的，因此必须对难民实行粮食管制。故目前通过指导该委员会直接经营谷米，将其收入作为主要财源"。① 根据日本人的统计，伪南京自治委员会 1—3 月的平均月收入仅 54700 元，主要来自极少的粮食税、屠宰税及日本军政当局的一些捐款，根本无法满足 20 余万难民之救济需要。② 对宣抚班而言，粮食与日用品供应的充足与否，决定其宣抚工作的成败。战前的南京作为消费都市，物资多需由华商从外部运入；沦陷后南京的物资运入，则完全为日商所垄断。宣抚班为了尽可能多地吸聚物资，对日商的活动持放任的态度，故物资运入南京的渠道比较通畅。

在日用品的供应上，1938 年 1—3 月日清轮船公司从上海运入南京的日用杂货品价值达到 652400 元，这些商品大部分以军需品销售给当地日军，小部分流入市场。③ 直接流入市场的日用品在价格上受到宣抚班的管制，但是因为日商运入商品的交通方式不同，运输成本存在差价，日本商船运入的商品，与以军需名义卡车运入的商品，在销售价格上必然无法统一，最终宣抚班对价格的管制"因为无法举其成果，其结果也只能是自生自灭"。④

在维系南京难民生命的粮食供应上，宣抚班为了尽快解散国际委员会控制的难民区，特意从日军处获得包括大米 11200 袋、面粉 10000 袋、盐 3670 袋在内的救济物资，其中大米 2000 袋、面粉 2000 袋与盐 500 袋通过伪自治委员会救济课及各区公所分配于难民。为了改善伪自治委员会的财政，也为了防止难民的"白吃白喝"，1 月 15 日之后，宣抚班于各区设立救济品销售点，将粮食以法币或军票的形式出售。当时宣抚班以一袋米 11 元（10 元军票）、

① 「南京班第二回報告」井上久士編『華中宣撫工作資料』、152 頁。
② 参见南京特务机关『南京市政概况』（未刊本、1942），第 79 页。
③ 伊藤武雄『事変後における中支占領地区商品流通事情』南満州鉄道上海事務所、1939、508 頁。
④ 伊藤武雄『事変後における中支占領地区商品流通事情』、515 頁。

1 袋面粉 3.5 元（2.5 元军票）的价格销售了约 9000 袋大米和 8000 袋面粉。[①]

南京宣抚班注意军票交易，有其特殊的用意。军票是"军用手票"的略称，1937 年 11 月，日军柳川兵团在华中占领区发行军票，军票成为日本军政当局掠夺中国民间财富的工具。[②] 柳川军团是攻陷南京的日军主力之一，军票伴随该军团的侵略步伐流入南京。宣抚班之所以规定的粮食法币价格略高于其军票价格，就是出于维持军票值的考虑。沦陷初的南京物资缺乏，日军禁止日商向一般中国民众出售商品，民众只有在获得购买许可证后，方可使用军票从日商经营的 13 家商店购买商品。当时日军雇用了大量"苦力"，这些"苦力"由南京特务机关负责招募，人数多达万人以上，其报酬即以军票形式发放。此外，对于从事水电等基础设施相关工作的中国工人，宣抚班将军票价值维持工作融合于宣抚工作之中，"鉴于他们对战争极感恐惧，因此以保证他们的性命与住所的安全及发给其粮食为条件，为他们做好万全之策。关于工资，以军票的形式支付其一定工资……由于水电供应是日常生活中不可或缺的要素，此为促进宣抚工作的最好动力"。[③]

1938 年 2 月 15 日之后，随着上海地区的日商不断将物资运入南京，宣抚班开设了经营粮食和杂货的中央批发市场，以平价销售民众生活所必需的日常用品。各区也出现了各种露天零售市场，市面上物资的供给渐渐增多。在南京特务机关的授意下，伪自治委员会成立了商会，各种华人商店开始营业，至 3 月下旬营业的商店达到 747 家，南京的经济秩序有所恢复。[④] 一些战前中国商人开办的大型企业，如下关的扬子面粉公司，在特务机关的安排下，

① 「南京班第二回報告」井上久士編『華中宣撫工作資料』、155 頁。
② 关于军票于华中地区发行之始末，参见清水善俊『支那事变军票史』『日本金融史资料·昭和篇』第 29 卷（大藏省印刷局、1971），第 120 页。
③ 「南京班第二回報告」井上久士編『華中宣撫工作資料』、159 頁。
④ 「南京建設概況」（3 月）、井上久士編『華中宣撫工作資料』、166 頁。

转由日商经营，实行所谓的"委任经营"。随着南京经济秩序的恢复，据宣抚班的统计，需救济的难民数 1 月时尚有 15 万人，2 月为 7.5 万人，3 月为 6.8 万人，已呈现递减趋势。①

松井石根于卸任华中方面军司令官之际，多次召见宣抚班成员，强调宣抚工作对于掌握"民心"之重要意义。他称，"要做到让中国人感念我军，要充分关爱中国人"，"对中国人的宣抚工作及今后军队的言行，对今后时局的稳定极为重要"。② 为了磨灭南京民众的抗日意识，尽可能营造亲日的氛围，南京宣抚班利用各种机会对民众进行宣传工作。1938 年 3 月 28 日，在日本军政当局的扶植下，伪维新政府成立，宣抚班与各方合作，"一手包办了对民众的宣传、治安和游行指导，我们还对自治委员会、区公所和警察厅进行了总动员，以期万无一失"。从 1938 年 1 月 1 日至 1939 年 3 月，南京宣抚班对当地民众进行了各种宣传活动，举要如下（详见表 2 - 1）。

表 2 - 1　卢沟桥事变后南京"宣抚班"对民众宣传工作概况一览

举行时间	活动名称	旨趣	活动概况
1938 年 1 月 1 日	伪南京自治委员会成立仪式	为了"复兴"南京，确立其"自治自立"	1937 年 12 月 23 日伪自治委员会筹备完成，次年 1 月 1 日于鼓楼举行成立仪式
1938 年 3 月 28 日	伪维新政府成立仪式	"树立新政府"之运动	关于"新政府"的成立，当日举行了盛大的庆祝仪式
1938 年 4 月 24 日	伪督办南京市政公署成立仪式	伪南京市公署诞生	伪南京自治委员会成立 108 日后，产生"真正的自治机关"
1938 年 5 月 17 日、23 日	卫生思想普及大会	进行卫生思想的普及与宣传	为了于事变后第一个夏季到来之际普及卫生思想，以及使民众知晓同仁会诊疗班开院之事，卫生局、社会局及各区公所派出宣传的游行队伍

① 「南京班第二回报告」井上久士编『華中宣撫工作資料』、164 頁。
② 《松井石根阵中日记》，1938 年 2 月 8 日、2 月 16 日，王卫星编《南京大屠杀史料集》第 8 卷，第 171、183 页。

续表

举行时间	活动名称	旨趣	活动概况
1938 年 6 月 13 日	反蒋通电	反蒋运动的彻底化	为了贯彻 6 月 18 日伪临时、维新政府的反蒋通电，伪南京市政公署另作一通告，转达于各国外交机构并于各处张贴宣传
1938 年 8 月 13 日	"重生"纪念大会	民众"重生"纪念活动	为使各机关内部形成统一认识而举办的演讲会，彻底贯彻"重生"纪念之主题，张贴标语 5 万张
1938 年 8 月 24—26 日	电影工作大会	对于民众的教化活动	工作的对象为一般民众及中小学生，场地为南京首都大剧院、国民大剧院
1938 年 8 月 31 日	反蒋及促进"和平"运动大会	反蒋及促进"和平"运动的彻底化	当日民众于鼓楼集会
1938 年 10 月 5 日	大民会联合支部成立仪式	宣传工作主题的彻底化	
1938 年 10 月 27 日	大民会联合支部大会	民众工作与宣传主题的彻底化	乘 10 月 26 日武汉陷落，开办大会，向全国发表宣言，并举行市内游行
1938 年 10 月 14—23 日	民众娱乐大会	给予中国民众娱乐与"抚慰"，使民心安定	使民众 10 日间观赏宣抚队东方话剧团之演出（此处似为远东剧团——引者注）
1938 年 10 月 28 日	南京市学生"反共"大会	学生层"反共"旨趣的彻底化	以"广东作战"及"武汉攻陷"为契机，该日上午 10 点于鼓楼举行全市中小学"反共"游行大会
1938 年 11 月 6 日	"反共"市民大会	通过中央政府成立"促进及反共反蒋市民大会"，彻底贯彻大会主题	大会有 6 万多人出席
1939 年 2 月 2 日	广播宣传	通过广播进行思想宣传	伪行政院王科长之"民德主义与和平"
1939 年 2 月 26 日	广播宣传	通过广播进行思想宣传	伪行政院王科长之"中华民国廿八年之新感想"
1939 年 3 月 3—9 日	建设"东亚新秩序"运动	贯彻"东亚新秩序"之主题	按照预定之计划，进行演讲、游行、灯会等活动

续表

举行时间	活动名称	旨趣	活动概况
1939 年 4 月 24 日	日华佛教联盟南京总会成立仪式	通过佛教进行"思想工作"	日本佛教联合会、南京佛教会、安清同盟会、中华理教总会等的代表于国民大会堂举行成立仪式

资料来源：根据南京特务机关『南京市政概况』，第 122—125 页制作。

　　从表 2-1 可见，宣抚班的民众工作十分庞杂，彻底融入了南京民众的生活空间。它往往以举办大会、组织游行等形式，鼓吹"反共"、反蒋、亲日、实现中日"和平"及建设"东亚新秩序"等，试图消除一般民众的反日意识，动摇他们的抗战决心，为傀儡政权的合法性造势，体现了日本在南京这样的大都市控制民众思想的技巧与手段。从大部分活动的规模来看，宣抚班投入了大量精力，其背后必然有日本军政当局财力、物力的支持。在宣传手段上，宣抚班尤为重视广播等现代技术，南京广播局于 1938 年 9 月 10 日由日伪开办，日人直言不讳其开办之目的，"乃作为南京陷落后军当局之军机关之一，是从属于军报道部，与作战并行的宣传机关"，其"以宣抚为目的，对占领地民众日夜进行有效适当的讲演及演艺播送活动，并积极慰问我军、播送国内情报及向我侨民播送最新战况"。[①] 除了在市区的工作外，南京特务机关还组织远东剧团等"移动舞台"，在日军警备班的先导下深入乡僻，在向村民发放药品等宣抚物资时，表演所谓的"思想剧"与"教育剧"。[②] 宣抚班的宣传口径紧跟日本对英美政策而变化，1939 年 6 月，日本封锁天津英、法租界，日本与英国关系骤然恶化，8 月 11—13 日日军随即在南京特别举行"各界民众反英反共大会"，以"民众辩论"的形式宣泄其对英国的不满。

　　南京宣抚工作始终为当地特务机关所牢牢掌握，但形式也有所

---

① 市来义道『南京』南京日本商工会议所、1941、112 页。

② 市来义道『南京』、252 页。

变化。1939 年 3 月 3 日，在日本的操控下，伪南京特别市政府成立，内设特别机关室，宣抚班随之改称"民众班"，宣抚业务表面上交由伪市政府处理，但其"行政运营之万般，皆在机关长的意图之下直接联络折冲"，[①] 从这一点来看，其为日军控制的本质并没有改变。

三　日本医界对"宣抚工作"的参与

南京宣抚班成立初的另一重要任务，是尽快处理被屠戮之中国军民的尸骸。然而，随着春季到来，天气转暖，宣抚班处理死尸不仅需要花费更多时间，而且疫病发生之可能性大为增加。宣抚班发现，其工作"显然仅靠红十字会的资金力量极难做到，故现应采取某些方法以寻求资金上的援助"。[②] 为了诊治难民与预防疫病的发生，1938 年 1 月，南京宣抚班于各区设立医疗所，3 月上旬，开始对民众实施免费医疗。然而，宣抚班医疗活动的开展主要依靠当地中国医师的参与与驻屯日军军医部的支援，无论医师人数还是诊疗能力均极有限，当然无法满足南京数十万难民的需求。外务省系统下的同仁会南京诊疗班与防疫班的派遣，恰恰弥补了宣抚班在医疗资源上的短缺，成为此后日本宣抚工作的重心所在。

1938 年 4 月 28 日，同仁会南京诊疗班宣布开诊。5 月 3 日，又利用原南京市立医院开办同仁会南京医院。开院当日，诊疗班特意招待南京的大小日伪官员，举行了开院仪式。由于防疫班尚未抵达，诊疗班在 4 月 28 日至 5 月 1 日对约 1 万名中国人进行霍乱、伤寒等各种预防注射。[③] 然而，事实又是如何？在同仁会总部

① 南京特務機関『南京市政概況』、25 頁。
② 「南京班第三回報告」井上久士編『華中宣撫工作資料』、164 頁。
③ 「中支派遣第一診療救護班二関スル件」（1938 年 5 月 4 日）、『同仁会関係雑件/診療班支那派遣関係』（第一巻）、日本外務省外交史料館、H-4-2-0-3_4_001。由于意识到这份报告将由外务省转交日本军部，同仁会南京诊疗班非常注意报告中的措辞，为日军在南京的暴行做掩饰。

利用南京诊疗班工作报告编写的会志中，却做了如下描述：

> 4月下旬已进入传染病的流行期，当班将防疫事业作为重
> 点，以南京各区公署为中心，对市民密集的地带及各小学校、
> 督办公署进行出差，全面投入预防接种。全市分为五区，每
> 区派遣防疫分班，4月27日开始种痘以及霍乱的预防注射，
> 市民乃至村民对之非常恐慌，逃避注射者极多。50万人的市
> 民中接受注射者不过1600名。根据日本领事馆警察调查的情
> 报，"最近日方同仁会实施的预防注射与以往中国施行的完全
> 不同，其目的在于毒害中国人。因此接受注射者数十日后必
> 然死去。即使不死者，也难免成为废人"。城内潜伏着如此流
> 言而为抗日不逞分子所巧妙利用，此谣言正在蒙昧无知的一
> 般市民中如燎原之火般流传，终连城外的农民也有所耳闻。①

事实上，南京民众对于日医的预防注射心怀恐惧，同仁会诊
疗班必须借助日军的武力，对民众强制进行注射。由于上海自6月
上旬之后每日都发现霍乱患者，成为当年霍乱疫情的流行地，南
京诊疗班密切关注作为南京水上交通门户的下关、浦口等地疫情，
在日军的胁迫下，当地往来的民众乃至受日军使役的"苦力"，都
不得不接受诊疗班与防疫班的预防注射。5月初南京防疫班抵达
后，于莫愁路秣陵村开设防疫作业所，每日对2万名市民进行预防
注射，5月就进行了29万人次的注射，7月后该班从诊疗班接收防
疫业务。② 1939年4月华中派遣军防疫给水部（即细菌部队荣
1644部队）成立后，南京防疫班改称南京防疫处，成为同仁会在
南京的常设机构，此后其业务主要从事对长江流域疟疾等传染病
的调查研究。

---

① 穗坂唯一郎『同仁会四十年史』同仁会、1943、349頁。
② 穗坂唯一郎『同仁会四十年史』、462頁。

在难民的救治上，南京同仁会诊疗班将金陵大学鼓楼医院视为竞争对手。① 1938 年 5 月中旬起，鼓楼医院即对中国人实行免费预防注射，并派医师前往莫愁湖明德女学校、讲堂街礼拜堂、中华路育群中学等地问诊。当时在南京的外国人史迈士就称"这家医院在整个非常时期的医疗工作，是十分引人注目的"。② 诊疗班认为鼓楼医院的活动对宣抚工作产生了负面影响，决定加强南京同仁会医院的医疗实力："由于本地美资鼓楼医院吸引了大量中国患者，唤起他们对欧美的崇拜思想，我宣抚工作若要顺利进行，就必须要有与鼓楼医院对抗甚至凌驾其上的医疗设施。而最近我国人积极进入本地，如今已超过千人。本地完全没有可观的华人医院，鉴于这一现状并考虑到南京的政治地位，冈崎诊疗班长提出大力建设同仁会南京医院之计划，认为此时甚符时机。"③

面对鼓楼医院的"竞争"，诊疗班继续实行宣抚班既定的免费医疗策略。据南京日本宪兵的调查，同仁会医治的对象，几乎都是"苦力"等贫困阶层，他们"因本次事变家财尽失，今日生活又多困苦不堪，故不得已而求诊于免费之诊所，接受同仁会之治疗"。④ 6 月 1 日，面对大量患众的到来与物价的飞涨，诊疗班采取了低价格战术，这"是为了防止医疗费用的暴涨与抵制英美系医院的跋扈，在标价上尽可能地制定最高额，却征收最低的费用，从而不失宣抚之精神"。南京同仁会医院开院之日前来问诊的中国患者仅 44 人，诊疗班于南京市内各处张贴海报，并向行人发放传单，求诊患者日渐增加，进入雨季之后每日患者数超过 600 人。

南京诊疗班开展的诊疗活动，其内情究竟如何？从当时的班

① 当时金陵大学鼓楼医院被日方称为美资鼓楼医院，金陵大学是美国卫斯理教会创办的大学，故同仁会认为鼓楼医院具有美资背景。

② 《史迈士致贝克函》（1938 年 5 月 28 日），译文载《民国档案》1998 年第 2 期。

③ 「同仁会南京病院建設の件」（1938 年 6 月 9 日）、『同仁会関係雑件』（第七卷）、日本外務省外交史料館、H-4-2-0-3_007。

④ 穂坂唯一郎『同仁会四十年史』、352 頁。

长冈崎祗容向外务省提交的《南京市民疾病观》报告，可以一窥端倪。冈崎发现战后的南京，"在外科上可以看到相当数量的创伤，都已经放置了六个月乃至一年以上"；"最近没有看到南京有痘疮大流行的迹象，但并不意味着无须进行防疫活动及进行广泛的预防接种"；"5月的南京，沙眼是最严重的疾病，其次是皮肤科的疥癣，再次是内科的一般呼吸病。肺结核的情况也相当严重。作为南京及长江流域特征的肠炎为时尚早，其势头尚未出现，但要引起注意"。[①] 冈崎的《南京市民的疾病观》引起了日本军政当局的兴趣，获得了意外的好评。此后他又撰写了诊疗班7—9月的工作报告《南京市民的疾病观（第二部）》，作为对第一份报告的补充。这两份报告虽反复强调中国民众的各种疾患主要来自"卫生思想的贫乏与医疗设备的奇缺"，但仍可从中看到南京民众在战火中饱受的创伤与凄惨的经历。

在"宣抚"的名义下，同仁会诊疗班也展开了一些卫生调查，如1938年8月对南京所有小学的儿童进行了长达一个月的体质检查。作为宣抚工作的一部分，其目的在于"通过检查一般儿童的营养疾病状况，为将来促进当地儿童之体质健康而做准备"。[②]

经过一段时间的各种活动，花轮义敬对南京诊疗班与防疫班的宣抚成绩感到满意，称："现今（指1938年8月——引者注）患者已一日超过600人，而由美国人经营的鼓楼医院每日不过仅三四十人，通过比较就可发现，中国人对于日本医疗机关表现出不断地信任……同仁会这两个班的活动，可以说是日本如今在南京进行宣抚方面的最大工作。中国人渐渐开始信任我们，我方日后亦可将此视为一得力宣抚方法。"[③] 1939年4月，经过近一年的宣抚性诊疗后，南京中产阶层前来问诊的人数不断增加，医院不断

① 「南京市民疾病観送付ノ件」（1938年6月27日）、『同仁会関係雑件/診療班支那派遣関係』（第二巻）、日本外務省外交史料館、H-4-2-0-3_4_002。
② 南京特務機関『南京市政概況』、101頁。
③ 花輪義敬『中支の治安と南京の復興』日本外交協会、1938、11—12頁。

提高诊疗费用，经营逐步常规化。南京诊疗班对此充满信心，在业务报告中称："（本班）若一方面在南京指导医疗机构之建设，另一方面向中国民众，尤其是知识阶层宣扬日本医学的伟力，就可相信美国系统下的鼓楼医院必将出现颓势，南京民众对欧美的依赖也必将转向日本。"①

同仁会南京诊疗班和防疫班的卫生活动与南京宣抚班的宣传活动相互呼应，力图展现日本医学的先进性。南京作为伪维新政府、汪伪政权的"首都"，其政治意义不言而喻，南京诊疗班"从开设当时起，即与政府要人及其家人的健康问题有着密切接触"，其诊疗对象既包括普通的民众，也包括梁鸿志、汪精卫、陈璧君、周佛海等伪府权贵。② 同仁会对于南京各阶层的诊疗，既体现了日本军政当局对民众的"安抚"与对权贵的笼络，也隐喻了日本对南京医疗卫生的垄断与控制。

四　日本人所见"宣抚工作"之成效

在南京宣抚班与同仁会南京诊疗班、防疫班开展宣抚工作之际，一些日本官宪与社会人士也以各种方式观察着宣抚工作的实际效果，他们的一些观感与判断，从侧面反映了南京民众对日情感的变化。

1938 年 3 月的南京仍笼罩于大屠杀之后的恐怖气氛下。作为外交官的花轮义敬行走于南京的市街，生动地描述了当时南京的景象："或许是当时南京连日下雨，城内阴森凄惨，这种感觉越至郊外越是强烈。走山街区便可看到到处狼藉，中山路上行走的中国人极少，纵有一二，其脸色亦是难以想象的凄惨，我不禁感叹

① 「同仁会南京診療班業務報告進達ノ件」（1938 年 5 月 16 日）、『同仁会関係雑件/診療班支那派遣関係』（第二巻）、日本外務省外交史料館、H－4－2－0－3_4_002。

② 青木義勇『同仁会診療防疫班』藤木博英社、1975、17—18 頁。

这就是大战之后的悲惨景象。"①

　　日本作家马郡健次郎观察到南京民众对日情感从恐慌转向"顺从"的过程。在为日军武力高唱赞歌的同时，他也不吝褒扬宣抚班在沦陷区内取得的"业绩"。他感叹道："在我华中、华南占领区内促使中国民众对日本亲和的宣抚工作中，数百名宣抚班（员）挺身而出，他们实可谓不亚于奋战勇士的无枪之文化战士。"② 他看到了日军宣抚班的宣传攻势对南京民众观念产生的影响，作为战败者的南京民众的"抗日迷梦"，在日军进城之后已然幻灭，日本通过伪维新政府的成立仪式等宣传活动，正在逐步消除南京民众对战争的记忆。

　　1938 年 8 月，日本外务省情报部事务官林馨至南京考察民情时，注意到民众对蒋介石政权态度的转变："今年 1 月、2 月南京上空有飞机飞临时，中国民众仍有抬头仰望，认为此乃蒋介石的飞机者；而最近南京上空飞过轰炸机、战斗机时，民众已无眺望之兴趣，唯视之为常事，更无人再认为此乃蒋介石派来的飞机。"③ 他观察到同仁会在南京街头的活跃："最初中国人并不信赖医师，对日本人怀有畏惧之心，由于此类情感的存在，一开始似乎对我们非常厌恶。然而民众只要一经治疗，就会发现日本医师非常亲切且优秀。此后附近西人经营的医院每日就只有三四十人光顾，由此可见日本医院的活跃程度。活跃当然是非常重要的，所谓中国民众的心，也正是在如此真正的日华提携下，才能不断倾向于亲日。"④ 相较于马郡健次郎，林馨更多地看到同仁会在"安抚"上取得的效果，认为日本医师扮演了传递"人类之爱"的拯救者角色，以精湛的医术治愈着中国民众的战争创伤。

---

①　花輪義敬『中支の治安と南京の復興』、2 頁。
②　馬郡健次郎『大陸経営』厳松堂、1938、77 頁。
③　林馨「支那最近事情」中川豊舜『新東亜の建設と仏教』仏教連合会、1939、142 頁。
④　林馨「支那最近事情」中川豊舜『新東亜の建設と仏教』、143 頁。

事实上，同仁会宣抚性诊疗的对象极为广泛，并不仅仅针对患者。南京诊疗班在其业务报告中提到中国人护士受到宣抚后的心理变化：

> 现今我们雇用 15 名中国见习护士，10 月以来我们教授她们日语，成绩颇为良好，并在实地中不断传授她们看护学知识。从 4 月 25 日靖国神社临时大祭开始，我们让中国见习护士也参加对皇居的遥拜式，使她们体会到我皇国精神，更让她们于天长节皇居遥拜式后参列观兵式，感叹皇军之伟力。如今她们携带着同仁会的标记欣喜地回家，而一年前录用她们时，她们还将同仁会的臂章偷偷隐藏后上街。与当时相比，真可谓恍若隔世。①

同仁会诊疗班所谓的"隔世"之感，也不过一年间。对于中国护士而言，日本医师不仅成为她们技术上"言传身教"的指导者，也成为思想意识的引导者。事实上，对于日本军政当局而言，这一结果也正是他们所期待的。

中日全面战争时期，日本在中国沦陷区各地开展的宣抚工作中，南京宣抚工作是比较特殊的一环。这不仅因为南京作为国民政府的首都，日本在当地的宣抚工作更具有"中日亲善"的示范意义，也因为日军在南京制造了惨绝人寰的大屠杀，宣抚工作一定程度上能够消除中国民众的创伤记忆、掩饰日军的暴行。

从历史时段来看，日军在南京的宣抚工作始于南京沦陷之后，至汪伪时期仍有进行。但从南京宣抚班与同仁会诊疗班、防疫班

---

① 「同仁会南京診療班業務報告進達ノ件」（1939 年 5 月 16 日）、『同仁会関係雑件／診療班支那派遣関係』（第二巻）、日本外務省外交史料館、H－4－2－0－3_4_002。

的活动情况来看，宣抚工作最集中的时期，应在 1938 年 1 月至 1939 年 4 月。这一时期南京的社会秩序逐步恢复，日本对南京的殖民统治也逐渐步入轨道，把握南京的"民心"，使其由抗日走向亲日，是宣抚工作最根本的目的，南京宣抚班动用大量资源所进行的宣传，以及医疗组织同仁会诊疗班对难民的免费医疗，均是基于此目的而展开。客观来说，与华北情况相似，日军利用武力对民众的胁迫与日本依靠伪政权的组织动员，是宣抚工作得以开展的必要保障，然而日本在南京的宣抚工作之开展，一方面是宣抚工作者谙熟一般民众的战时心理需求，为之进行了精心准备的结果；另一方面也因沦陷后的南京基本不存在反宣抚的力量，日本所臆想的对手——欧美，并无与日本在南京长期竞争的实力。

战时日本的各类文献中，不乏存在描述沦陷后南京社会状况的史料，一些日人赞美日本统治下南京的"自立"与"复兴"，感叹日本国力的强盛，他们看到的南京，当然不是惨遭日军屠戮后的南京，而是日本精心宣抚下的南京，他们的感观，自然无法反映日本侵略战争带给南京的苦难。笔者以日本在南京的宣抚工作为研究对象，旨在说明作为侵略者的日本，不仅以屠戮手段使民众蒙受战争的创伤，而且以宣抚手段试图修改并抹去这一创伤，日本军政当局这种看似矛盾的做法，实则反映出其在战时就有逃避与掩饰战争罪责的意识。日本对南京宣抚工作的大力投入，恰恰说明日本对其所犯下的暴行具有不可推卸的责任。

第三章 日本在华中沦陷区的"宣抚工作"(二)

——以杭州地区为考察对象

1937年12月24日,继南京之后,浙江省首府杭州陷于日军之手。杭州作为江南名城,在全面抗战初期并未如南京、嘉定、松江等地般遭受严重兵燹,"然而政治经济一切秩序所受到的破坏与混乱,也并未成为交战区普遍之例外"。① 沦陷期间杭州既是日军牢牢控制下的"警备区",又处于日伪与国共军事对峙的前线,当地民间抗日力量始终活跃。目前学界关于沦陷时期杭州基层社会的研究已有一些成果,然而对于杭州宣抚工作的成效与局限,及其对区域社会造成的影响,则较少涉及。② 加拿大历史学者卜正

---

① 「工作概况 杭州特务機関」井上久士編『華中宣撫工作資料』、80頁。

② 日伪当局对沦陷后杭州的各种统治策略,在教育、宣传与医疗方面已受到一定的关注,如徐娴《日伪在杭州沦陷区的奴化宣传研究》,硕士学位论文,杭州师范大学,2019;匡成:《日伪在杭州沦陷区的医疗卫生管控研究》,硕士学位论文,杭州师范大学,2019。而对于浙江沦陷时期日伪对教育、文化的统制及对"升平"气氛的营造,参见周章森《日本在侵华期间对浙江沦陷区的奴化教育》,《浙江学刊》1997年第1期。章伟良发现,日军为了更有效地在杭州推行日语教学,除了当地的小学日语教师由伪教育局指派,中学、大学的日语教师皆由杭州日军的最高机构杭州特务机关分派,参见章伟良《浅析杭州沦陷时期日本的殖民教育及其影响》,《绍兴文理学院学报》2007年第2期;陈永忠:《论日伪对浙江的文化侵略》,《浙江学刊》2015年第4期。对于全面侵华战争时期日军在浙江各地所犯暴行的揭露,参见浙江省档案馆、中共浙江省委党史研究室编《日军侵略浙江实录(1937—1945)》,中共党史出版社,1995。

民关注到日本军队这一"恐怖、极具破坏性"统治者，与沦陷后江南地区民众存在多种"合作"关系及其背后民众的妥协、隐忍与抗争，值得我们探究。① 对杭州宣抚工作的考察，不仅有助于我们了解沦陷后杭州社会秩序的重建过程，也能够一窥当地民众对这一过程的因应。

一   沦陷前后的杭州与"宣抚工作"的启动

淞沪会战爆发后不久，以满铁上海事务所职员为主的宣抚员进入华中沦陷区中开展活动。华中是南京国民政府统治的中心区域，也是欧美列强势力集中之所在，在政治、经济、文化等诸方面，与东北或华北存在较大差异。伴随日军侵略步伐的推进，如何重建沦陷区内的社会秩序，巩固日本对当地的殖民统治，成为日本军政当局关心的课题。鉴于"此次华中方面的占领区，乃中国抗日侮日的中心地"，预想到在当地开展宣抚工作的困难，②1937年11月，日本军政当局制定《宣抚工作要领》，要求宣抚工作人员"使作战地域内的中国民众明了本次事变中帝国的真义，排除反日、抗日思想及依靠欧美的精神，使其自觉依靠日本作为安居乐业之基础"。12月，日本军政当局又制定《华中占领地宣抚工作实施纲要》，欲"使庶民速速复归正业，保护其生命财产，首先安定民心，恢复秩序，在依恃我军恩惠的同时，逐步脱离主张抗日的国民政府，伴随新政权的成立，使其复归，期待从思想、政治、经济的根基中确立、形成亲日氛围"，③ 再一次明确宣抚工作对于消除国民政府影响、重建沦陷区秩序之重要性。

---

① 〔加〕卜正民：《秩序的沦陷——抗战初期的江南五城》，第8—25页。

② 「中支方面宣撫工作状況」（1938年2月12日）、井上久士編『華中宣撫工作資料』、23頁。

③ 「中支占領地区ニ於ケル宣撫工作概要」（1938年3月16日）、井上久士編『華中宣撫工作資料』、51頁。

日本对华中的侵略，使江南诸城遭受严重摧残。丹阳、太仓、常州、嘉定、宝山等地，"破坏程度最甚。勉强能够遮挡雨露的房屋，内部也被劫掠殆尽，甚而连可供日军宿营的也很少"。① 全面抗战前夕，杭州人口约 60 万，是华中仅次于上海、汉口、南京的大城市。全面抗战爆发之初，杭州作为国民党军战争资源的集结地之一而成为战略要地，大批军用物资通过沪杭铁路、水路运往淞沪前线，郊外笕桥机场驻有中国空军部队，对日军海陆空部队构成军事威胁。淞沪会战爆发后次日，杭州即遭到日机轰炸。② 在上海华区、南京相继沦陷之后，日军抽调重兵进攻杭州，驻守的国民党军战略转移，于 12 月 23 日大部退出杭州。11 月上中旬，伴随日军在金山卫的登陆与国民党军淞沪会战的失败，杭州"有敌军占领之惧"，城内人心开始浮动。杭州沦陷前夕市内的情形，从当地商会会员蔡兢平的见闻中可窥一二：

　　十二月廿一日，杭市岗警，已寥寥无几，是晚闻将尽撤。市民经十一月中旬及十二月中旬两度大疏散后，杭市户口之以三十余万称者，已剩余不到十万，多为赤贫之辈，或一部分别有企图者。商会会长，与当地耆凤某某等，已作开始粉墨登场，维持治安之策动……集合英法美侨民，耶释道教徒，于全城二十余处，设难民收容所，各囤三五日之粮，为混乱时人民避难之所。商会以次日撤岗以后，市面即将混乱，乃由一王五权氏，召集部下救火会义龙数百人，皆心粗胆壮之辈，在商会受会长训话，次日衣救火会会衣，持短木棒，填

---

① 「中支占領地区ニ於ケル宣撫工作概要」（1938 年 3 月 16 日）、井上久士編『華中宣撫工作資料』、51 頁。

② 中共杭州市委党史研究室、杭州市政协文史资料委员会编印《杭州抗战纪实》，1995，第 8 页。

站警察岗位，以维治安，并指示遇敌入城，如何应付。①

12 月 24 日，杭州为日军攻占。因日军并未与国民党军战火相交，"杭州市内所受损害，除劫夺外，很少受着炮火的摧残"。② 然而日军进城后大肆杀伐，"浮浪"之徒趁火打劫，杭州陷入"混沌杂然"之状态，"治安处于极度紊乱之途，呈现百鬼夜行之景象"。③ 27 日，为了应对杭州城内失控的局势，日军成立杭州特务机关。不久，日军上海派遣军特务部派遣满铁上海事务所职员夷石隆寿、杉原寅雄、永岛茂男、田中贯一、野村茂男、仓地国光等人前往杭州，由此开启杭州宣抚工作。值得注意的是，不同于其他地区宣抚工作以宣抚班的形式开展，杭州宣抚工作主要由当地特务机关来施行。

二　杭州社会秩序的初步恢复

日军入城后，效法嘉定、松江等地，特务机关利用杭州商会会长及其他当地具有影响力的士绅，于 1 月 1 日成立杭州"治安维持会"，并在该会中设置秘书处及总务、警卫、财务、征集、救济、建设、宣传诸科，从事警察培养、难民救济、军用粮秣及市民粮食调集等事务。在杭州特务机关的监督与控制下，"杭州治安维持会"成为日本军政当局"收拾时局""安定人心"的工具。1938 年 3 月 1 日，杭州"治安维持会"改组为杭州"治安自治委员会"。该委员会设委员长 1 名、副委员长 1 名、常务委员 5 名及

---

① 蔡兢平著，蔡芫编译《杭州沦陷之前后——蔡兢平的 70 年》，西泠印社出版社，2017，第 31 页。日方记载称："当时市民中属于中上游者的有力者几乎都前往钱塘江对岸或南昌、上海方面避难。在市中靠自力无法逃走者，或利用战乱的间隙有敢行打家劫舍恶事企图者，有十二三万残留者。"参见「工作概況　杭州特務機関」井上久士編『華中宣撫工作資料』，第 74 页。

② 朱民威等：《战区通信》第 1 辑，战时出版社，出版时间不详，第 46 页。

③ 参见「工作概況　杭州特務機関」井上久士編『華中宣撫工作資料』，第 74 页。

其他委员若干名。与"治安维持会"管辖范围仅限于杭州城内不同,"自治委员会"将管辖范围扩大至杭州市及杭县全域。"自治委员会"在组织框架上基本继承"治安维持会",运作则更趋常态化。

作为宣抚工作的第一步,警卫科从原救火会会员中募集百余人为辅助巡警,在日本宪兵队的指挥下维持市内"治安",以"确立自卫警察之基础"。与华中沦陷区的其他宣抚机构相似,杭州特务机关亦重视"难民招抚工作","盖若无法察知民众之回归,就无法期待实施适当有效之宣抚"。① 杭州沦陷后,市内难民救济工作主要由世界红十字会、万国红十字会来进行。1938 年 1 月时,全市共有难民收容所 29 个,最多时容纳难民 3.5 万人,特务机关通过"治安维持会"救济科向收容所供应若干粮食、药品等急需物资,由此得以插手难民救助工作。"治安维持会"的救济并非"无偿施舍",用以宣抚的大米等粮食,主要来自日军掠夺国民政府留存的物资;对于宣抚对象,"作为当时特务机关的宣抚方针,为了避免难民抽手白食,重点置于对有欲求生业者的救济"。② 农历新年期间,杭州特务机关使救济科于城内东、南、西、北及湖区等五处设立施粥厂,在稳定人心上起到一定效果。伴随杭州市内"治安"的初步恢复,至 4 月末,各难民收容所先后解散。经过数月的宣抚工作,杭州社会秩序初步恢复。同仁会医师多胡樽祐发现,问诊的杭州患者中所受枪伤者逐渐减少,认为"当时治安已完全得以维持"。③ 伴随"难民招抚工作"的开展,大量民众回归。据伪公安局的调查,1938 年 7 月杭州城内约有 22.1 万人,若包括南星桥、天竺村、湖墅、拱宸桥、大关等城外,则达 33 万

① 「工作概況 杭州特務機關」井上久士編『華中宣撫工作資料』、77 頁。
② 「工作概況 杭州特務機關」井上久士編『華中宣撫工作資料』、84 頁。
③ 多胡樽祐「滄州、杭州に於ける診療報告」『同仁』1939 年第 3 号、6—7 頁。

至 34 万人。[①]

　　"治安自治委员会"财务科自 2 月中旬起开始征收宴席捐、游艺捐、茶馆捐、人力车捐、电灯附捐等税赋，然因纳税额低下，"尚处难以期待之状态"。[②] 为维持傀儡民政组织的基本开支，华中沦陷区内各地宣抚班的策略之一，即对运出入或经过当地的货物征收手续费。1937 年 12 月南京陷落后，各地宣抚班为开拓商业之途，将上海的物资向各地运出。然而因交通阻滞与日军的物资统制，货物交易只能"最小限度地进行"。[③] 1938 年 4 月 1 日，杭州特务机关于浙江兴业银行旧址设立杭州货物临时交易所，对运入与运出杭州的物资征收最高达 15% 的手续费。因沦陷初期杭州极度缺乏大米，大米成为运入物资中的大宗。不久，因顾虑到物价上涨等因素，这一征税形式又为日本军政当局所勒令禁止。[④]

　　1937 年 11 月，日军柳川兵团于华中沦陷区内发行"军票"，军票成为日本军政当局"征发"物资、掠取民间财富的经济武器。[⑤] 对于军票在杭州的流通，特务机关观察到，"精明于经济理念的中国民众对之敬而远之"，随着日商物资的流入，他们认为"伴随必需品不得不从日本方面购入的情况，无论是否喜好，军票的接受都将成为不可避免的事态"。杭州特务机关对于军票在当地的流通则表示自信，认为民众对物资的需求将成为推动军票在民间流通的"动力"："在杭州，民众切实需要小额券，对之应讲求供给兑换之途径。这一迫切要求，已包含对今后军票流通工作的

①　南満州鉄道株式会社上海事務所『事変後に於ける中支占領地区商品流通事情』南満州鉄道株式会社上海事務所、1939、582 頁。

②　「工作概況　杭州特務機関」井上久士編『華中宣撫工作資料』、76 頁。

③　南満州鉄道株式会社上海事務所『事変後に於ける中支占領地区商品流通事情』、147 頁。

④　南満州鉄道株式会社上海事務所『事変後に於ける中支占領地区商品流通事情』、157 頁。

⑤　清水善俊『支那事変軍票史』、120 頁。

有力暗示。"①

杭州宣抚工作的重点之一，是恢复杭州至华中各主要城市的交通。在杭州特务机关与华中日军的协调下，杭州至上海、南京等地的公路、航路首先恢复通行。随着难民的大量回归，杭州市内出现人力车的踪迹，至1938年4月，城内人力车数已达千余辆。在特务机关的协调下，伪自治委员会管理的两辆公共汽车自4月1日起亦开通运营。②

为消除民众的对日恐惧，日伪当局陆续发行一些傀儡中文报刊。由日伪发行的《新浙江日报》，在这些报刊中最具影响力。1937年12月30日该报仅发行号外500份，次年1月8日达1500份，至3月末已达4000份。《新浙江日报》是杭州特务机关的喉舌，特务机关具有明确的办报方针，即极力宣传"打倒红色蒋政权""拥护防共政权""强调日本出兵中国的真义"等理念，而在报纸内容旨趣上，则强调"应避免急进过激，标榜妥当稳健。注意使民众从精神上依赖欧美转换为依赖日本，进而导向大亚细亚主义"。③ 杭州特务机关的宣传策略，不仅意图肃清国民政府在当地的影响，而且欲驱逐欧美在杭州的势力。杭州沦陷后，外国人在杭人数仅37人，杭州社会秩序初步恢复后，外资小学随即开学；当时，由英国基督教会创办的广济医院、法国天主教会创办的仁爱医院，仍收留大量国民党军伤病人员，欧美势力在杭州的人道主义活动，引起日本军政当局的警惕与不满。

与其他地区不同，杭州特务机关注意利用当地佛教势力，积极推行佛教宣抚工作。战前杭州本为佛教兴盛之地，据杭州特务机关的调查，"当地寺院八百余，可谓佛都，乃中国寺庙最多之所在"。④ 在杭州特务机关的操控下，海会寺住持成元于1938年1月

①　「工作概況　杭州特務機関」井上久士編『華中宣撫工作資料』、79頁。
②　「工作概況　杭州特務機関」井上久士編『華中宣撫工作資料』、80頁。
③　「工作概況　杭州特務機関」井上久士編『華中宣撫工作資料』、81頁。
④　「工作概況　杭州特務機関」井上久士編『華中宣撫工作資料』、82頁。

15 日成立日华佛教会。该会初有会员 160 人，至 4 月时增至 900 人。作为日伪对加入该会者的"恩惠"，"如果人们佩了日华佛教联会的证章，就勿庸再挂良民证"。① 该会作为日本对沦陷后杭州推行佛教宣抚工作的实际机构，被视为日军在杭州的 17 个宣抚班之一。② 日华佛教会通过宣扬所谓"中日亲善、东亚和平"，举办日语学校，从事"难民救济工作"等活动，迎合底层民众隐忍遁世、渴求太平的心理。

经过数月的宣抚工作，杭州社会秩序初步恢复。然而这一"工作"的成效未令杭州特务机关满意。作为战前国民政府统治重点区域的杭州，宣抚工作的影响能否深入人心？对于杭州特务机关而言，"不言而喻，过去十数年来（国民政府）巧妙地宣传炽烈的抗日意识并采取彻底的手段，对于中国民众的心理动向原本难以寻求固定的结论。但是宣抚的实际成绩对于那些中国民众究竟引起何种持续的反响，则是我们最为关心之处"。③

三　杭州"宣抚工作"的困境

杭州特务机关的忧虑并非无因。杭州沦陷后不久，国民党军队即聚集于钱塘江两岸，对日伪在杭州的统治构成严重威胁。1938 年 6 月末，浙江省于金华成立"国民抗敌自卫团"，省政府主席黄绍竑任司令，至 1939 年初，自卫团已发展至 10 万人，成为浙江国统区内强大的武装力量。④ 令杭州特务机关担忧的是，1938 年 12 月，萧山、绍兴、宁波方面的自卫团司令部从钱塘江南岸迁至北岸，1200 余名自卫团团员集结于杭州斜桥附近，牵

---

① 《沦陷后的杭州探访记》，《同仇》1938 年第 9、10 期，第 4 页。
② 参见周东华《全面抗战初期日军对沦陷区的佛教"宣抚"研究——以杭州日华佛教会为个案》，《社会科学研究》2020 年第 6 期。
③ 「工作概况　杭州特務機関」井上久士編『華中宣撫工作資料』、77 頁。
④ 袁成毅：《浙江通史·民国卷》（下），浙江人民出版社，2005，第 199 页。

制日军对钱塘江南岸的进攻。自卫团下辖的江南第一挺身便衣队和浙东、浙西的中央军密切联系，计划夺回杭州；而金华的中国共产党支部也派遣党员潜入杭州市内，对底层民众积极开展宣传工作。[1]

除来自国民党军的直接威胁，国民党便衣队对汉奸傀儡的暗杀行动，亦使日伪特务机关倍感紧张。1938 年 4 月末，杭州"治安自治委员会"拱宸桥办事处副主任马禹门在经过共同租界紫荆路时为两名国民党军便衣袭击，身受重伤。对于频发的暗杀事件，特务机关承认"如此事情反映于民心，出现动摇也是现下情势难免之处"。[2] 1939 年 1 月，伪杭州市市长何瓒被暗杀，此前伪浙江省省长汪瑞闿则侥幸躲过一劫。日军宪兵随即对杭州城内展开的大搜查，勾起民众恐怖的回忆，"一部分民众尤其是女子，对前年日军入城时的悲惨情况感到恐惧"。[3] 何瓒被刺事件，在避居上海等地的杭州有产者中引起震动。日军士官学校毕业的国民党高级军官高尔登拒绝成为日军傀儡，公开反对熊凌霄（后为汪伪海军将领）的汉奸行为；原与特务机关联络回杭的律师曾景山，因恐惧遭到暗杀，避忌与日本人及与日本相关的机构再度接触。[4]

国民党军对日军的军事作战与针对傀儡汉奸的暗杀行动，得到浙东浙西民众的支持与掩护。在国民党军游击队、便衣队的打击下，驻杭日军龟缩于杭州城内，杭州城外成为日伪与国共军事对峙的前线，"离城稍远如虎跑等处，即有我游击队出没。现钱塘江南岸仍有我军扼守，敌人虽欲渡江，辄被我军击退。世人多以

---

① 「工作概況　杭州特務機関」（1940 年 3 月）、井上久士编 『華中宣撫工作資料』、220 頁。

② 「工作概況　杭州特務機関」井上久士编 『華中宣撫工作資料』、75 頁。

③ 「工作概況　杭州特務機関」（1940 年 3 月）、井上久士编 『華中宣撫工作資料』、221 頁。

④ 「工作概況　杭州特務機関」（1940 年 3 月）、井上久士编 『華中宣撫工作資料』、224、226 頁。

为浙江的人民是文弱的。然而现在浙东浙西一带的人民却非常英勇，只要有一条枪，就会向敌人冲"。[1]

杭州城外国共抗日武装的活跃，也影响了杭州城内民众的心理。尽管日伪勒令当地民众悬挂"五色旗"（即伪维新政府的"国旗"），然而，"因担心成为游击队及其他不良分子排斥敌视的目标，在仪式或纪念日悬挂飘扬五色旗的市民未达半数"。[2] 日伪举办的"反英反蒋反共"演讲会，"听众大部乃被半强制要求参会的省市政府职员及中小学校学生儿童，一般民众自发参会者极少，故可认为对于普通民众的反响不大"。[3]

在杭州特务机关看来，宣抚工作陷入困境的另一重要原因，在于其经济、金融工作的失败。至1938年末，在杭州特务机关竭力吸引下，大批民众回归当地，然而回归者多为贫民，日伪对其之救济，反增财政负担。特务机关发现，阻碍杭州"复兴"的原因之一，乃城内并无任何金融机构。全面抗战之前，杭州城内有中央银行分行、中国银行分行等20家，而沦陷之后，杭州城内并无一家银行开张营业，当地工商业的萧条不堪，"战前六十余万人口的杭州，现人口虽已增加二分之一以上，相反商工业的复兴，只及战前的25%（商业）、10%（工业）"。[4]

在华中沦陷区，宣抚工作往往与"通货工作""物资征集工作"结合在一起。日本军政当局通过向沦陷区内中国民众出售一些以军票标价的日常生活物资（这些物资被称为"宣抚商品"），维持军票价值，特别鼓励日商百货商店进入华中沦陷区，向民众

① 张希为：《杭州沦陷前后》，《国光旬刊》1938年第4期，第14页。
② 「五色旗ノ揭揚」『宣伝機関統制書類綴　昭和14年度』日本防衛省防衛研究所、支那－支那事変全般－447。
③ 「八、一三記念日ノ状況」『宣伝機関統制書類綴　昭和14年度』日本防衛省防衛研究所、支那－支那事変全般－447。
④ 「工作概況　杭州特務機関」（1940年3月）、井上久士編『華中宣撫工作資料』、222頁。

出售"宣抚商品"。① 然而日商的活动，受到抗日游击队的牵制，"伴随中国人业务的复兴，作为其交易对象的日本商人也找回各自的老顾客，处于稳定状态。然而警备区域之外的交易仍难以直接进入。且因杭州处于终点位置，进一步的活跃仍期待对钱塘江对岸讨伐之后"。②

12 月 1 日上海日商实业百货店白木屋于杭州开张后，增幸洋行、吉田号、阿部市洋行及峰绢行号等日商洋行，相继于杭州开设分店。这些百货店、洋行除批发杂货，还向杭州本地商人批发香烟、砂糖、腌鱼等日用物资，这些"宣抚商品"的价格比市场便宜一二成，日本军政当局意图迅速扩大其在杭的市场。然而日商不得不与华商在上海交易，"这些商品虽然迎合中国人的喜好，然在治安恢复不佳之地区及日军驻留地区，若日本商品贴以明晰商标则难以交易"；日本商人多处观望态度，"他们大多期待今后与钱塘江对岸的交易之日"，"虽然进出杭州的从事宣抚品交易的杂货商很多，但有实力的商人几乎没有进入杭州者"。尽管日本军政当局放出大量军票，军票在当地的流通量却相较法币远为低下。据 1939 年 2 月横滨正金银行的调查，杭州及警备地区内法币的市场流通量约四百万元，军票仅三四十万元，"几乎中国人都对之死藏（指仅保存而不使用于市场——引者注）"。③

抗战进入相持阶段后，货币战成为中日经济战中的主要形式。华中沦陷区内的货币战首先在汇率战场上打响，1939 年 5—6 月上

---

① 連絡会議決定「中支那方面物資配給組織に関する暫定処理要綱」（昭和 13 年 9 月 3 日）、『興亜院配布　経済関係書類　住谷悌史資料』日本防衛省防衛研究所、支那 – 支那事変全般 – 517。

② 「金融情報（第 5 号）　昭和 14 年 1 月　山田部隊本部経理部」『金融情報綴　自第 1 号至第 30 号　住谷悌史資料』日本防衛省防衛研究所、支那 – 支那事変全般 – 505。

③ 「金融情報（第 11 号）（杭州）　昭和 14 年 2 月 25 日　山田部隊本部経理部」『金融情報綴　自第 1 号至第 30 号　住谷悌史資料』日本防衛省防衛研究所、支那 – 支那事変全般 – 505。

海汇市日元汇率急剧下跌，引起日本军政当局的恐慌。[1] 汇市上日币及军票的贬值，极大鼓舞了中国民众抵抗日本侵略者的斗志。在苏州，驻屯的日军及侨民已感受到货币战场上日本"战败"的影响，"不胜遗憾的是，因日币及军票本次大暴跌，我军将士与作为战捷国民的在华日人，在街上购物或与中国人交涉之际，也会有类似屈辱的心情，而对于渐渐服从我军威力、熟驯于其宣抚的中国民众也会产生心理作用"。[2]

在杭州市场，军票流通于日军及以军人为对象的小商人之间，中国人之间及以中国人为对象的贸易，则几乎都以法币决算。1939 年 2—5 月，军票在杭州的流通额保持于约四十万元，几乎未见增长。[3] 在城乡之间，已形成法币、军票流通与使用不同的领域：

> 当地货币流通情况中，因当局命令，协助抑制日币的使用，故推定其流通额仅数万元。在采购土货之际，在匪贼出没区域，持有日系通货被视为汉奸，将陷入被残虐的命运。如前般，若无法币，则无法进行商业交易……在采购茶、麻、羊毛等其他农产物等土货之际，农民大众仍迷恋法币……当地部队在警备地区内主要城市如杭州、湖州、嘉兴、松江、峡石等地推行军票一体化工作，在军方监督下，物资交换所在军票价值维持及民众宣抚上起到很大贡献。杭州市内的电

① 相馬敏夫「中支那通貨工作の回顧」多田井喜生編『続・現代史資料11 占領地通貨工作』みすず書房、1983、285 頁。
② 「金融事情（第41号）（円価暴落の影響に就て）（蘇州杭州） 昭和14年7月17日 山田部隊本部経理部」『金融事情綴 自第41号至第57号 住谷悌史資料』日本防衛省防衛研究所、支那－支那事変全般－507。
③ 「金融情報（第29号）（杭州） 昭和14年5月13日 山田部隊本部経理部」『自第1号至第30号 住谷悌史資料』日本防衛省防衛研究所、支那－支那事変全般－505。

灯费用、国策会社人工费等仅以军票充当决算。①

可以看到，杭州周围游击区的民众将使用军票的中国人视为汉奸，军票向当地的渗透受到阻遏；国民政府法币经济的坚强韧性与杭州民众对法币的信任，使法币于杭州城内外顺畅流通。与卢沟桥事变前的杭州相似，"当地一般金融旧态依然"，甚而一些趋利的日商，也不得不接受顾客拒绝军票而以法币交易的要求。②

1937 年末以后，日军武力侵略所导致的杭州社会秩序的破坏，又伴随日本宣抚工作的开展而得以重建。杭州宣抚工作始终由当地特务机关主导，除扶植傀儡民政组织、招抚难民、宣传亲日思想等常规宣抚活动之外，特务机关还通过开展佛教宣抚、调配"宣抚商品"等形式，建立以日本为主导、以傀儡政权为协从的殖民统治体系。不同于其他地区宣抚班的流动性与附属于当地日军部队的特点，杭州特务机关不仅具有较强势的话语权、强大的指挥能力，而且其政策具有连贯性，"其间虽数度更调机关长，但对于协助省政、抚辑流亡、安定金融、确立治安之一贯政策"。③

杭州特务机关对当地的宣抚工作，积极服务于日本军政当局的物资统制工作与军票政策，着力于将日本的经济、金融势力渗透至基层社会。然而，因江南小农经济自给自足性与国民政府法币经济的坚强韧性，以及浙东浙西国共抗日武装力量的牵制，杭州宣抚工作的成效极为有限。在 1939 年 5—6 月的中日货币战中，杭州周围游击区民众对军票的抵制、杭州市内民众对法币的支持，

① 「金融事情（第 54 号）（杭州）（7 月分）　昭和 14 年 8 月 26 日　山田部队本部经理部」『金融事情缀　自第 41 号至第 57 号　住谷悌史资料』日本防卫省防卫研究所、支那 – 支那事变全般 – 507。
② 「金融事情（第 41 号）（円价暴落の影响に就て）（苏州杭州）　昭和 17 年 7月 17 日　山田部队本部经理部」『金融事情缀　自第 41 号至第 57 号　住谷悌史资料』日本防卫省防卫研究所、支那 – 支那事变全般 – 507。
③ 《杭州特务机关五周年纪念》，《潮声》1943 年第 1 期，第 68 页。

表明了他们对日本侵略的无言抗争。按华中日军档案的记载，至1939 年 6 月，华人复业的状况，与战前的资本总额 8900 万元的庞大规模相比，"仍旧处于相当贫弱的状态"。① 在日伪殖民统治下，杭州经济凋敝，不复战前繁荣，这一事实证明当地宣抚工作的失败。

---

① 「金融事情（第34号）（杭州）　昭和14年6月17日　山田部隊本部經理部」『金融事情綴　自第31号至第39号　住谷悌史資料』日本防衛省防衛研究所、支那－支那事変全般－506。

第四章 日本在华南沦陷区的"宣抚工作"

——以三灶岛为对象的考察

三灶岛是华南地区的一个沿海岛屿，位于珠江口，属广东省中山县（今珠海市）。全面侵华战争爆发后，日本海军两度占领该岛。1938 年 2 月日本海军第二次占岛之后，开始于当地兴建军用机场及各种附属设施；面对岛民的激烈反抗，日军在对之残酷"扫荡"的同时，实行以宣抚工作为主体的殖民统治。三灶岛对于日本海军具有重要的战略价值，不仅部署于当地的第十四航空队配合日本陆军在广东的作战，攻击广州、粤汉线、广九线等沿线据点，而且高雄航空队以该岛为补给站，其作战半径远至广西、贵州、云南等省，对国民政府大后方抗战构成严重威胁。中外学界以往关于战时日本对三灶岛殖民统治的研究，成果很有限，对于日本海军在当地开展的宣抚工作，更是鲜有涉及。[①] 不同于华北

---

① 赵艳珍主要利用三灶岛居民的口述记录与珠海市政协文史资料委员会所编各种资料，揭露沦陷时期日本在当地的暴行，然而并未涉及宣抚工作，参见赵艳珍《日军入侵三灶新谈》，《红广角》2016 年第 1 期。日本学者蒲丰彦则揭露了日本军政当局派遣冲绳县农民至该岛从事"开拓"事业的内幕，参见〔日〕蒲丰彦《中日战争时期在广东三灶岛的日本农业移民》，《抗日战争研究》2004年第 4 期。必须说明的是，蒲丰彦利用的《三灶岛特报》，对于我们研究日本在当地的宣抚工作，是相当珍贵的史料。

及华中地区，三灶岛作为华南地区的海岛，昼间日照强烈，湿度较高，时有暴雨，具有典型的亚热带气候特征；岛内树木繁多，蚊蝇滋生，卫生条件落后，疟疾、霍乱等传染病十分流行。日本对三灶岛的宣抚工作，实为日后其在海南岛乃至东南亚沦陷区开展此类"工作"的先声，故其"工作"形式及区域特点，值得我们关注。

一　日军的暴行与岛民的反抗

1937 年全面侵华战争爆发之后，日本为控制海运，对中国沿海采取封锁政策。三灶岛地理环境优越，岛之南部海面辽阔，水位较深，与万山群岛遥相呼应，又与南洋群岛相联系；岛之北部为海滩，形势平坦，可为"一优良的海军供应基地"。[1] 8 月 24日，日本海军宣布对长江以南的中国海湾实行封锁。[2] 不久，日本海军攻陷三灶岛周围之荷包、高栏等岛屿，因当地多为山岳，且道路崎岖，难以作为军事要塞而利用，故将视线转移至三灶岛。12 月 5 日，自高栏岛登陆三灶岛的日本海军陆战队，在莲塘等地占驻，并修筑码头。日军在侵占三灶岛后不久撤走，然而在此期间犯下诸多暴行。中方史料记载：

> 是日敌果登陆进犯，民众仓皇万状，其逃避不及者，女被奸，男被杀，残暴行为，所在亦有。惟敌终以地形未熟，不敢深入，乃在莲塘附近各乡占驻。此次敌据该岛凡二十四日，掠夺财物牲畜甚多，而铁器尤甚，虽小刀、门环、铁钉，亦被搜去，因是民情益愤，惜在铁蹄之下，无力抵抗，只有任敌蹂躏而已。[3]

---

① 《三灶二次沦陷与壮丁袭敌》，《中山文献》第 2 期，1948 年，第 35 页。
② 防衛庁防衛研究所戦史室編『中国方面海軍作戦（1）——昭和十三年三月まで』朝雲新聞社、1974、282 頁。
③ 《三灶岛首次沦陷》，《中山文献》创刊号，1947 年，第 12 页。

日军在三灶岛犯下的一系列暴行，使当地民众埋下反抗的意识。1938 年 2 月，中山县政府派员救济岛民，并组织当地青壮年成立游击队性质的第七区社训大队，戍守该岛沿海各处，得到岛民的积极响应。然而，在岛民汤聘臣的内应下，1938 年 2 月 17 日日本海军再度攻陷三灶岛。不久，日本海军陆战队为修建军用飞机场及各种军用设施，于各乡强征劳力，其情状极为残酷："日军迫令各乡征送壮丁廿名服苦工，如稍有迟到，即惨施毒刑。三月廿七日，敌竟以壮丁迟到之罪，派兵窜入月堂乡，不问根由，迎面以密集机枪扫射，时被强迫服工之壮丁，十八乡内，共有三百名之多。每日自晨至晚，不断挑石挖土，而敌只给白粥两餐，入夜又将我壮丁囚禁室内，视若囚犯。"① 伴随军用机场的竣工，6 月日本海军将第十四航空队部署于当地，9 月又将高雄航空队之一部调至该岛，三灶岛成为日本海军的第六航空基地。② 除强征劳力之外，日军还征用少女为"慰安妇"，"倭寇竟要求每乡选派适龄少女三人，充其官妓，至是日人之狰狞面目，遂暴露无遗矣"。③

对于日军的暴行，一部分岛民选择遁往澳门等地避难，另一部分岛民则选择反抗。三灶岛沦陷后，社训大队避入内陆，常趁夜渡海袭击岛上日军，给驻守该岛的日本海军陆战队第二防备队带来极大的威胁，"敌人在距三灶岛北岸仅 2 千米之大霖岛为据点，经常监视、觊觎、扰乱我方，三灶岛之防备绝非完备，不仅将经常为之烦恼，而且难免受到偷袭"。④ 为了防止游击队的潜袭，第五鱼雷战队给第二防备队配置大小发动艇共 6 艘，"常时制压三灶岛东北及西北海面"。1938 年 4 月 11 日，社训大队潜入三灶岛，

① 《三灶二次沦陷与壮丁袭敌》，《中山文献》第 2 期，1948 年，第 35 页。
② 「南方基地概况」『昭和 15 年軍艦飛龍 仏印進駐作戦』日本防衛省防衛研究所、②戦史 - 仏印進駐 - 14。
③ 吴乾就：《倭寇盘踞三灶岛纪闻》，《文楼月报》1938 年第 3 期，第 2 页。
④ 第 5 水雷戦隊司令官「三竈島隊備に関する意見」『支那事変 第 12. 第 14 航空隊関係綴（1） 昭和 13』日本防衛省防衛研究所、②戦史 - 支那事変 - 40。

利用游击战术突袭第二防备队，击毙日军士兵十余名，缴获诸多战利品，社训大队的此次胜利为粤省媒体广泛宣传，成为华南民众反抗日军侵略与暴行的象征。①

为了"惩戒"岛民对社训大队的援助与掩护，驻岛日军随即对全岛展开"扫荡"，中方诸多文献记录了日军的这次暴行。抗战全面爆发前夕，全岛居民约 12000 人，至日本海军第二次攻占该岛时，已大部逃亡内陆。对于日军的"扫荡"，尽管有部分岛民事先获知消息遁入山中，然而 4 月的"扫荡"仍导致岛民人口剧减，至 6 月初仅剩余约 1800 人。当时岛南地区已成立以汤聘臣为会长的"治安维持会"，然而日军仍对当地民众高度警惕，尤其第二守备队日夜警戒，"对于本部附近弹药库、飞机场及飞机之警戒特别严格，夜间有卫兵巡回，对于附近村落以巡兵加以警戒。敌袭，当然，特别是对航空飞机的警戒极为严格"。②

6 月上中旬，社训大队数次突袭驻岛日军，给日军造成严重损失。社训大队的义举受到《申报》等媒体的褒扬，"其忠勇为国之壮举，诚足以发扬民族精神而寒敌胆"。③ 此后，在第六航空基地的"特报"中，可见多起游击队袭击日军哨兵的事件。如 6 月 22 日，日军一巡哨下士官于归途中受袭而死，第二防备队立即派兵追踪，此后两日间，日军对附近山地大举"扫荡"，除发现社训大队遗留的大刀、枪弹等武器外，并无所获。日军对此于"特报"中特别说明其所处的困境，"防止岛外任何一人潜入的方针与以往并无任何变化。鉴于敌状，要采取更为严格之警戒……然而鉴于

---

① 如《广东中山县三灶岛，壮丁吴家德袭击敌营，凯旋返乡之留影》，《时事月报》1938 年第 1 期；《三灶岛抗敌壮丁及夺获之敌人武器》，《东方画报》1938 年第 4 期；等等。

② 第六航空基地指挥官「三灶島特報第一号」（1938 年 6 月 15 日）、『支那事変第 12. 第 14 航空隊関係綴（2）　昭和 13』日本防衛省防衛研究所、②戦史 - 支那事変 -41。

③ 《三灶岛壮丁又冒险歼敌》，《申报》（汉口）1938 年 6 月 24 日，第 1 版。

各种现状，则尤感防备兵力之不足"。① 7 月 20 日，日军 3 名哨兵受到游击队袭击，其中 2 名战死、1 名负伤。日军认为北部山间道路崎岖，两侧多为密林，熟稔当地地形的游击队极易藏匿其间。为了对游击队进行彻底"扫荡"，日军搜索山中游击队隐匿之所，甚至欲焚林烧山。② 面对岛民此起彼伏的游击作战，"扫荡"成为驻岛日军的"家常便饭"，日军一旦认为某地或潜伏游击队，则认定"此系有相当之敌策动"，即对当地村落实行残酷"扫荡"。而对于外来的潜入者，无论军民，一经捕获，即行处死。如 9 月 19 日，日军哨兵刺死一名"窥视"日军宿舍的岛民，并从其身上搜出从岛外携入的物品，"预想此外还有其他潜入者，故同日对岛内实施恐吓爆击，与此同时对各部实施扫荡"。③ 日军对抗日力量（包括"嫌疑者"）的"扫荡"，成为沦陷时期日本对当地实施殖民统治的重要手段。

沦陷时期日军的"扫荡"，成为三灶岛民众的惨痛记忆。据中方统计，在日军的"扫荡"下，沦陷时期三灶岛岛民遇害人数达 2891 人、饿死人数为 3500 余人。④ 日本战败后，由华侨集资捐款，岛民收集遇难者骸骨，于茅田、鱼弄两地分别建造"万人坟"与"千人坟"；1979 年，珠海市人民政府将"万人坟"拨款重修，迁坟于圣堂村竹沥之山坡，并建墓碑与牌坊，铭志国耻。⑤ 这些遗

---

① 第六航空基地指揮官「三灶島特報第二号」（1938 年 7 月 15 日）、『支那事変第 12. 第 14 航空隊関係綴（2）　昭和 13』日本防衛省防衛研究所、②戦史 – 支那事変 – 41。

② 第六航空基地指揮官「三灶島特報第三号」（1938 年 8 月 1 日）、『支那事変第 12. 第 14 航空隊関係綴（2）　昭和 13』日本防衛省防衛研究所、②戦史 – 支那事変 – 41。

③ 第六航空基地指揮官「三灶島特報第五号」（1938 年 10 月 1 日）、『支那事変第 12. 第 14 航空隊関係綴（2）　昭和 13』日本防衛省防衛研究所、②戦史 – 支那事変 – 41。

④ 杨帆：《日本侵略者血洗三灶岛的暴行》，政协珠海市委员会文史组编印《珠海文史》第 1 辑，1982，第 66 页。

⑤ 何志毅：《日军血洗三灶岛暴行纪实》，政协珠海市委员会文史资料委员会编印《珠海文史》第 15 辑，2005，第 62 页。

迹，见证了日本对这座华南小岛残酷的殖民统治。

二　"宣抚"：另一种统治策略

在驻岛日军对岛民施以"扫荡"的同时，作为殖民统治的另一种策略——宣抚工作拉开序幕。亦如在华北、华中沦陷区，日本海军攻陷三灶岛后，作为宣抚工作之第一步，即着手于当地成立傀儡民政组织"治安维持会"。被任命为会长的汤聘臣，年近古稀，据日军驻岛警备队指挥官木场一丸的记载，汤氏原为清朝遗臣，因极度厌恶国民政府与三民主义，在日本海军第一次出兵三灶岛时，即与日军暗通联络。[①] 日军将汤氏视为"志士"，充作日军与岛民间中介，以之协助日军对岛民宣抚工作。若当地妇女欲逃离该岛被日军捕获，"在受到严厉训诫之后，则被交于治安维持会会长，会长则受命对之严格监视"。[②] 日军还积极利用"治安维持会"宣传日本出兵中国的"正义性"。驻岛日军经常召集各乡乡长，通过翻译告知最近时事，并使之传达村民，若是特别重要的消息，则揭示于各村村头，以使普通村民了解"战局实情及帝国实力"。[③] 日军对当地劳力与物资的"征发"，亦交由"治安维持会"负责。除组织"治安维持会"之外，日军还通过岛民自荐等形式，选拔一些受过教育、身体健康的青年为宣抚员，使之为日军收集并传递情报。作为对笼络之术，日军也会对中国宣抚员施以一些物资上的恩惠，日军观察到，"宣抚员中的3人自出生起，即从未穿鞋，自采用次日即穿上运动鞋，故露出

---

① 木場敬天『陸戦隊宣撫記』清水書房、1941、93 頁。

② 第六航空基地指揮官「三灶島特報第二号」（1938 年 7 月 15 日）、『支那事変第 12. 第 14 航空隊関係綴（2）　昭和 13』日本防衛省防衛研究所、②戦史 – 支那事変 – 41。

③ 第六航空基地指揮官「三灶島特報第二号」（1938 年 7 月 15 日）、『支那事変第 12. 第 14 航空隊関係綴（2）　昭和 13』日本防衛省防衛研究所、②戦史 – 支那事変 – 41。

得意之神色"。① 日军还特意从岛民中选出 20 名青少年组成"青年团",使其于一般劳动之外,从事简单的团体军事训练,接受初步的学科与日语教育,意图将之培育为未来岛内的亲日阶层。

医疗宣抚是宣抚工作的重要组成部分。据日军调查,中日战事爆发后,岛上霍乱、鼠疫猖獗之极,罹患疟疾、沙眼者不绝,结核性病患极多。② 1938 年 6 月,第十四航空队进驻当地,队员深为蚊蝇之多而苦恼。为保障航空兵的卫生安全,日军严令"治安维持会",岛民若出现特殊症状,则应使其向乡长报告,日军随即对之隔离诊疗。7—8 月,日军对岛民施行医疗宣抚数十次,在日军看来,民众"渐渐了解施疗之意义,受诊治之患者数不断增加",当地"卫生状况已极为良好"。与此同时,日军使各村记下卫生扫除的要领,并配发传单,督促民众厉行大扫除。③ 因南澳岛、香港方面出现霍乱疫情,日军对全体岛民施行预防注射,并于各村落按户进行清洁检查,强制民众烧毁污物,督促其打扫下水道等。④ 日军的医疗宣抚取得一定的成效,终沦陷时期,岛内除疟疾稍有流行之外,并未出现严重疫情。

宣抚工作之另一业务,是为驻岛日军调集物资。日军占领三灶岛之初,严禁岛民与大陆之间的交通,岛上的物资供给极为困难。不久,日商福大公司派遣 13 名职员,来岛从事生活日用品之

---

① 第六航空基地指挥官「三灶島特報第四号」(1938 年 9 月 1 日)、『支那事変第 12. 第 14 航空隊関係綴 (2)　昭和 13』日本防衛省防衛研究所、②戦史 –支那事変 – 41。

② 第六航空基地指挥官「三灶島特報第一号」(1938 年 6 月 15 日)、『支那事変第 12. 第 14 航空隊関係綴 (2)　昭和 13』日本防衛省防衛研究所、②戦史 –支那事変 – 41。

③ 第六航空基地指挥官「三灶島特報第四号」(1938 年 9 月 1 日)、『支那事変第 12. 第 14 航空隊関係綴 (2)　昭和 13』日本防衛省防衛研究所、②戦史 –支那事変 – 41。

④ 第六航空基地指挥官「三灶島特報第五号」(1938 年 10 月 1 日)、『支那事変第 12. 第 14 航空隊関係綴 (2)　昭和 13』日本防衛省防衛研究所、②戦史 –支那事変 – 41。

交易。① 自 1938 年 3 月至 9 月，福大公司向三灶岛运送的物资主要包括干物、杂货、砂糖、白米、酒诸类，共计 19784.47 日元，② 可以看到这些物资主要用于维持驻岛日军的日常生活。随着岛上日军人数的增加，航空队、防备队、设营队也开设一些小卖部，允许销售一些食品与杂货等。③ 然而福大公司提供的物资价高质差，且该公司在销售方法上极为单一，深为日军所不满。日军认为，"其与宣抚目的背道而驰"，不久废除其零售资格。为了更好地利用物资交易促进军票流通，日军于"治安维持会"内设立物品部与专门基金，对岛内商品采取统一的批发制度。日军规定岛上物价要大体与台湾市场价格相同，并对物品部在会计上实行严格监督。此外，为使岛民能够为日军供应黄瓜、茄子、西红柿、西瓜等蔬果，驻岛日军还从部队中挑选两名农学校出身军官，专门指导岛民实验种植这些作物。

从"特报"中可见，为了维持基本民生，日军采取多种宣抚手段。如对于因修建飞机场等军用设施而搬迁的民户，给予 5200 日元补偿，这些款项最后折算成台湾大米后补偿于迁户；因日军对当地的"扫荡"，三灶岛内出现大量土地荒芜的现象，日军通过对各乡贫民数、村民田产的收获量、无主田地的面积等展开调查，将"治安维持会"物品部交易所得利润或无主田地收获之一部分，分配于无人抚养者、老人、幼儿、残疾等无法劳动者；对于修建

---

① 1937 年 11 月，福大公司在台湾拓殖株式会社与兴中公司的出资下成立。该公司在以福建省为中心的华南区域内从事矿产开发、农林水产、产业投资、普通商品交易等活动。「福大公司成立ニ関スル件」（1937 年 10 月 20 日）、『本邦会社関係雑件/福大公司』日本外務省外交史料館、E－2－2－1－3_21_001。另见台湾拓殖調査課『事業要覧（1939 年度）』（台湾拓殖株式会社、1939），第 60 页。

② 「南支関係業務概況」『本邦会社関係雑件/台湾拓殖株式会社』日本外務省外交史料館、E114。

③ 第六航空基地指揮官「三灶島特報第一号」（1938 年 6 月 15 日）、『支那事変第 12.第 14 航空隊関係綴（2）　昭和 13』日本防衛省防衛研究所、②戦史－支那事変－41。

军事设施的劳力，日军则给予成年男子与童工一些军票作为报偿，如 19 岁及以上者为每日 25 钱，16 岁至 18 岁者为 20 钱，15 岁及以下者为 15 钱等，以之维持其基本生计。

至 1938 年 9 月，日军认为岛外抗日力量之"策谋"已呈减少趋势，而其统治下的岛南五乡岛民则"呈现安心之色"。① 广州沦陷后，以"怀柔安抚"为主的宣抚工作，逐渐转型为"治安维持会"管理下的日常民政业务。然而终沦陷时期，日本海军对于三灶岛宣抚工作的指导地位并未发生任何变化。

三　对日军"宣抚"心理的解读

日军对岛民开展宣抚工作的初衷，在于为营造各种军事设施获取不可或缺的劳动力。与华北、华中等地区不同的是，日军对当地劳力的劳动强度与忍耐力印象深刻，其"特报"中也反映出他们对岛上劳力的需求：

> 运输船入泊时继续终夜作业，应注意的是，比较人夫与士兵的作业状态，一般人夫要比士兵多花三至四倍时间。然而以此状态，士兵难以进行连续一周以上作业，与之相反，人夫则可数月都以同样状态作业。据我们所见，人夫的作业虽然令人有不耐烦之感，然而为了对抗炎热，忍耐长时间的作业，我们也必须满足这一状态。②

本岛南部村民最初绝对归顺服从，终日从事劳动的征用

---

① 第六航空基地指挥官「三灶島特報第四号」(1938 年 9 月 1 日)、『支那事変第 12. 第 14 航空隊関係綴 (2)　昭和 13』日本防衛省防衛研究所、②戦史 –支那事変 –41。

② 第六航空基地指挥官「三灶島特報第一号」(1938 年 6 月 15 日)、『支那事変第 12. 第 14 航空隊関係綴 (2)　昭和 13』日本防衛省防衛研究所、②戦史 –支那事変 –41。

者亦多……岛民中男子一般气质彪悍，劳动力亦大；虽为妇女，亦能担二斗之米，能步行约三里险恶道路、山路。[1]

岛民在劳作中所表现出的忍耐与顺服，为日军所注意。不同于档案性质的"特报"，木场一丸作为从事宣抚工作的日本海军军官，他在私记中所书写的宣抚经历与宣抚心理，给人强烈的现场感。木场通过调查发现，岛民战前主要前往东南亚各地谋生，往往在当地稍有积蓄之后即回岛筑屋购田，如此往复，不断积累资产。木场为之感叹："这种忍耐的本性实在强大，日本人无法与之相比。为了达到目的，花费数年而绝不停止。这是值得我们学习的中国人的长处。"[2]

木场从事宣抚工作的动力，来自他意图将岛民改造成"良民"的决心。颇有意味的是，作为日本军人的木场，在其私记中一再强调他对战争的厌恶，并以各种理由说明日本发动对华战争的"正义性"。木场并非没有看到日本统治下岛民的悲惨命运，他感慨日本必须于这场战争中获胜："我国的国民绝对不可成为战败国之国民。即使艰难，也必须取得胜利。我对坚持无能的抗战而使无罪国民蒙受苦难的蒋介石的虚无想法，发自内心地厌恶。"[3] 作为特殊的宣抚手段，木场曾利用侦察机向游击队与岛民散发"日军对于不抵抗之中国民众不加伤害"的宣抚传单，以此动摇两者的抵抗意志。[4] 在培训"青年团"之余，木场会给这些青少年起日本名字，并使其成为日军军官的侍仆，增加他们对日本军人的亲和感。

---

[1] 第六航空基地指挥官「三灶島特報第三号」(1938 年 8 月 1 日)、『支那事変第 12. 第 14 航空隊関係綴（2）　昭和 13』日本防衛省防衛研究所、②戦史 – 支那事変 – 41。

[2] 木場敬天『陸戦隊宣撫記』、86—87 頁。

[3] 木場敬天『陸戦隊宣撫記』、74—75 頁。

[4] 木場敬天『陸戦隊宣撫記』、72 頁。

神社是日本神道教用以宣传神道思想、举行祭祀神灵等仪式的重要场所。为了维系日军与海外侨民的敬神精神，日军在长期占领中国城镇的情况下，都会于当地建立神社，三灶岛也不例外。木场于三灶岛神社中举办敬老会，并为之举办隆重的启动仪式，在他的操作下，这一仪式成为"当时该岛有史以来的一大盛事"。木场的意图很明确，"日军对皇祖皇宗的崇拜与对祖先的尊敬，尊奉盟友之灵并怀感谢之精神。创办敬老会的用意所在，就是使这一精神亦感化中国人"。①

然而，木场发现，岛民虽然表面上已成为亲日的"良民"，细微之处却仍流露出反抗精神。即使在日军最为得意的医疗宣抚中，岛民虽在日军的呵责下涂抹药膏，但是回家后便会立即将其抹掉。在木场的设想中，岛民对于医疗宣抚必然充满感激。然而事实上，岛民并未将之视为"恩惠"，若岛民们并未对日本统治者表示礼貌或"低声下气"，木场等宣抚员则会收起笑容，生气地将这些"混蛋"逮住，并训斥道："你给我低着头回去！"②

木场不过是驻岛日军宣抚员中的普通一员。在他看来，"宣抚"与"惩戒"均是日军统治的手段，两者互相因应，并不矛盾。事实上，在"特报"中日军亦坦言，岛民所表现出的"顺服"，不过系受到武力威慑所致，根本不足以信任，"中国人终究是中国人，对于以上残留者，当然决不能放松警惕"。③宣抚工作的诸多细节中均可见日军对岛民的防范心理，如岛民进入日军哨岗范围内必须佩戴臂章、岛民在日落后严禁进入各种日军的设施等，④反

---

① 木場敬天『陸戦隊宣撫記』、143 頁。

② 木場敬天『陸戦隊宣撫記』、106—107 頁。

③ 第六航空基地指揮官「三灶島特報第一号」(1938 年 6 月 15 日)、『支那事変第 12. 第 14 航空隊関係綴 (2)　昭和 13』日本防衛省防衛研究所、②戦史 – 支那事変 – 41。

④ 「機密第 6 航空基地部隊日令第 6 号」(1938 年 10 月 11 日)、『支那事変　第 12. 第 14 航空隊関係綴 (1)　昭和 13』日本防衛省防衛研究所、②戦史 – 支那事変 – 40。

映出宣抚工作背后驻岛日军与岛民的紧张关系。

　　岛民的不信与防范，促使日军加快本国对当地的移民。自1939年9月起，以冲绳县县民为主体的"开拓团"迁入三灶岛。按当地日军的安排，冲绳移民"从事海军设施的维持补修等劳务，及于当地生产供给海军所需要的蔬菜、大米、水果、鲜鱼等"，[①]将逐步取代岛民劳工进行作业。随着移民规模的扩大，不少冲绳县民举家迁入，其子女教育渐成问题，至1940年6月，移民的规模已达到"设置儿童教育设施，乃成为最紧急之要事"。[②] 此后移民数量仍不断增加，至1942年2月，"开拓团"已达45家共228人，日本海军还计划当年度将50家冲绳农户移民至岛内。[③] 至1943年10月，三灶岛上已形成总数约90户400人的几个移民村落。据日本学者蒲丰彦的考察，冲绳移民定居的村落主要集中于岛的北部，体现出日军阻断南部岛民与大陆抗日游击队之间联系的意图。[④]

　　在日军"特报"及木场一丸等人的私记中，日军主导的宣抚工作似乎取得了相当的成效。然而，在颂扬的文字中，我们仍可读出民众对于日军暴行的恐惧、对于背负"汉奸"之名的厌恶，乃至高压统治下潜藏的反抗意识。不难理解，民众的反抗意识，并未因宣抚工作而发生真正改变；而日军的移民政策，也从侧面说明宣抚工作对于改造岛民的效果有限。

---

① 「三灶島小学校開設費補助申請書」（1940年8月15日）、『在外日本人各学校関係雑件/在南支ノ部3. 三灶島国民学校（3）　補助費関係』日本外務省外交史料館、I-1-5-0-2_6。

② 「三灶島小学校開設助成費交付申請書」（1940年6月15日）、『在外日本人各学校関係雑件/在南支ノ部3. 三灶島国民学校（3）　補助費関係』日本外務省外交史料館、I-1-5-0-2_6。

③ 「三灶島国民学校補助金ニ関スル件」（1942年2月13日）、『在外日本人各学校関係雑件/在南支ノ部3. 三灶島国民学校（3）　補助費関係』、日本外務省外交史料館、I-1-5-0-2_6。

④ 〔日〕蒲丰彦：《中日战争时期在广东三灶岛的日本农业移民》，《抗日战争研究》2004年第4期。

　　全面侵华时期，日本对华南的占领，集中于若干大城市或重点地区。日军在占领海南岛后，于海口设立第七航空基地，亦于当地开展宣抚工作。在日本海军的支持下，不久海南岛宣抚班于琼山、海口两市组织"治安维持会"。面对中共领导的抗日游击队——广东民众抗日自卫团第十四区独立队的抵抗与潜袭，宣抚班宣称，"为将根深蒂固的抗日观念从一切角度拭去而不惜拼命努力"。[①] 从残酷镇压抗日力量的角度而言，海南岛宣抚工作可谓三灶岛宣抚工作的延伸。从某种程度而言，三灶岛宣抚工作成为日本海军主导下华南沦陷区宣抚工作的缩影。

　　不同于华北、华中特务机关指导下的宣抚工作，日本对三灶岛的殖民统治，将对于抗日武装（包括"嫌疑者"）的残酷镇压，与依托"治安维持会"开展的宣抚工作互相因应，构建出一种独特的军政统治模式。这种统治模式，以军人利益至上为原则，成为太平洋战争爆发后日本对东南亚沦陷区施行军政统治的雏形。

---

　　① 「親日楽土建設へ　海南島・軍宣撫班の活躍」『東京朝日新聞』（夕刊）、1939年2月28日、第1版。

第五章 从"江南"到"淮北"："宣抚员"熊谷康的工作经历与战地体验

1937 年全面侵华战争开始后，日本军政当局派遣大批宣抚班前往沦陷区各地，由日军武力侵略而造成的地方社会失序，又伴随宣抚班宣抚工作的开展而重建。近年来，中外学界已关注到宣抚班在日本对中国沦陷区的殖民统治中扮演了重要角色，然而关于宣抚员在区域社会开展宣抚工作的实际情况，却鲜有深入的个案研究。处于侵华日军与沦陷区民众之间的宣抚员，是一个有别于职业军人的特殊群体。作为其中一员，宣抚员熊谷康曾在嘉定与蚌埠两地工作，[①] 见证了战争对于两地社会的冲击。通过阅读熊谷康的私记及相关史料，我们不仅能够捕捉宣抚员个人对于日本侵华国策的认知，而且可以了解日本统治下"江南"与"淮北"沦陷区社会的诸多面相。

---

① 学界首先关注到熊谷康及其所属嘉定宣抚班的宣抚活动者，系加拿大学者卜正民。不过卜正民的研究主要集中于当地士绅阶层与日军"合作"关系的建立，宣抚员个人的工作经历并非占主角。具体可参见〔加〕卜正民《秩序的沦陷——抗战初期的江南五城》。

一　华中"宣抚员"群体与熊谷康其人

在淞沪会战的尾声，日本军政当局拉开华中宣抚工作的序幕。1937 年 11 月 18 日，河野正直等三名满铁职员受华中派遣军特务部委托，前往松江从事宣抚工作。华中是南京国民政府统治的核心区域，也是欧美列强势力集中之所在，在政治、经济、文化诸方面，与东北或华北的情况存在较大差异。伴随日军侵略的步伐，如何重建沦陷区内的社会秩序，巩固日本对当地的殖民统治，成为日本军政当局关心的重要课题。

11 月 27 日，日军华中方面军在上海成立宣抚班总部，下设文书、人事、会计、自治、经济、医疗、情报、宣传、教化、治安等各股，并于各地设立支部，陆续派遣宣抚班至沦陷区各主要城市，由此将华中宣抚工作常态化。在华中沦陷区，当时有宣抚员 240—250 人，其中具有满铁背景者 67 人，其余包括伪满公务员、日本东亚经济调查局职员、日本在华领事馆官员、上海日商纱厂的员工等。[1] 这些宣抚员大多具有长期在华工作生活的经历，可谓日本于在华机构、组织、企业中培养的"中国通"。虽然宣抚员在日军中属于地位较低的"军属"，然而往往因其具有语言上的优势并谙熟中国文化与习俗，事实上成为日本在华中沦陷区内开展特务活动的主力。

熊谷康即是这一特殊群体中的一员。从战后熊谷康对自己经历的追述可知，1910 年，熊谷出生于日本静冈县的一个普通农家。1933 年，熊谷毕业于东京拓殖大学商学部中文科，不久便来到上海，担任日本驻上海领事馆陆军武官室翻译，从事对当地报纸杂志的整理、编译与研究工作。1936 年 4 月，熊谷康转任满铁上海

---

[1] 「中支占領地区ニ於ケル宣撫工作概要」（1938 年 3 月 16 日）、井上久士編『華中宣撫工作資料』、48 頁。

事务所调查课，开始调查华中地区的农业状况。从战时满铁上海事务所出版的《中国商品丛书》熊谷康所编诸卷可见，熊谷康擅长对中国农业情报的收集与研究，颇为关注国民政府所推行的农村经济建设运动。战争期间，在从事宣抚工作之余，熊谷撰写了多篇关于华中农产品生产、流通、贸易的研究报告，[①]体现出他对中国农业问题的浓厚兴趣。满铁时代的工作经历，使熊谷康对于宣抚工作相较其他从事特务活动者拥有更深的体会，而对于宣抚工作的主要对象——中国农民，则称自己持有某种特殊的"草根情结"。对于满铁职员从事宣抚工作的意义，熊谷认为："所谓宣抚班，极端来说，易给人乃奔走充当军人助手与使役、从事军事工作之印象，然而对于来自满铁者则未必如此。满铁派遣来的宣抚班员都是现居华中，特别是像我这样深入农村进行调查者，对于中国的农民有着很深的亲密感与留恋之情。从这点来说，这是满铁派遣的宣抚班的最大特征。"[②]

　　嘉定是江南地区毛巾制造业的重要产地，在民国时期久负盛名。战前嘉定人口约 27 万人，县城内约 3 万人，其中从事农业者占 87.3%。当地棉花种植盛行，经济上与上海关系密切。[③] 1937年 11 月 13 日，嘉定沦陷，日军占领县城与境内重要乡镇。或因考虑到熊谷康"熟稔上海方言"，并对当地经济状况有较深的了解，日军华中派遣军任命其为嘉定宣抚班班长。12 月 12 日，熊谷康与满铁职员古川新、行元猛、山中正二、关户隆、川濑正三等五人

① 熊谷康『卵及び卵製品』（上海満鉄調査資料第 22 編　支那商品叢書第 8 輯）、南満洲鉄道上海事務所、1939、凡例第 1 頁；熊谷康『胡麻』（上海満鉄調査資料第 24 編　支那商品叢書第 9 輯）、南満洲鉄道上海事務所、1939、凡例第 1 頁；熊谷康『葉煙草』（上海満鉄調査資料第 29 編　支那商品叢書第 14 輯）、南満洲鉄道上海事務所、1939、凡例第 1 頁。
② 熊谷康「満鉄上海事務所の宣撫・情報活動」（1983 年 9 月 28 日）、『アジア経済』1988 年第 12 期、89 頁。
③ 南満洲鉄道上海事務所『事変後に於ける中支占領地区商品流通事情』南満洲鉄道上海事務所、1939、602 頁。

一同抵达嘉定，由此开启嘉定宣抚工作，直至 1938 年 7 月徐州会战结束后转迁淮北重镇蚌埠，其第一段宣抚经历宣告结束。当时，日本还向苏州、南京、杭州等地派出由满铁上海事务所职员组成的多个宣抚班，熊谷康在嘉定的这段宣抚经历，可谓日本对沦陷后江南各地宣抚工作的缩影。

二　"江南"嘉定:第一段"宣抚"经历

日本对华中的侵略，使江南遭受严重的摧残。丹阳、太仓、常州、嘉定、宝山等地，"其破坏程度最甚。勉强能够遮挡雨露的房屋，内部也被劫掠殆尽，甚至连可供日军宿营的也很少"。[①] 嘉定县城所遭受的兵燹，是沦陷初期江南城市的普遍命运。在华中日军看来，"（华中地区）住民自去年 7 月事变以来，已有相当准备，故持粮食、衣服、金钱等避难，使其回归正业也未必困难。上海附近战火最烈，即使地方上农村复兴未必有较大困难，而城市全体之复兴则实属不易"。[②] 战争带给当地的破坏，使甫入县城的熊谷康等人哀叹:"城内好像三分之一的房屋都惨遭破坏，我们仿佛进入一座死城。"[③] 他们发现，整个县城笼罩在日本军机"无差别"轰炸所带来的死亡气息之中，到处都是轰炸后留下的洞口，"当时瓦砾成山，城中居民没有一人回归"，[④] "只有我们的靴音回荡在这令人恐惧寂静的世界中。居民们都逃到哪里去了? 仅有的

① 「中支占領地区ニ於ケル宣撫工作概要」（1938 年 3 月 16 日）、井上久士編『華中宣撫工作資料』、51 頁。
② 「中支那方面軍作戦地域内宣撫状況の件」（1938 年 1 月 20 日）、『支受大日記（密）其 6 昭和 13 年自 2 月 10 日至 2 月 17 日』日本防衛省防衛研究所、陸軍省 – 陸支密大日記 – S13 – 4 – 113。
③ 熊谷康『支那郷鎮雑話』満州日日新聞社、1943、7 頁。
④ 熊谷康「満鉄上海事務所の宣撫・情報活動」（1983 年 9 月 28 日）、『アジア経済』1988 年第 12 期、88 頁。

未毁的民宅也空空如也，连坐的地方都没有"。① 沦陷初的嘉定，在熊谷康看来，是"百鬼夜行"的世界。残留于县城中部分贫民的趁火打劫，带给熊谷强烈的心理冲击，"失去秩序的社会，就是如此凄惨乎？他们对于邻人之间的情谊、合作、美好生活的温情，也必定不再拥有乎？我对重建新中国的前途感到某种失望"。②

与其他地区宣抚班的活动类似，嘉定宣抚班的首要任务，是招抚避难他乡民众回归，尽快恢复当地的社会秩序。在宣抚班到来之前，日军已于嘉定成立傀儡基层组织"治安维持会"，并令其着手进行各种"民众工作"。为了筹措财源，嘉定"治安维持会"以银五钱的价格，将"良民证"出售给回归民众。嘉定宣抚班抵达后，立即将配发"良民证"的权力牢牢把持。为了"防止不逞之徒混入"，熊谷康等人通过配发"良民证"，实行严格的户籍控制。随着战事的平靖，据嘉定宣抚班的报告，1937 年 12 月 24 日至 1938 年 1 月 9 日，该班共发出"良民证"超过 1.2 万枚，③ 这一数量意味着难民开始陆续回归。为了"安定民心"，嘉定宣抚班还使"治安维持会"将当地日军的残羹冷炙用来救济贫民。

嘉定宣抚班对于当地各种秩序的重建，主要利用"自治委员会"来实现。"自治委员会"在组织框架上基本继承沦陷初的"治安维持会"，运作则较之更趋常态化。至 2 月时，嘉定"自治委员会"下设总务、民事、交通、救恤、财政、保安、教育、产业等组，全面接受宣抚班的"指导"。然而以熊谷康为首的宣抚班与由当地士绅组成的"自治委员会"，彼此互不信任，当地士绅多离境避难，鲜有名望者，即使勉强入会充当委员，也往往隐匿真名，而"干事中直接可堪信用者很少，往往混入品德才干上令人怀疑

---

① 熊谷康「宣撫班回想録——中国農民への追憶」上海満鉄会編『長江の流れと共に——上海満鉄回想録』上海満鉄会、1980、41 頁。

② 熊谷康『支那郷鎮雑話』、9 頁。

③ 「江蘇省嘉定宣撫班工作資料　昭和 12 年 12 月 13 日—13 年 4 月 18 日」日本防衛省防衛研究所、支那－支那事変上海・南京－22。

之徒"。为了寻觅"可靠人才"，熊谷康亲自前往上海"说服"原嘉定县第一区区长浦泳出马，却未果而返。① "人才"的缺乏，使熊谷对"自治委员会"的未来感到悲观，"从结果来看未必成功，当时尚未有优秀者回归，当然也就不会有适任者"。② 这一悲观的情绪或许影响到他对"自治委员会"的态度，委员们经常如奴仆般遭他训斥，熊谷康曾公开将"损坏自治委员会及宣抚班名誉"的委员吴鸿生免职，并为此集合并当面"训诫"全体委员。因经费不足，"自治委员会"职员皆处于无薪状态，委员会内部由此"出现动摇之兆"，熊谷康则召集全体委员再度"给予严厉训诫"。3—4月是熊谷康等人"内心痛苦的时刻"，③ 县城内外的"治安"急剧恶化。"自治委员会"在安亭、黄渡等地的分会横征暴敛，引起当地民众激烈的反抗；外冈、娄塘两个分会，则受到国民党游击部队的袭击，抗日武装力量白昼出入茶馆，夜晚利用滩簧（江南一带某种民间戏剧）谋划起事，傀儡官员为之胆战心惊，"嘉定总会各委员会内心甚为动摇。尽管有宣抚班之激励，然未开展所设想之活动，情势实不容乐观"。至4月，草台班子已难以维持，南京"维新政府"将之改组为伪县公署，"委员长"孙云笙"适以事失欢日人，潜行离嘉。然已拥有数万资产，居然作海上寓公矣"。④ 有意思的是，尽管在工作报告中宣抚班对于傀儡组织的浑噩无力表达诸种不满，然而在私记中熊谷康有时也会流露出对傀儡官员的一些"同情"。当熊谷康即将赴任蚌埠时，"自治委员会"某委员将其子托付熊谷为养子，以为"自保之道"，熊谷

---

① 曾任嘉定县一区区长的浦泳，在嘉定沦陷后即至上海避难，多次拒绝日伪拉拢。浦泳以"长发头陀"为别号，以鬻书卖艺为生。参见陶继明《抗日救亡的嘉定文化》，嘉定区政协文史资料编辑委员会编印《抗日战争在嘉定》，2005，第293页。

② 熊谷康「満鉄上海事務所の宣撫・情報活動」（1983年9月28日）、『アジア経済』1988年第12期、91頁。

③ 熊谷康『支那郷鎮雑話』、44頁。

④ 《嘉定的魑魅魍魉》，《申报》1938年10月22日，第8版。

康为之唏嘘，"乃于动乱中对自身命运感到不安，担心孩子的将来所致之举乎"。①

　　嘉定宣抚工作的第二步，是恢复当地经济，确保日商利益。嘉定民众所需者，包括石油、砂糖、食盐、烟草、蜡烛、衣物等日常用品，而希望售出者，乃蔬菜、鱼类、豆类等农产品。沦陷后的嘉定因与上海交通不畅，日用品供给受阻。熊谷康发现，请求宣抚班发予往来嘉沪通行证的村中青年急增，为了交易少量商品，他们每日以自行车往返嘉沪两地。② 为使宣抚班在民众中获得威望，熊谷康主张开通航运，从而与坚持封锁航运的当地日军产生矛盾，"为了能将物资运入城内，就必须允许船在河道上溯行搬运。允许如此者，唯我班而已"。熊谷康的这一决策，获得民众的好感，"军方则不许船只进入，而我则强调，若不允许则当地无法复兴。由此这种对立关系，反而带给当地民众宣抚班值得信赖之印象，由此加速人们的回归"。③ 此外，宣抚班还为农民争取生产资料并开办货物交易机构。在农业生产上，农民因耕牛与肥料等不足而无法耕作。上海宣抚班本部从台湾购入 500 头水牛，其中分配嘉定宣抚班 30 头，然而仍无法满足生产需要，"县内农民希望购买者竟多达数百人，农民对于耕牛有着极大的渴望。我们还必须从邻县或崇明再购入数十头牛"。面对物资流通上的延缓问题，熊谷康自矜于对农村经济的研究，主张在当地开办合作社，其方案很快得到实施。在熊谷看来，作为宣抚工作的重要举措，合作社不仅能够促进当地货物交易，而且有利日军所发行的军票在当地的流通。④

---

① 熊谷康「宣撫班回想録——中国農民への追憶」上海満鉄会編『長江の流れと共に——上海満鉄回想録』、45 頁。

② 熊谷康『支那郷鎮雑話』、14—15 頁。

③ 熊谷康「満鉄上海事務所の宣撫・情報活動」（1983 年 9 月 28 日）、『アジア経済』1988 年第 12 期、91 頁。

④ 熊谷康『支那郷鎮雑話』、58—61 頁。

　　嘉定宣抚工作的第三步，是以施疗、宣传、教育等手段获取民心。嘉定宣抚班入城后不久，"痛感尸体掩埋工作之必要"，随即成立"嘉定掩埋队"，经嘉定掩埋队之手埋葬的尸体，达4570具之多。[1] 医疗宣抚是宣抚工作的重要手段，熊谷康发现，为了打消村民疑虑，在当地施行免费医疗救治乃最有效之方法。[2] 嘉定宣抚班于乡镇开展巡回宣抚之际，熊谷康往往临时充当医师。运至宣抚班的伤患多为受外伤者，其中不乏因玩耍手榴弹而负伤的孩童与受到严重枪伤、气息犹存的患者。2月，宣抚班向当地日军野战医院请求，由日军军医于西门外开办较大规模的患者收容所，并挂起"日军嘉定民众施疗所"的牌子。[3] 6月进入暑季，如何阻遏战后霍乱等恶疫的蔓延，成为熊谷康最关心的问题。然而宣抚班与"施疗所"强制施行预防注射的举措，引起当地民众的恐慌，县内到处流传"被日本人注射就会断子绝孙"的谣言。熊谷康认为，谣言的产生是因为民众对政治缺乏信任，"这些谣言容易流传，因为在农民心中有很多对之接受的要素。若优秀的政治能够很好地指导他们，在被称为蝼蚁的民众之中，又将会产生怎样巨大的力量？他们内心的迫切希望，乃是对于优秀政治的不懈追求"。[4]

　　作为宣传手段，宣抚班决定于4月8日传统中国庆贺释迦牟尼诞生之日，在嘉定县城中央广场举行大规模的"共同慰灵祭"。在教育上，嘉定宣抚班开办日语学校，熊谷康等人亲任教师，每日教授当地儿童1—2小时日语，但这一"事业"不久因宣抚工作的繁巨不得不中止，远未达到熊谷所设想的效果。[5] 据日方统计，战前嘉定共有各类学校129所，在读学生14389人，至1938年10月，

① 熊谷康『支那郷鎮雑話』、50—51頁。
② 熊谷康『支那郷鎮雑話』、72頁。
③ 熊谷康『支那郷鎮雑話』、19—20頁。
④ 熊谷康『支那郷鎮雑話』、18頁。
⑤ 「江蘇省嘉定宣撫班工作資料　昭和12年12月13日—13年4月18日」日本防衛省防衛研究所、支那－支那事変上海・南京－22。

不过恢复68校，在读学生3810人，仅为战前的26.5%。[1] 尽管熊谷干劲十足，宣抚工作在恢复教育方面的影响仍十分有限。

除安抚民心之外，宣抚工作的另一重要任务，就是为当地日军部队提供各种便利。熊谷康在嘉定从事宣抚工作之后期，正是日本在战略上开始"西进"武汉与部署徐州会战之时，故日军在江南采取防守态势。当地日军为避免与中国民众发生直接冲突，规定驻军对于民众一切活动，皆由宣抚班充作中介。[2] 为满足日军长期驻屯的需要，宣抚班协助日军最多者，是向当地民众"征发"日军所需各种日用物资。此外，宣抚班还需从事为日军征集人夫和车船、协助翻译乃至收集情报等工作。

我们发现，无论是嘉定宣抚班的日常报告，还是熊谷的私记中，均难以发现宣抚班与当地日军的真实关系。事实上，嘉定沦陷初期驻屯的日军部队，是参与南京大屠杀的第九师团步兵第三十六联队，这支部队在中国战场横行不法，军纪风评很坏。战后，熊谷康对于沦陷后嘉定的真实治安状况有所揭露："中国农民的生活，每日战栗于无赖的横行，并在一部分日军无法行为下不安地度过。"[3] 熊谷康虽然于县城内外张贴告示，希望民众遭遇暴行时，无论何人所为，均无须顾虑前往宣抚班控诉，[4] 然而事实上，宣抚班对于日军的恶行，并无任何监督权限。正如熊谷康所揭露的诸多细节：

---

① 「江蘇省政府管下十六県教育状況報告　昭和十三年十一月八日」『参考資料関係雑件/学校及学生関係』（第八巻）、日本外務省外交史料館、H－7－2－0－4_1_008。

② 「江蘇省嘉定宣撫班工作資料　昭和12年12月13日—13年4月18日」日本防衛省防衛研究所、支那－支那事変上海・南京－22。

③ 熊谷康「宣撫班回想録——中国農民への追憶」上海満鉄会編『長江の流れと共に——上海満鉄回想録』、43頁。

④ 熊谷康「満鉄上海事務所の宣撫・情報活動」（1983年9月28日）、『アジア経済』1988年第12期、92頁。

有驻在嘉定的某军官视我为仇敌的事件。某军官某晚醉酒后强奸女子，住民来我处控诉。我立即前往现场。牛被取走、农产品被拿走的控诉频繁发生。就中队长而言其并不待见我们的工作，某晚喝醉后说要砍死宣抚班的家伙，拔刀杀向我的宿舍。所谓战争或许就是如此。因此当时宣抚班的活动就是担着性命的差事。我所从事的宣抚班活动，站在相当多的中国民众，特别是良民一边。住民极大的不安，既来自中国的无赖之徒，也来自日本士兵所干的坏事与征发。我们处于其间，十分苦恼，行动需要勇气。征发有各种各样的情况，花很少的钱拿走物品的情况频繁发生。曾发生因为遭受严重的征发而无法忍受，农民悄悄尾随其后用棍棒叩击士兵之头而杀之的事件。[①]

所谓"征发"，是日军在沦陷区内向民众索取物资的手段，实际上与掠夺无异。宣抚班与当地日军产生的矛盾，反映出沦陷后嘉定的真实状况。但另一方面，尽管沦陷时期的宣抚工作受到当地日军的各种阻碍，然而因嘉定自沦陷以来即处于无序状态，有土匪、无赖、国民党军残兵扰乱乡镇，还有抗日武装力量的游击作战，宣抚工作能否顺利开展，有赖于日军对当地的"治安讨伐"。熊谷康认为，宣抚班必须与当地的日军部队合作，尤其在社会秩序恢复的同时，"引导一般土民对日军抱有正确的信赖态度乃是重要的策略"，[②] 在理想上以"保护民众"自命的宣抚班，事实上却不得不对日军的横行姑息妥协，这成为熊谷康在宣抚工作中最人的烦恼。

---

① 熊谷康「満鉄上海事務所の宣撫・情報活動」（1983 年 9 月 28 日）、『アジア経済』1988 年第 12 期、92 頁。
② 熊谷康『支那郷鎮雑話』、37 頁。

三　"淮北"蚌埠：第二段"宣抚"经历

1938 年 2 月 2 日，蚌埠沦陷。5 月徐州沦陷后，五河、泗县、灵璧等地相继被日军占领，淮北一带陷入混乱无序的状态。蚌埠位于淮河与津浦铁路的交叉点，在军事战略上具有重要意义。作为淮北地区的重要城市，1938 年 2 月，国民党军于学忠第五十一军在淮河北岸小蚌埠一带对日军第十三师团顽强阻击，是为台儿庄战役的前奏。蚌埠沦陷后，日本仿各地成例，于当地成立"治安维持会"，由士绅傅君实、秦松亭分任正、副会长。受战局影响，"治安维持会"迟至当年 7 月方改组为"自治委员会"，不久又改称"凤阳县公署"。徐州会战之后，蚌埠作为"维新政府"安徽省首府，成为日本对淮北实行殖民统治的核心区域。

与嘉定相似，战争导致当地居住人口急剧减少，全面抗战之前蚌埠城内居住的人口有 4 万—5 万，至 7 月熊谷康入城时，则仅剩约 200 人。沦陷后的蚌埠，其环境较嘉定更为恶劣，"与绿色、河渠之江南浑然不同，乃黄色水土与尘埃的城镇，贫困的民众于当地泥土中呻吟"。[1] 战争导致蚌埠卫生状况急剧恶化，"当时市内军马往来极盛，沙尘在盛夏的太阳下被吹得漫天飞舞。迄今令人难忘的是，惊人多的苍蝇群与遮蔽市街的尘埃"。[2] 此外，令熊谷康不满的，还有当地宣抚员的"品质"，"有长年担任警察者，大学刚毕业者，以及威风赫赫的右翼，如壮士者很多。这些人具有强烈的充当士兵帮手的意识。当时中方的省长（指伪省长倪道烺——引者注），暗称特务机关与宣抚班乃'对中国无知之少年'，

---

① 熊谷康「宣撫班回想録——中国農民への追憶」上海満鉄会編『長江の流れと共に——上海満鉄回想録』、46 頁。

② 熊谷康『支那郷鎮雑話』、102 頁。

曾私下向我抱怨，为何将对中国浑然无知者派来中国"。①

　　不同于嘉定时期宣抚工作的"全面性"，熊谷康在蚌埠特务机关的要求下，主要从事经济与政治活动。蚌埠宣抚工作的首要任务，就是恢复当地经济。战前蚌埠建有大型面粉工厂，当地特务机关将之修复，垄断面粉的生产。对于日商染指该厂的经营，熊谷康坚决反对，认为日本人进入经济领域，"只会扰乱治安而已"。抗战进入相持阶段后，两国对抗的形式从武力转向经济。日本军政当局从沦陷区开拓各种财源，以求"现地自活"。正如新四军所观察到的，"日寇不仅占据海关，而且在游击区内的交通要点、小城市上，遍设税卡，征收农民与小商人的农产品与日用工业品的过境税、落地税等，企图把当地驻守的敌军的负担加在当地住民身上。这对于日寇进行对抗的长期战争，是有极重要的意义的"。②徐州沦陷后，中共中央发出《关于徐州失守后华中工作的指示》，要求成立鄂豫皖省委，领导津浦路以西、平汉路以东发动游击战争，开辟游击区。③ 熊谷康注意到，蚌埠财源受阻，主要是因为国共领导的淮北抗日游击队采取游击经济政策，"庞大的民船队伍已消失其踪影，仅有 2000 支以蚌埠为中心，不过是从下游五河至上流田家庵航行的状态。民船大多因游击队聚集于正阳关或盱眙方面，本埠上市的农产品急减至十分之一以下"。④

　　熊谷特别关注新四军领导的淮北抗日游击队在蚌埠一带的活动，并将新四军游击队的游击经济工作的特点与局限，进行了较详细的归纳：

①　熊谷康『満鉄上海事務所の宣撫・情報活動』（1983 年 9 月 28 日）、『アジア経済』1988 年第 12 期、93 页。

②　李一氓：《在游击区内用军事方法与日寇作经济斗争》（1939 年 4 月 25 日），马洪武等编《新四军与华中抗日根据地史料选》第 1 辑，上海人民出版社，1982，第 138 页。

③　《关于徐州失守后华中工作的指示》（1938 年 5 月 22 日），马洪武等编《新四军与华中抗日根据地史料选》第 1 辑，第 25 页。

④　熊谷康『支那郷鎮雑話』、127—128 页。

第一，米、麦、面粉等粮食，原则上暂时禁止运往日方占领区。以一定公开的行情采购粮食，并储存于游击队的后勤仓库之中，有时也采取将一部分物资按计划流向占领区之方针。

第二，对牛皮、麻、棉花等军需品原料物资实施统制，原则上绝不流入日方手中。虽然规定全部物资经游击队之手者，供其为军用材料，或运往内地军需工厂，然而事实上此条未能彻底实施。各地游击队间的联络多未充分，在"经济督察队"监督未及之处，到处可见争夺税收、滥竽充数、马马虎虎之例。

第三，对于可能取得外汇之出口商品，如猪鬃、鸡蛋、禽毛、桐油、肠、茶等采取统制办法。对于这些商品的处置，重庆方面虽然频频传达烦琐之指令，尤其叫嚷绝对避免流入日方手中，然在苏皖两省北部当地环境下，实难以按此命令实行。[1]

另一方面，熊谷康通过调研发现，新四军领导的游击队具有敏锐的商业眼光与严密的组织纪律。因蚌埠日商对物资的采购价格远低于上海市场，游击队将商品秘密运至江阴附近的外国轮船，为了确保货物的流出，新四军向各地的游击队严格要求对通过的商人与货物加以保护，滥征税收的行为则会受到严罚。[2]

除常规经济工作之外，熊谷康还被赋予一项重要的政治任务，即"说服"当地的红枪会"归顺"。红枪会原为白莲教的支流，作为组织化的民间自卫团体，最早出现于1916年。[3] 1926—1927年国民革命时期，淮河流域的乡村中出现诸多红枪会组织，红枪会

---

① 熊谷康『支那郷鎮雑話』、131—132 頁。

② 熊谷康『支那郷鎮雑話』、133—134 頁。

③ 中国通信社編『抗日支那の真相』（中国調査資料第 1 輯）、平野書房、1937、11 頁。

于淮北区域社会兴盛一时。抗战全面爆发以后，红枪会于淮北再度活跃，如五河东部的红枪会，至 1938 年春，办有学堂百余所，发展会员 2000 余人；灵南和浍北之间的红枪会，掌握数千会众，在当地颇有威望。① 战时红枪会势力的壮大，引起国共双方的重视，也引起日伪的注意。蚌埠的特务机关很早就发现，不同于抗战之前的自卫武装性质，淮北一带的红枪会在战时环境下已发生分化，其中一部与中国共产党领导的新四军联系成为抗日武装，而另一部分则"土匪化"，成为滋扰当地治安的草寇，"本次事变中，某个地方的红枪会员被抗战第一线所动员，或某位'老师'与数千部下一同被新四军再编，更有相当部分纯粹化为土匪，则日夜呈掠夺之恣"。②

据熊谷康私记的记载，为了笼络与利用红枪会，熊谷康曾携带大量法币前往该会所在的村落，然其行动以失败告终。熊谷发现，作为外来势力的日本，并不能得到诸如红枪会之类的民间组织的认同，"但凡民众工作，仅仅给以口头上激烈与空虚的约定是罪恶的。特别是在悠长的历史之中，对于无凭无靠，只能将自己生命托付于唯一自卫之途的红枪会村子的人们而言，仅仅使用轻率的甜言蜜语，只会招致他们的不信"。③ 而在"蚌埠自治委员会"召开的当地村长大会上，熊谷康虽然强调乡村间的密切联系十分必要，然而其提议并未得到村长们的任何回应，"尽管他们对于皖北一带知名的红枪会头目的动向，实际上非常了解，然而他们完全将这些人作为自己世界以外的人而加以排斥"。④

熊谷康还发现，战时淮北社会中外国宗教势力颇为兴盛。战

① 《抗日救亡纪事》，中共蚌埠市委党史办公室编《烽火抗战——蚌埠抗日战争史料选》，安徽大学出版社，1995，第 94—95 页。
② 熊谷康『支那郷鎮雑話』、164、168 頁。
③ 熊谷康「宣撫班回想録——中国農民への追憶」上海満鉄会編『長江の流れと共に——上海満鉄回想録』、48—49 頁。
④ 熊谷康『支那郷鎮雑話』、170 頁。

前蚌埠即有数所由意大利籍神父开办的天主教堂。抗战全面爆发后，天主教堂开办难民所，收容相当数量的难民，每月分配其一定量的面粉等食粮，在难民中颇具声望。意大利虽与日本同为轴心国，然而对于天主教堂的慈善行为，蚌埠宣抚班极为警惕。当熊谷康步入教堂中庭，看到"女子儿童等难民互相重叠蠕动的凄惨光景，无数不洁的苍蝇将她们包围，而神父、圣女则露出春风般的微笑"时，他为此景象而哑然。① 熊谷视外国在华宗教势力为宣抚工作的强劲对手，"将西洋之物从他们身上拂去，是大东亚建设的必需条件，然而即使这样思考，也感到我们切实需要强烈反省……对于无知的民众而言，传教士的活动竟然给予其'正是天主堂才是我们的救命恩人'的印象。今后伴随治安的恢复，可以预想到宗教将进一步呈现跃进的可能性"。②

1938 年 8—11 月，作为蚌埠的宣抚工作内容之一，熊谷康不遗余力地向当地青年宣传日本的"新东亚建设"理论，以求获得他们对日伪政权的拥护。熊谷康为此每周举办"新东亚再建研究会"，以授课形式，与 20 余位当地青年讨论"国民党治下的中国农民""关于国共合作""新政权的确立与新青年的使命"等时势问题。③ 为了体现与中国人"交朋友"的意识，熊谷的授课完全以中文进行。在课堂讨论中，熊谷康并不避讳日本对于战争的爆发及所犯暴行应加以反思："中国人中的优秀指导者，表面上欢迎日本人与日本兵，然而内心的想法则恰恰相反。因此日本人产生自以为受欢迎的错觉。中国人抱有恐惧之念头，乃事实上日本人对于中国人施以粗暴的行为，若没有改正，则中日问题到底无法解决"。④

可以发现，熊谷康热衷于与青年讨论"中日合作"问题。不

---

① 熊谷康『支那郷鎮雑話』、105 頁。
② 熊谷康『支那郷鎮雑話』、107、110 頁。
③ 熊谷康『支那郷鎮雑話』、173—174 頁。
④ 熊谷康「満鉄上海事務所の宣撫・情報活動」（1983 年 9 月 28 日）、『アジア経済』1988 年第 12 期、96 頁。

同于傀儡政权中老派官僚的世故,他认为青年的思想更淳朴,战争对于他们而言,是思想层面的"洗礼","我直觉感到他们对于地方政治的未来抱有很大期待。与同一头脑中,一年前尚低迷彷徨于'抗日''亲日'两种意识的状态相比,可见其新中国的意识已渐渐萌生,我难以抑制这一喜悦……比起虽然表面上述说着中日合作的必要性,实际思考方式却与战前并未有任何变化的上海知识分子与经济学者们,在地方上所能看到的朴素而真切的诸位,让人感觉更为踏实"。①

1938 年末,熊谷康回归满铁上海事务所,结束其第二段宣抚经历。可以看到,熊谷康以蚌埠为中心的淮北宣抚工作,对民众生活的物资投入有限,而对于红枪会、当地青年的笼络与吸纳,则成为主业。较之嘉定时期,熊谷的工作更侧重于对底层民众精神思想层面的诱导,而非简单的物质利诱。1938 年 6 月,日本军政当局对于华中宣抚班进行了一次大改革,包括蚌埠宣抚班在内的民政业务受到削减,而华中方面军特务部对华中沦陷区内宣抚工作的指导权则大大加强:

> 对于中国民众的宣抚工作,华北与华中存在各种各样的区别。华中民众概比华北所受抗日教育之浸润更甚,如今应多在性格、思想、政治上做进一步考量。鉴于到底以往一般单纯的宣抚工作难以取得充分之效果,上海陆军特务部本次对于华中宣抚班进行根本重建,将宣抚班的业务移交特务部,使其具有对宣抚困难的华中民众具有内部善导所需的指导权。②

这一变化,当然是伴随侵略战争的深入与持久化,日本对华

---

①　熊谷康『支那郷鎮雑話』、199—200 頁。
②　「中支宣撫班建直し　陸軍で人材を募る」『東京朝日新聞』(朝刊)、1938 年 6 月 13 日、第 11 版。

宣抚工作的内容重心发生转移所致。事实上，相当一部分华中宣抚班于战争初期所承担的民政、医疗、教育等业务，此后转交于傀儡政权。

四 对江南与淮北社会的观感

从熊谷康的私记中不难发现，他对于战时江南与淮北进行了全方位的观察与思考。熊谷康的视角虽然以日本为本位，但或因从事宣抚工作这一"民众工作"，他也会从沦陷区民众的立场去理解一些问题并提出自己的看法，从中较为真实地反映出沦陷区民众生存的状况。

熊谷康于从事宣抚工作之际，对江南与淮北农村社会进行了细致的观察。熊谷发现江南一带的农家，在丰收之年获略有余裕，而一旦遭遇灾患或持续二三年，农民们的生计则将陷入极为困难之状态。[1] 他对中国农民的"草根情结"，经常于行文中流露："进入中国农村之后，我尽可能多地接近农民或贫苦的人们。在青绿色的田间被江南的春风吹拂时，如同走出城门之外痛切感受人心的单纯，接近农家倾听他们漫无边际的闲谈，与都市冰冷的空气相反，能够切身感受到人温暖的体温。"倾听老农的话语，使熊谷康"浮想起故乡的寒村"。[2] 这种"草根"的交流，承载了日本人与中国人共同的东亚感情，成为他开展宣抚工作的情感基础。熊谷康与红枪会的接触，成为其对淮北农村问题展开调查的契机，"何为红枪会，究竟为何会形成这一组织，其社会基础又为何？"在蚌埠宣抚工作中，熊谷康坦陈其最大的兴趣，在于研究当地农村社会的结构，而他在研究红枪会的社会基础的过程中，对中国共产党领导的农村群众工作产生兴趣，此后他着力搜集共产党与

---

① 熊谷康『支那郷鎮雑話』、74 頁。
② 熊谷康『支那郷鎮雑話』、79 頁。

新四军的相关资料,以求解开心中之惑。[1]

熊谷康在私记中多次提到江南民众的反抗意识。熊谷发现,嘉定各地小学将明末抗清乡绅的优秀品质与抗清义举作为乡土教育的重要材料,在小学生的乡土读本中,载有"(嘉定)一般民情亦多激昂慷慨、砥砺廉隅,较之其他江南柔弱之邦,出一头地"等评价。熊谷感佩这种反抗精神,"抗清英雄'二黄先生'的名字从父母处听说,为学堂所学的民族意识而沸腾,曾经滔滔奔赴抗日的此地青年,从四乡聚集而至南门早市、艰难复兴中的青年农民,能够跨越本次事变,展现旺盛的生活力。曾经他们父辈流淌的热血,如今也能在他们身上成为建设的热情而涌动流淌吧"。[2]

同时,他也看到中国民众在战时环境下的坚韧与顺从。1938年6月花园口决堤事件的发生,对淮河中下游造成巨大水患。熊谷康见证了这场史上罕见水灾的泛滥,"若从楼上眺望,蚌埠四周已化为汪洋大海,铁路(津浦线)在水面画出了一条线。怀远全城陷入危机。前往该城的公路沉入水底,只能在水面上看到电线杆头"。然而熊谷康发现,怀远乡间的农民仍能自给自足,"在这洪水之中,究竟是从哪里、何时汇聚而来的呢?老人悠然地嚼着馒头,小孩也高兴地在浊水中嬉戏,也有人在浸水房屋的房梁上悠然垂钓者。很多农民预计暂时不会退水,便舍弃农具,化为渔夫,于是在广场中开设渔市,将大量淮河中的鱼上市并大声买卖。他们,正是在这片水土中养育的不死身民族"。[3] 与沦陷后江南的情况相似,在熊谷看来,淮北民众对于战争的适性与韧性,反映出中华民族生生不息的活力,"即使在这次事变中,已经有数百万的生命消失于黄土之中,数千万的民众失去家园与土地、恐惧于饥

---

① 熊谷康「満鉄上海事務所の宣撫・情報活動」(1983年9月28日)、『アジア経済』1988年第12期、95頁。

② 熊谷康『支那郷鎮雑話』、90頁。

③ 熊谷康「宣撫班回想録——中国農民への追憶」上海満鉄会編『長江の流れと共に——上海満鉄回想録』、47頁。

寒交迫、彷徨于山野之中，然而即使受到如此大的打击与痛苦，中国人依然以坚韧的生活力而生存"。① 熊谷看到，恶劣环境下的中国民众也存在对命运的适从性，"所谓中国的下层民众，不言而喻主要是农民大众。他们锤炼于过去世代周期袭来的天灾与政治上的混乱，具有惊人的忍耐性；但另一方面也具有顽固性，这是与我们日本人无法相比的性格。对于来自外部的攻击，表现出超人忍耐力的同时，也有在重压下闭眼，结果被赋予眺望一切事物的习惯"。②

　　熊谷康的私记中也记载了他对中日经济游击战的认识。淮北地区是日军与国共激烈对抗之地，熊谷发现，在抗日游击队推行经济游击战的背后，也存在日用物资生产不足的情况。对此，他强调日本军政当局应严格禁止沦陷区内的物资流入游击区，"我们痛感，在如此状态之下，我们在占领区采取的统制，在内容上必须比游击队更优越、合理。若非如此，不仅我们所设想的物资的真正获取、对民心的把握、与民族资本的合作，都不可能实现，且有使敌方获得越来越多可乘之机的危险。此当深以为虑"。③ 日后，熊谷康对于经济游击战提出具体的应对之策，提议日伪当局应巧妙利用中国的自身经济力，通过各种金融政策，使游击区内出现贵买贱卖现象，以消耗游击区内的经济基础。④ 熊谷康撰写的关于华中农产品的调查报告，也体现出他对维护日本侵华既得利益的关切。例如，关于中国蛋业的未来，他指出"因本次中日事变，包括华北、华中广袤区域的中国主要鸡蛋产地总之皆处于日军占领之下，由此带给日商于华北、华中鸡蛋采购上极其重要之机遇。主要流向欧美之重要产品的鸡蛋及蛋制品，对于我国在获

① 熊谷康『支那郷鎮雑話』、120 頁。
② 熊谷康『支那郷鎮雑話』、108 頁。
③ 熊谷康『支那郷鎮雑話』、136—137 頁。
④ 熊谷康：《中国经济游击战的苦闷》，《合作前锋》（战时版）1941 年第 11 期，第 27 页。

取外汇上具有重大意义,应引起各方注意"。①

　　熊谷康对于未来中国政治的走向也有自己的理解。熊谷认为,日本人应平等对待中国人,"若将中国人固定理解为吸食鸦片式的人,则中国的再建则绝不可能"。② 他强调,无论进行何种政治或经济活动,重要的是获得中国民众的"真心","要言之,为了大东亚战争胜利,需要对华中的所有资源、物力、人力进行总动员。即集合所有的日本人与中国人的共同感情,为战争动员,产生华中经济上的潜力,并将之聚集而为大东亚战争的完成而发挥作用"。③ 在熊谷康的认知中,中国民众的"真心",本质上仍不过是宣抚工作争取的对象,是为日本总体战服务的情感资源,这一点与日本对华宣抚工作的真正意图并无二致。

　　1939 年 4 月,结束宣抚工作后的熊谷康,参与满铁的一项重要调查工程——"中国抗战力调查",自此他一直以上海为中心,在长江南北从事农业经济的调查研究。太平洋战争爆发后,上海日本商工会议所成立日华问题委员会,该会宣称以"拟交换各种情报,检讨对策,以协力进行,使经济上、政治上之关系恢复本来面目为目的",④ 熊谷康成为委员,直到日本战败。战后,熊谷康成为静冈县农政课的一名普通职员,此后担任当地一所中学的中文教师,度过了平淡的下半生。"宣抚"作为日语中的死语,渐渐退出人们的视线。

　　随着战后熊谷口述记录的公开,他在嘉定、蚌埠两地从事宣抚工作的经历,生动地浮现于纸端。当时在新四军江南指挥部的

①　熊谷康『卵及び卵製品』(上海満鉄調査資料第 22 編　支那商品叢書第 8 輯)、97 頁。

②　熊谷康『支那郷鎮雑話』、162 頁。

③　熊谷康『支那郷鎮雑話』、263 頁。

④　《商工会议所新设三委员会　网罗军政民警巨擘参加》,《申报》1943 年 5 月 16 日,第 4 版。

陈毅，认为日本对江南民众开展活动之重心，"在于集中破坏中国抗日民族统一战线，寻找汉奸的基础，和利用抗战中的弱点，来进行其欺骗的武断的宣传"。[①] 江南与淮北同处日本殖民统治之下，日本对两地的宣抚工作具有一定的同质性，然而江南与淮北，因人文风土各有风貌，宣抚工作在实际的推行中又体现出差异性。这种差异性，折射出日本在华中沦陷区殖民统治的张力与局限。伴随侵略战争的深入与持久化，日本对华中宣抚工作的内容重心发生转移，熊谷康在嘉定的第一段宣抚经历，反映出战争初期宣抚班承担大量的民政、医疗、教育等业务；而他在蚌埠的第二段宣抚经历，则反映出战争步入相持阶段后，日本的宣抚工作更侧重于对民间组织、底层民众的情感笼络，侧重于从精神层面服务于日本正在构建的"东亚新秩序"，其特务活动的性质更为浓厚。

以熊谷康为代表的上海满铁系统宣抚员，不同于早期以八木沼丈夫为首的东北满铁系统的宣抚员，前者更强调以柔性手段获得中国民众对日伪政权的"自发"支持与拥护。宣抚对于日本军政当局而言，原本即为"自上而下"的垂直观念，建立在对中国民众"国民性低下"的认识基础之上。八木沼等人的宣抚观，由此受到后进宣抚员（尤其是活动于文化发达之江南地区者）的诟病："（他们）都是在日本军队中下士官出身，器局与教养都很狭小，根本没有从对方的立场考虑的想法。而且比华北开发程度低很多的满洲，作为征服者可以野蛮横行，而对关内文化上自负第一的汉人社会，则完全是风马牛难及。"[②] 而在江南与淮北，熊谷康的"平等"式宣抚观，明显有别于八木沼等人。熊谷反感日本军人的横征暴敛，认为日本应对战争中的暴行加以反思，"在不忍正视的歪曲的笑脸与美辞虚礼之中，潜藏着没有任何亲密感情的

①　陈毅：《坚持江南抗战的诸问题》（1939 年 2 月），马洪武等编《新四军与华中抗日根据地史料选》第 1 辑，第 68 页。
②　青江舜二郎『大日本軍宣撫官——ある青春の記録』、115 頁。

卑躬屈膝。这种卑屈不仅对于日本与中国之间真正的结合不能带来任何的效果，甚至会带来极大的妨害。并非要纠正中国人的所谓卑屈，相反我们还要深刻反省强制他们如此的另一面的事实"。①熊谷康的个人经历乃至体验，某种程度而言，也反映出日本的对华宣抚工作，因区域社会差异而发生的异化。

---

① 熊谷康『支那郷鎮雑話』、181 頁。

第六章　渊上辰雄与晋南"宣抚工作"

——基于渊上《派遣日记》的考察

1937 年全面侵华战争爆发，日本军政当局派遣大批宣抚班前往华北沦陷区各地，山西地区作为侵华日军与国共武装力量对抗的焦点区域，当地民众成为多方争取的对象，"本次山西作战与以往华北作战相比，具有显著浓厚的思想、政治色彩之特征"。① 近年来，学界研究指出，日本军政当局通过宣抚工作捕获民心，以对沦陷区基层实施殖民统治。然而对于实行宣抚工作的细胞个体——宣抚员在区域社会开展宣抚工作的实际情况，鲜有深入的个案研究。日本军政当局大量的宣抚工作档案，虽然可以反映出当时日本对于该区域宣抚工作的总体面相，然而囿于立场问题，很难从中了解民众对于宣抚工作真实的反应，以及这一工作开展过程中遇到的困境。值得注意的是，宣抚员渊上辰雄的战时日记，较为翔实地记录了其于晋南沦陷区从事宣抚工作的来龙去脉及心路历程，有助于我们了解日本对该区域开展宣抚工作的诸多内幕。通过对宣抚员渊上辰雄《派遣日记》的解读，我们不仅能够了解日本对于晋南沦陷区宣抚工作所及的张力与所受的阻力，而且可以从中一窥晋南沦陷区内民众的生存状态。

---

① 「思想戦　山西宣撫班」『東京朝日新聞』（夕刊）、1938 年 2 月 21 日、第 1 版。

一　山西"宣抚工作"的启动

日本在华北沦陷区开展的宣抚工作，在热河战役期间已具雏形。1933 年 3 月，承德沦陷，附属于关东军第八师团的宣抚班，以满铁职员松仓和乘、三泽治夫、朱善寺春三等人为中心，在八木沼丈夫的指导下，开展宣抚工作。作为日本对伪满地区实行宣抚工作的延伸，承德宣抚工作的目标，在于"树立综合、具体的热河复苏政策，革新省政，恢复治安，安定省内民众经济生活，进而实现教育、文化、交通、卫生、产业等的飞跃式开发。以全面发挥王道满洲国的精髓为要"。[1] 在日本军政当局看来，以承德为首的热河宣抚工作取得了"意想不到"的效果，当时《朝日新闻》甚至称"以往文化水准低下之辽西及热河全省于我军之文化指导下，省内民众各阶层已具近代国家之国民性，而对今后产业资源开发等经济上之跃进，抱有异常之关心"。[2] 然而当时以八木沼丈夫为首的满铁职员宣抚工作的本质，乃通过给予"国民性低下"的中国民众某些"恩惠"，"高居其上"宣扬所谓日本的"皇道精神"，纯粹体现的是统治者与被统治者、征服者与被征服者的关系，在日军内部也受到诟病。[3]

1937 年，日本发动全面侵华战争，9 月 15 日，冈田七雄等数名满铁职员抵达张家口特务机关，以"察南自治政府"辖区为中心，在铁路沿线与日军兵站线各地开展宣抚工作。伴随日军侵入山西，在占领大同之后，10 月 6 日，大同特务机关成立晋北宣抚

---

[1]　関東軍参謀部「承徳事情」（第八師団司令部配属宣撫班報告）（1933 年 3 月 15 日），赵焕林主编《日军宣抚班档案史料》上册，线装书局，2015，第 4—5 页。

[2]　「熱河省の文化工作　著るしく進む」『東京朝日新聞』（朝刊）、1933 年 11 月 20 日、第 2 版。

[3]　青江舜二郎『大日本軍宣撫官——ある青春の記録』、79 頁。

班本部，陆续向各地派出宣抚班。然而日军对于晋北沦陷区的宣抚工作，自开始即陷入困局。这一困局，主要源于当地民众激烈的抵抗：

> 晋北地区从来都处于共产党的领导下，抗日宣传极为强盛。牺牲救国同盟、公道主张团以及其他各种抗日组织团，组织十分牢固。基于其团员之使唆，多对我军顽强抵抗。各地甚至儿童妇女都立于抗日战线之前线。我军亦不得不对之作战，以击破正规军以外的住民。可见，地方上的宣抚工作处于特别困难的状态。各地宣抚班应抚恤协调与恩惠工作并用，巩固对国民思想的统制归趋，增强扶植其对日本的依存精神，方可见各工作地区的成绩。①

从晋北宣抚班本部的宣抚工作报告可知，日军对一般民众主要采取镇压与宣抚兼施的政策。各地宣抚班推行的宣抚工作并非划一，往往按当地的社会状况及经济水平，存在较大差异。在大同，当地宣抚班开展的第一期宣抚工作，主要以"从军宣抚"的形式，配合日军的作战需要。作为驻屯日军与当地民众中介的宣抚班，开设市场，组织商会，调查物价，为日军获取粮食、宿舍提供各种便宜。大同宣抚班开展的第二期宣抚工作，则主要筹措成立大同县及晋北"治安维持会"，并对之进行"指导"，着手恢复"治安"与基本的社会秩序，致力于使民心从对日"恐惧"转向对日"信赖"。在应县，因当地土地贫瘠，民众的农业生产原本处于勉强可以充饥的状态，而战事导致当地粮食愈加缺乏，日军进城时，城内民众已大多逃难，故应县宣抚班的活动重点，在于通过举办宣抚演讲会并成立"治安维持会"与"自卫团"等，使

---

① 晋北宣撫班本部「大日本軍晋北宣撫班工作報告（一）」（1937 年 10 月 31 日），赵焕林主编《日军宣抚班档案史料》上册，第 29 页。

民众尽快回归。在口泉镇，当地原有晋北矿务局及保晋公司等采煤企业，口泉镇宣抚班以煤矿工人为对象，通过对之配给粮食等措施，确保当地煤炭产量。在怀仁县，因该县为山西省内的大县，人口较为密集。怀仁宣抚班的主要任务是整顿商会，并对之加以"指导"，以使日军更易"征发"当地的物资。阳高县为日军与国民党军在晋北的主战场，县城遭受严重兵燹，城内居民极度恐惧。阳高宣抚班或给予极贫者粟米、高粱、盐等物资，或为回归的难民寻找职业，或对罹病者则施药治疗，营造"中日亲善"的氛围。在聚落堡，因当地国民党军与日军展开激烈的拉锯作战，聚落堡宣抚班的工作主要是确立铁路沿线村落的情报输送制度。①

在短时间内，宣抚工作在大同等城市中起到一定的效果。在宣抚班看来，这是因为民众对于阎锡山"门罗主义"式的统治感到厌倦，"一扫多年来之郁愤"。在近乎文学化的工作报告中，大同宣抚班如此书写大同社会的"复苏"：

> 9月14日我军入城以来，宣抚班的活动引人注目，确保治安，安民之堵，城外归来者日增。可与苏州并论，夸耀天下的十七八岁的大同美人，也三三五五出现于街头。大西街食品市场已恢复营业，作为大同象征的人流开始回涌，大同剧场也时隔三个月再度开场，美女作为座长，进行演剧。四牌楼交通繁忙之场所，随着宣抚班的入城，自卫团员穿着黑色制服，竭力管理交通。道路两边已无蒙蒙沙尘，为了获取生活的食粮，肉店之摊贩、香烟店及其他古董店都已开业，街上张贴的宣抚传单因风雨而褪色，街道的气色却日益鲜明，呈现和平一色。我军入城之日为夏季，夜晚的街道如沉眠的死街，连人影都看不到。如今虽为寒夜，却可以听到笛子安

---

① 晋北宣撫班本部「大日本軍晋北宣撫班工作報告（一）」（1937年10月31日），赵焕林主编《日军宣抚班档案史料》上册，第42—63页。

静和平的旋律，这是宣抚工作开始后一个多月不到所出现的极大变化。①

以大同为首的晋北宣抚工作的开展，拉开了山西宣抚工作的序幕。按华北派遣军制定的《宣抚工作指针》，华北宣抚工作的目标，在于"确保我军出动地域内的交通、通信网，以求用兵作战之完美，收抚民心，培养其作为建设新生中华民国之基础。尤其要在战斗地区之内，阐明中国军队败退之真相，逐步使民众了解我军出动之本义及威力，诱导其从畏敬转为亲睦，从亲睦转为协助，以培育军民合作、灭党反共之果实"。② 伴随日军对山西的军事侵略，日军以"从军宣抚"的形式，不断派遣宣抚班至山西各地，其势力逐渐向晋中、晋南渗透，而宣抚的手段与内容，则基本与晋北地区相似：首先，通过为难民提供食粮，使之回归（在山西境内，日军通过没收阎锡山政府的粮库而获取粮食）；其次，通过举办演讲大会、组织"治安维持会"、散发传单等形式，消除民众对日军的恐惧感；再次，建立情报网、成立"爱路村"，以"协调工作"等名义，为日军"征发"物资，使贫民充当满足日军需要的"苦力"。可以看到，在大多数地区，宣抚班还会通过医疗宣抚、举办中日战殁者"慰灵祭"（即追悼会）等手段，试图积极树立"中日亲善"的形象。

二　渊上辰雄在晋南的"宣抚工作"

不同于日军宣抚班工作总结性质的报告，宣抚员个人的日记不仅可以揭露这一工作的诸多内幕，而且能够呈现沦陷区的一些

---

① 晋北宣撫班本部「大日本軍晋北宣撫班工作報告（二）」（1937 年 11 月），赵焕林主编《日军宣抚班档案史料》上册，第 78 页。

② 「宣撫工作指針　寺内部隊宣撫班本部」『宣伝、宣撫工作資料　4　（附　情報）』日本防衛省防衛研究所、支那 – 参考資料 –253。

真实情况。近年来，宣抚员渊上辰雄的宣抚班《派遣日记》公开并出版，① 成为见证日本对晋南沦陷区宣抚工作的重要史料。渊上辰雄，1916 年出生于日本福冈县嘉惠郡，1934 年中学毕业，1936年任职于满铁。1938 年 3—12 月，渊上作为满铁系统的宣抚员，在山西新绛、稷山等地从事宣抚工作，其《派遣日记》即为在此期间所作的私记。1939 年，渊上从满铁退职，从 1940 年至日本战败，一直在"东亚联盟协会"总部从事勤务工作。在此期间，渊上宣传所谓的"大亚细亚主义"，与石原莞尔保持密切的交往。战后，渊上成为日本饮食生活协会、新农政研究所的一名干部，后于 1988 年离世。

渊上辰雄的宣抚班《派遣日记》，除详细记录了其从事宣抚工作的经历之外，还记载了其身处晋南战地的观感。1938 年 1 月，日本华北派遣军于北京成立特务部宣抚班本部，以之为华北各地宣抚班的中央指导机构。② 在派遣至晋南地区之前，渊上辰雄在宣抚班本部接受了短期的宣抚工作培训。在北京期间，渊上极为关注山西各地的战况，令他感到担忧者，乃山西各地的治安并不乐观，"同蒲线每日都能听到战乱之声，满铁职员已有十八名死伤。据说太原与大同之间的八路军十分强大"。③ 不久，渊上赴任新绛。新绛作为国民党军与日军在晋南的激战之地，自 1938 年 3 月，至1944 年 8 月，共发生大小战役二百余次。④ 4 月 6 日，渊上辰雄抵

---

① 渊上辰雄的宣抚班《派遣日记》共四册，现保存于日本国立国会图书馆宪政资料室。除日记外，该资料室还收存有渊上与石原莞尔的往来信函、渊上关于"东亚联盟协会"的笔记等。堀内寛雄「憲政資料中の戦前期朝鮮・台湾・中国東北部関係資料（続）（付）憲政資料中の戦後期東アジア関係資料」『参考書誌研究』第 78 号、2016 年 12 月、9 頁。近年来，日本军事史学者原刚、野村乙二朗对渊上辰雄的《派遣日记》加以整理，陆续发表于日本《政治经济史学》杂志诸号。

② 防衛庁防衛研修所戦史室編『北支の治安戦（1）』朝雲新聞社、1968、78 頁。

③ 3 月 18 日条、原剛・野村乙二朗「渊上辰雄の宣撫班『派遣日記』（第一回）」『政治経済史学』第 556 号、2013 年 4 月、20 頁。

④ 王静修编《山西省新绛县抗日战史纪录》，手抄本，1946，第 2—5 页。

达新绛县城，充分感受到当地的紧张气氛，"自旅团进城以来，一片寂静"，"大家都说希望能够早日回国"。①

新绛宣抚班的首要任务，就是安定当地民心。为了发挥宣抚班的中介作用，渊上辰雄的第一份"调解"工作，即为当地农民追讨被日军"征发"的马匹。然而当地日军的横行无忌，很快使渊上感受到挫败：

> 士兵不管对方是否良民，只要对方稍微提出希望将马要回，就会威胁将其杀掉。人的生命在战场上何其之轻，我们对如此简单就夺取生命感到不解……我去要回被征发的马，却被告知是军队作战上所需之物而拒绝。我明白自身力量的渺小，感到无以名状的孤寂。日本殖民地政策的失败，在于国民性的急躁，从这些事情上即可看出。只要抱怨就会被杀掉，如此言行，正体现日本人的缺点。②

不久，在"调解"各种民事纠纷的过程中，渊上耳闻目睹了日军在当地的更多暴行，他于日记中直书这些事件并写下感受："一个少年，一边哭泣一边跑来，诉说着日本兵的暴行。好像是酒后的胡作非为，虽然是针尖大小的事，然而为了战胜而流的血因此类事而白费，要认真对待。""白天，一个贫民在路旁卖馒头。日本兵毫无理由地将热水踢翻，贫民的下半身被严重烫伤，所见极为凄惨。真没想到，竟因为哪怕一点点的不顺心，让对方遭受如此痛苦。战争胜利了，胜利后的放纵则不行。真正的胜利是使

---

① 1938 年 4 月 6 日条、原剛·野村乙二朗「渊上辰雄の宣撫班『派遣日記』（第一回）」『政治経済史学』第 556 号、2013 年 4 月、21 頁。因日记记录时间皆为 1938 年，故以下注释省略。
② 4 月 24 日、4 月 25 日条、原剛·野村乙二朗「渊上辰雄の宣撫班『派遣日記』（第二回）」『政治経済史学』第 557 号、2013 年 5 月、38—39 頁。

敌人心服。"① 日军在新绛犯下强抢、强奸、辱尸、杀人等暴行，无恶不作，对于中国人极度轻视，"军人根本不相信中国人。于是发生悲剧。警察将怀疑为密探者拘留于我处，对此根本不给治安局长面子。对中国人的头目尚且如此混账，由此才会产生这种状态"。② 渊上在民事"调解"中，发现日军腐败的诸多内幕。如有的日军军官纵情声色，将支给"慰安妇"的钱款从伪县公署财政中支出。对于这一"丑陋行径"，渊上深感愤怒，"作为我们的对抗策略，已有决心前往军法会议的心理准备"。③

在交通要道附近设立"爱护村"，是华北各地宣抚班的重要任务之一，华北的"爱护村"完全仿效伪满的做法，"爱护村"中"村民接受村长之命，具有绝对爱护铁路、公路、通信线路之义务，另一方面也享受种种恩惠"。④ 鉴于晋南在华北交通体系中的重要地位，渊上强调于道路沿线设立"爱护村"的重要性，"河津方面来了班员，据说最近的状况很坏。隔着黄河都能听到隆隆炮声，今天，才切实知道成立汽车公路爱护村的必要性"。⑤ 然而现实中日军制订的"爱护村"计划，并不能令渊上满意。战地形势瞬息万变，"爱护村"徒有虚名，晋南通往晋中、晋北等地的通信线路经常被游击队切断，令当地日军懊恼不已。在新绛举行的"爱护村"成立仪式上，虽有当地23个村的村长与县政府的差役出席，然而日伪"根本没有让他们做什么的意思。根本没有把他

---

① 4月9日、10日条、原剛・野村乙二朗「渊上辰雄の宣撫班『派遣日記』（第一回）」『政治経済史学』第556号、2013年4月、24—25頁。

② 6月23日条、原剛・野村乙二朗「渊上辰雄の宣撫班『派遣日記』（第六回）」『政治経済史学』第561号、2013年9月、46頁。

③ 5月9日条、原剛・野村乙二朗「渊上辰雄の宣撫班『派遣日記』（第三回）」『政治経済史学』第558号、2013年6月、40頁。

④ 防衛庁防衛研修所戦史室編『北支の治安戦（1）』、78—79頁；「鉄道愛護村概説」『宣伝、宣撫工作資料 4 （附 情報）』日本防衛省防衛研究所、支那 – 参考資料 –253。

⑤ 4月8日条、原剛・野村乙二朗「渊上辰雄の宣撫班『派遣日記』（第一回）」『政治経済史学』第556号、2013年4月、23頁。

们集合起来让他们做事的想法。事实上，根本没有必要做这种徒具形式的工作"。① 在日记中，渊上虽然经常召集村长，反复说明要重视"爱护村"的理由，然而他也直陈对此感到厌倦，"作为倾听村中老头们嘀咕抱怨的'儿子'，还要摆出一副知识渊博的样子"。②

宣抚班名义上对当地的"新民会"负有"指导"与"强化"之责。1937 年 12 月 24 日，在日本军政当局的扶植下，"中华民国临时政府"于北京成立傀儡民众组织"新民会"。"新民会"以所谓中国传统社会的"王道精神"为指导思想，推行"新民主义"，追求"新民政治"，以实现"日满华共荣"并彻底"剿共灭党"为宗旨。③ 自 1938 年 3 月起，"新民会"扩充地方机构，在华北沦陷区各地开展以民众政治训练与农村合作社运动为中心的"新民运动"，其势力不断向基层渗透。④ 在新绛，"新民会"新绛支部于县城内开办新民塾，在各种活动热闹喧嚣的背后，渊上认为其不过是日本官僚陈旧统制方案操纵下的产物，现实中，地方上"根本没有与新民会精神一致的人"。渊上指出，日本军政当局用陈旧的孔孟理论根本无法"指导"复杂的现代中国，"如此思想却是日本人精心炮制而成，观察现今中国，既然无法产生与之相符的，并超越其水准的理论，则日本必将走向失败"。他讽刺道："现代孔孟之道，果真能在理论上战胜马克思主义吗？"⑤

至 1938 年 8 月，新绛宣抚班的工作主要为派遣密探，刺探国

① 5 月 1 日条、原剛・野村乙二朗「渊上辰雄の宣撫班『派遣日記』（第三回）」『政治経済史学』第 558 号、2013 年 6 月、36 頁。

② 10 月 16 日条、原剛・野村乙二朗「渊上辰雄の宣撫班『派遣日記』（第十回）」『政治経済史学』第 565 号、2014 年 1 月、50—51 頁。

③ 《中华民国新民会章程》，"新民会"中央指导部：《新民会会务须知》，"新民会"中央指导部，1938，第 9 页。

④ 防衛庁防衛研修所戦史室編『北支の治安戦（1）』、77 頁。

⑤ 6 月 25 日、7 月 5 日条、原剛・野村乙二朗「渊上辰雄の宣撫班『派遣日記』（第六回）」『政治経済史学』第 561 号、2013 年 9 月、48 頁。

民党军的各种情报。然而，渊上的日记中，还记载了一项"秘密工作"，即劝说原新绛县县长李凯朋"归顺"。李凯朋，山西省榆社县人，新绛县城沦陷后，李凯朋亲率警队，于县城外与日军周旋，国民政府对其评价很高，"性直义重，胆正气壮，深谋远虑，百折不回，诚属不可多得之县长也"。① 李凯朋的抗日活动，引起日本军政当局的注意。渊上的"劝服工作"，以失败告终，对此他于日记坦露："已没有工作的热情，无甚意思。缺乏最重要的干劲。"② 中国民众与宣抚班"合作"不仅要承受道德上的责难，现实中下场也很凄惨。另一位宣抚员村上政则，任职于晋中平遥宣抚班。他即任后不久，就组织由当地青年组成"保安队"，前往八路军所在的抗日根据地收集情报，日本军人毫不顾惜这些青年的性命安危，直言"在与八路军的战斗中，即使一个日本士兵的死伤都是浪费，保安队即使出现少量的牺牲者也无所谓"。③ 这反映了侵略者对于"合作者"的真实态度。

在新绛从事宣抚工作期间，渊上辰雄还兼任稷山宣抚班班长。"首先为了将民众的痛苦及战场感受到的悲惨气氛去除"，稷山宣抚班在县城内组织了一场县民大会。渊上在关于稷山的日记中，详细记录了这场县民大会的流程：

> 一、全体对两国国旗敬礼；二、为日军战死者默祷；三、日军警备队长祝词；四、宣抚班长祝词；五、政治指导官祝词；六、自治维持会方面演讲；七、县民代表演讲；八、村长代表演讲；九、青年队代表演讲；十、少年队代表演讲；十一、朗读支持新政府的决议；十二、高呼中华民国

---

① 王静修编《山西省新绛县抗日战史纪录》，第 2 页。
② 8 月 3 日条、原剛・野村乙二朗「渊上辰雄の宣撫班『派遣日記』（第八回）」『政治経済史学』第 563 号、2013 年 11 月、42 頁。
③ 村上政則『黄い土の残照　ある宣撫官の記録』、35 頁。

万岁；十三、高呼稷山县万岁；十四、闭会之词。①

可以发现，诸如此类的县民大会，在华北沦陷区各地上演，大多由当地的宣抚班操办，已形成固定流程，在日本对沦陷区的殖民统治中具有特殊的象征意义。宣抚班进驻县城之后，或于传统节庆，或遇重大事件举办此类大会，不仅意图赋予傀儡政权"中华民国临时政府"、傀儡组织"新民会"合法性，而且凸显出宣抚班在县政中的重要地位。然而，这一具有强烈仪式感的民众大会，在渊上看来，不过是一场"悲剧"："仪式结束之后什么也不做，然而于今日洋溢欢乐之姿，且歌且舞的民众，果真还有亡国之梦乎……县民大会结束后，谁也不会对之留下任何的关心。如同平日般，露出可有可无的姿态。有一条脏狗走过，之后就是如同乞丐一样的民众。对穷人而言，喜也好，悲也罢，战争只会将他们彻底逼上死路。"② 在新绛，为了呼应华中日军对武汉的进攻，渊上等人也组织了与县民大会类似的"反蒋"大会，然而，"与之思想一致的热情民众一个也没有。要掀起一场民众有热情的运动——这样的命题根本没有效果。现在强力的中心机关开始动员工作，一开始通过强力虽可执行下去，然而结果却成为奇怪的战斗式指令"。在渊上看来，所谓的"反蒋"大会不过是表面文章，"自己根本没有热情。举办得仿佛如同葬礼一般"。③

三　渊上对晋南战地的观感

从日记中可以看到，渊上辰雄见证了中日两军在晋南地区的

① 4月18日条、原剛・野村乙二朗「渊上辰雄の宣撫班『派遣日記』（第二回）」『政治経済史学』第557号、2013年5月、33頁。
② 4月18日条、原剛・野村乙二朗「渊上辰雄の宣撫班『派遣日記』（第二回）」『政治経済史学』第557号、2013年5月、34頁。
③ 9月27日、9月29日条、原剛・野村乙二朗「渊上辰雄の宣撫班『派遣日記』（第十回）」『政治経済史学』第565号、2014年1月、44—45頁。

激烈较量。因国民党军游击队经常渡过黄河来袭击，新绛的夜晚实行灯火管制，渊上的宣抚工作始终处于战地紧张的气氛中。1938 年 3 月以后，日军第一军发动"晋南作战"。侯马镇位于曲沃、新绛、闻喜等地的中间位置，是同蒲线上的重镇。全面抗战前侯马镇人口约 2000，至日军占领时，该镇几乎已化为废墟。日军宣抚班抵达当地后，立即成立"治安维持会"，并使之为日军兵站招募"苦力"。[①] 5 月 11 日以后，国民党军中央军第三军、第四十五师、第一二六旅等部队围攻新绛县城，游击队破坏绛汾交通，割断电线，"新绛则如袋中之鼠状"。[②] 至 5 月末，侯马镇日军的兵站仓库为游击队所破坏，中国军队身着日军服装，于夜晚袭击日军，日军在国民党军游击战术的打击下极度疲乏。6 月初，侯马镇为国民党军收复，晋南战局为之一变。与此同时，国民党军于三林镇大量集结，对日军川岸（文三郎）兵团发动攻势，"山西省南部所到之处，都是中国军队胜利的状态"。据《朝日新闻》的报道，中国军队的顽强作战，一直坚持至 7 月初。[③] 中国军队的表现为渊上所感佩："若理解他们的立场，也不禁为之感动落泪。大部分都是年轻的士兵，十分了不起。"面对日本军机的轰炸，中国军队视死如归的精神，也为渊上所感慨：

> 日本兵对于中国人意料之外的坚强感到震惊。他们中的忧国精神在一点点燃烧。中国军队变强了，要好好思考此事。他们要求民族自主的意志也变得强大。这是不惜流血奋斗的先觉者做出宝贵牺牲的结果。睡狮中国已经醒来。不久而来

---

① 「梅津兵団　侯馬鎮に於ける私の宣撫手記》」『治安工作経験蒐録　昭和 14 年 6 月中旬』日本防衛省防衛研究所、支那 – 支那事変全般 – 197。

② 王静修编《山西省新绛县抗日战史纪录》，第 20 页；5 月 15 日条、原剛・野村乙二朗「渊上辰雄の宣撫班『派遣日記』（第四回）」『政治経済史学』第 559 号、2013 年 7 月、36 页。

③ 「新絳南方に猛進撃　敵の退路を断つ　絳県一帯を完全占領　山西掃蕩」『東京朝日新聞』（夕刊）、1938 年 7 月 10 日、第 1 版。

的就是政治上民众的雄起与突击了。日军迄今还没有遇到过如此次战争般难以前进的状况。[1]

在渊上看来，日本若将对中国的战争作为对苏联的前哨站，则后果不堪设想。中国之所以能够长期抗战，根本在于抗日统一战线的思想已深入中国军队与民众的意识之中，"现代中国以抗日形成一体，具有统一的理论。这一理论非常强大，如此贫弱的中国军备而能战斗至今，就是因为有了统一的思想"。[2]

从渊上的日记中可见对沦陷区民众真实生态的白描，这让我们确实看到了战争带给底层民众的创伤。他发现，在新绛从事交易的小贩中没有不患病的，到处都是饥饿的难民；而在稷山，近乡饥饿的农民之妻，牵着孩子的手于街头卖春，诉说着沦陷区民众的苦痛。笼城下的新绛县城，治安混乱，物价飙升，当地商会将物资藏匿，日元折价后也无法流通，只能依靠日军武力强制推行，"从日元金票的贬价中就可知日本信用，也可从关闭的店门中知道"。[3] 为了解决士兵与城中居民的粮食问题，宣抚班强迫民众前往城外抢收麦子，"粮食问题成为宣抚班背负的重石，只能敌前自给自足"。[4] 不少人为流弹击中而死去，战时的新绛"处于一把麦子就要换一二人牺牲的悲哀状态"。1938 年 8 月中下旬，晋南一带发生霍乱疫情，宣抚班雇用的"苦力"数日内大量死亡，侯马镇几乎"成为一条死街"。与日军统治下的其他区域相似，面对疫情，民众中流传"日本士兵利用这一机会注射杀人"的谣言。在

---

[1]　6 月 15 日条、原剛・野村乙二朗「渊上辰雄の宣撫班『派遣日記』（第五回）」『政治経済史学』第 560 号、2013 年 8 月、40 頁。

[2]　7 月 5 日条、原剛・野村乙二朗「渊上辰雄の宣撫班『派遣日記』（第六回）」『政治経済史学』第 561 号、2013 年 9 月、55 頁。

[3]　6 月 2 日、3 日条、原剛・野村乙二朗「渊上辰雄の宣撫班『派遣日記』（第四回）」『政治経済史学』第 559 号、2013 年 7 月、43—44 頁。

[4]　6 月 7 日条、原剛・野村乙二朗「渊上辰雄の宣撫班『派遣日記』（第五回）」『政治経済史学』第 560 号、2013 年 8 月、37 頁。

渊上看来，这样的传谣，实则反映出民众对于日本的恐惧与不信任，"到底是中国人！"①

宣抚工作之余，渊上私下收听延安的广播，他从侧面了解日本国内的动向，对于战时日本国家总动员导致的后果也并非全无知晓。但另一方面，他也有对生命的追求，"人类通过己手发动战争，而且使战争迅速扩大。对于生命，有种难言的执着。我也想活下去"。② 有意思的是，渊上具有马克思主义的倾向，会用简单的阶级理论分析日本对中国的侵略战争："所谓战争只是让特定的资本家阶级日益壮大。而在战争中流血的是谁？普通民众。战争催生战争，战斗产生战斗。"③

1937 年 11 月太原陷落以后，八路军第一二九师根据中共中央"与华北人民同生共死，展开敌后游击战"的指示精神，在朱德、彭德怀的直接指挥下，于晋东南地区展开了游击战。渊上日记所记"共产党军的朱德的确在山西"之说法，并非臆测。在对民众的宣传战中，渊上能够从侧面了解八路军的动向，"中国的知识分子都希望加入共产党的军队"，他感受到革命话语对于民众的强大魅力，认为正是民众的支持成为中国对日持久战的基础，"百姓对于他们（指八路军——引者注）没有嫌恶的消极感情，相反拥有好感。日本人对于百姓、中国人的压迫统治，必然是失败的"。④ 1938 年 10 月，日军第一〇九师团与八路军在晋北五台县一带激战，"晋北相连太行山脉一带的山地地带，乃是共产军的巢穴，其

① 8 月 26 日条、原剛・野村乙二朗「渊上辰雄の宣撫班『派遣日記』（第九回）」『政治経済史学』第 564 号、2013 年 12 月、29 頁。
② 4 月 14 日条、原剛・野村乙二朗「渊上辰雄の宣撫班『派遣日記』（第二回）」『政治経済史学』第 557 号、2013 年 5 月、30 頁。
③ 6 月 18 日条、原剛・野村乙二朗「渊上辰雄の宣撫班『派遣日記』（第五回）」『政治経済史学』第 560 号、2013 年 8 月、43—44 頁。
④ 7 月 16 日条、原剛・野村乙二朗「渊上辰雄の宣撫班『派遣日記』（第七回）」『政治経済史学』第 562 号、2013 年 10 月、41—42 頁。

余波迄今已波及华北之全域"。① 对于八路军的抗战，渊上充满兴趣，他在日记中写道："希望能前往五台方面，那是共产党的根本据点，当地接受共产式教育，正因乃迄今尚未沦陷之地区，故而希望前去研究。"②

相较于底层的农民，同为"青年"的渊上，对于中国青年的思想有更多关注。他认为，宣抚工作中"对于青年的感情，应以教育为第一位，此外别无其他"。他对中国青年寄予希望，强调青年对于"新生中国"的重要意义：

> 然而中国青年为国难而奋起。这才是青年所为。不能为国家危机、民族危机、人民危机而奋起的青年，是没用的人。那些人，不是真正的青年。据说中国的八路军多是学生。似乎枪支也很少。似乎百人中有十五六至二十支枪。而且拿手榴弹进行突击……虽称为敌人，但能够理解他们。他们中多为十七八岁的青年。正是如此，可见青年中国的强大。国乱英雄出。成为英雄的勇气正是我们所需要的。③

四　渊上对"宣抚工作"的体认

不同于《宣抚指导方针》等的教科书式定义，在晋南期间，渊上辰雄对于宣抚工作形成自身之体认。渊上辰雄认为，宣抚工作的本质，在于抓住中国民众，尤其是青年之心，然而日本军政当局的宣抚理论陈腐不堪，完全脱离中国社会实际，"所谓正义，

---

① 防衛庁防衛研修所戦史室編『北支の治安戦（1）』、64 頁。

② 10 月 18 日条、原剛・野村乙二朗「渊上辰雄の宣撫班『派遣日記』（第十一回）」『政治経済史学』第 566 号、2014 年 2 月、38 頁。

③ 4 月 15 日条、原剛・野村乙二朗「渊上辰雄の宣撫班『派遣日記』（第二回）」『政治経済史学』第 557 号、2013 年 5 月、30 頁。

所谓王道乐土，将之作为建立于彼等之上征服中国的理论，实在是陈腐"。^①与日本军政当局宣传的"中日亲善"等"美好话语"相反，现实中当地日军军官对于宣抚工作却极为轻视。渊上看到了宣抚工作因日军暴行从内部瓦解的实相，"我们对于宣抚班的工作，在感情上实际并不值得依靠。宣抚班的立场是察言观色的，未能明确决定自身使命，结果不过是替日军擦屁股而已……战争虽然创造了宣抚员，但是实际中并没有什么效果"。^②

1938 年 5 月以后，伴随晋南地区战事的激烈化，日本军政当局对于华北宣抚班的指导方针发生转变，宣抚班的民政色彩更趋淡化，而其辅助军事的功能则进一步强化，比起"安抚民众""收获民心"，当地日军更多要求宣抚班训练警察队、强化保甲制度与"保卫团"以及广植密探网等，宣抚班成为没有番号的作战部队，"比之对中国民众的宣抚，更着重于对日军作战的配合"。^③在日记中渊上辰雄为此自嘲道，"只是强调治安方面的指导权，作为宣抚班的工作已经无法开展……为思想战争第一线派遣而来的宣抚班，也就变得毫无意义"；^④"使用百姓劳动者血汗军费的我们，实则如同寄生虫一般存在"。^⑤

渊上认为，除日军的轻视之外，宣抚工作的困境还在于宣抚人才的缺乏。如第一章所述，因日军对华北殖民统治的需要，除来自满铁系统的宣抚员之外，日本军政当局另从国内招募了大批宣抚员。1938 年 9 月，仅侯马镇一地，日本军政当局即派遣 20 余名

---

① 6 月 25 日条、原剛・野村乙二朗「渊上辰雄の宣撫班『派遣日記』(第六回)」『政治経済史学』第 561 号、2013 年 9 月、48 頁。
② 5 月 9 日条、原剛・野村乙二朗「渊上辰雄の宣撫班『派遣日記』(第三回)」『政治経済史学』第 558 号、2013 年 6 月、41 頁。
③ 5 月 14 日条、原剛・野村乙二朗「渊上辰雄の宣撫班『派遣日記』(第三回)」『政治経済史学』第 558 号、2013 年 6 月、43—44 頁。
④ 6 月 19 日条、原剛・野村乙二朗「渊上辰雄の宣撫班『派遣日記』(第五回)」『政治経済史学』第 560 号、2013 年 8 月、44 頁。
⑤ 8 月 8 日条、原剛・野村乙二朗「渊上辰雄の宣撫班『派遣日記』(第九回)」『政治経済史学』第 564 号、2013 年 12 月、8 頁。

国内新录用的宣抚员。这些新宣抚员多为退役军人、地方警察出身，不仅不了解中国社会的基本情况，而且作风粗暴，对于中国民众的命运则不怀任何同情之心。在渊上看来，这些宣抚员有别于满铁系统出身者，无论在"人格魅力"还是"知识储备"上，均无法胜任宣抚工作需要，"宣抚官的使命虽然重大，然而果真选出合适之人才？答案是完全否定的"。渊上进而认为，正是宣抚班的流动性与宣抚员素质的低下，使宣抚工作失去意义，"从军宣抚班根本没有必要存在。既然待在一地，就应该长居此地，没有特殊的理由，就不应该转移。应该实行一县一班主义。若对此工作厌恶，则绝对不能从事之。要早日摆脱厌恶之气，将那些没有干劲、行事粗暴者送回老家。若真心从事此业，就应埋骨此地。没有拥有国家视野的人才的宣抚班，是没有希望的"。①

然而，通过当时日军的"治安工作"报告可见，渊上对宣抚工作的认识，与当地日军军官对此的认识，可谓南辕北辙。日军新绛地区守备队队长佐伯民二郎大尉总结当地"治安工作"的经验时称：

> 从中国国民性推知，那些土匪对各地民众采取强大的威压之势而迫使其服从，从附近一带正逐渐沦为匪区之状态亦可推知，我相信若不踏袭同一轨道，则不能成功。故仅靠怀柔手段，我方无法获得当地民众的信任，对于事大主义之国民，即使产生多少牺牲者，也不得不行使武力，然后方可实施宣抚工作，这一体验尤其自去年（指 1938 年——引者注）10 月新绛入城以来，附近一带的工作以前述方法实施，已取得甚大的效果。②

无独有偶，渊上离开稷山之后，当地日军守备队则批评，因稷山宣抚班的工作毫无进展，当地"治安作战""无有宁日"，由此得出所谓宣抚工作的教训：

　　1. 必须对中国人耐心宣抚。在我方对县公署等合作并指导的情况下，其工作极为缓慢，招致我方愤怒。此乃国民性使然，不得已而已。因此上级本部下达限定时日之事业，实行颇为困难，望尽可能指示事业之先后顺序。

　　2. 必须实行前抚与后压结合之工作。当地住民具有对加诸自身强压后而服从的倾向，如今住民虽对日军之真意有所理解而对之抱有好意，若我方要求并不强硬，即直接屈服于敌方之胁迫，坦然违反县的命令，故而民众指导之要诀，在于首先以力使其服从。

　　3. 军、宣、县民一致合作迈进，与此同时，有必要充实宣抚班之内容。

　　4. 关于防共知识，县民虽知其所短，但需要将来进一步彻底普及。[①]

可以看到，日军的强硬政策，自山西宣抚工作启动以后，不曾发生改变。在武力威服这一精神的"指导"下，日军对当地民众的战争暴行不仅不会真正受到纠责，对宣抚班的"怀柔"工作反抱有强烈的敌意。对于日本军政当局而言，"威服"与"宣抚"不过都是殖民统治的策略，然而两者于现实实践中的对立与矛盾，却在渊上辰雄的精神世界中暴露无遗，令其倍感烦恼。

渊上辰雄在晋南从事宣抚工作的时间，不过半年有余。相较于其他从事"定居宣抚"的宣抚员而言，这一时间并不算长。从

[①]　「梅津兵団　南部山西稷山に於ける工作」『治安工作経験蒐録　昭和 14 年 6 月中旬』日本防衛省防衛研究所、支那 – 支那事変全般 – 197。

日本对华宣抚工作的历史进程来看，渊上从事的晋南宣抚工作不过为日本对华北宣抚工作之前段，从渊上个人的经历很难窥知这一工作的全貌。我们无从得知渊上的宣抚工作经历为何终结，但大体可知，从1938年9月至1939年4月，伴随华北日军"治安作战"的推进，大部分满铁系统宣抚员陆续回归原任，而从日本国内新招募的宣抚员则被派至华北沦陷区各地，日军对宣抚员群体内部实行更替补充，[①] 渊上辰雄不过是数百名满铁系统宣抚员中的一员而已。对于渊上辰雄而言，宣抚工作不过是以满铁职员为代表的"中国通"群体，为日本的在华"事业"贡献才具的一种表现。然而细读渊上日记，我们还可以发现宣抚员渊上个人在思考与行动上的某种生动性。

伴随宣抚工作的开展，渊上不可避免地接触当地民众，近距离观察、思考战争对于晋南区域社会的影响。值得一提的是，1938年初国民党军开始从华北撤退，而仅剩余部分于晋南地区，对于这部分国民党军的抗战史迹，我们以往知之不多。从渊上日记可见，这些部队以游击战的形式，灵活机动，攻敌不备，对新绛等地实行的包围战术，取得相当成效。从中国青年的抗战精神上，渊上看到"新生中国"的奋起，"这并非所谓的国共合作的政治问题，也不是因为蒋介石个人的问题，而是在政治军事压迫下完全站起来的新中国。是由青年及其激进思想为代表的中国"。[②] 他的观感，可用其日记中一言概之："中国是不可征服的国家。来到此地后，痛感这一点。"[③] 颇具意味的是，同为宣抚员的村上政则也看到了中国民众的不屈与抵抗精神："（文水县）的住民表面

① 「宣撫班要員募集に関し依頼の件」（1939年2月8日）、『陸支受大日記（密）第22号　2/3　昭和14年自5月6日至5月11日』日本防衛省防衛研究所、陸軍省－陸支密大日記－S14－22－111。

② 9月9日条、原剛·野村乙二朗「渊上辰雄の宣撫班『派遣日記』（第九回）」『政治経済史学』第564号、2013年12月、37頁。

③ 7月4日条、原剛·野村乙二朗「渊上辰雄の宣撫班『派遣日記』（第六回）」『政治経済史学』第561号、2013年9月、54頁。

看上去合作，实则具有极强的抗日、反日意识，我们不知何时就会被消灭，绝不能马虎大意……（八路军游击队）进则遁，退则追，机智的游击战术如苍蝇般令人烦恼。"①

在渊上辰雄的主观世界中，他在新绛、稷山的宣抚工作可谓以失败而告终，"终于要和班长从新绛出发，城中流传着冷淡的空气。待了半年，却并没有哭泣道别的中国，这就是我们工作没有效果的实证"。② 对于这种失败的挫折感，渊上笼统地理解为乃由身处悲剧的时代所致。③ 从渊上日记可以看到，不仅宣抚工作指导理论的高尚性与现实中这一工作运作的实际情况，产生巨大的沟壑，而且宣抚员群体内部在思想层面存在很大的差异。如熊谷康等人一样，渊上辰雄对于同为满铁系统的宣抚班创始人八木沼丈夫并无好感。对于具有对中国人"平等"意识的渊上而言，"若由他们（指八木沼丈夫等人——引者注）一派控制宣抚班，就会丧失宣抚班的活跃性。宣抚班的人的素质则日益下降"。④ 然而令渊上困惑的是，中国共产党指导中国抗战的马克思主义理论，日本方面却未有与之可堪对抗者。渊上所理解的宣抚工作的失败原因，不仅在于实际中遭遇各种挫折，还在于理论世界的空洞与贫瘠。

① 村上政则『黄い土の残照　ある宣撫官の記録』、47 頁。
② 9 月 15 日条、原剛・野村乙二朗「渊上辰雄の宣撫班『派遣日記』（第十回）」『政治経済史学』第 565 号、2014 年 1 月、37 頁。
③ 11 月 28 日条、原剛・野村乙二朗「渊上辰雄の宣撫班『派遣日記』（第十一回）」『政治経済史学』第 566 号、2014 年 2 月、49 頁。
④ 8 月 19 日条、原剛・野村乙二朗「渊上辰雄の宣撫班『派遣日記』（第九回）」『政治経済史学』第 564 号、2013 年 12 月、25 頁。

第七章 "宣抚员"在沦陷区的"宣抚"经历与观感

——以冈本勇平等人私记为考察对象

宣抚员作为战争浪潮中的小人物,他们中的多数人名不见经传,若非留有传记、战记、回忆录等私记,几乎无法了解他们曾有在中国沦陷区从事宣抚工作的经历。一些宣抚员的私记不仅记录了他们自身从事宣抚工作的经历与观感,而且记载了沦陷区民众对这一工作的因应。本章拟通过考察冈本勇平、岛崎曙海、小岛利八郎、关田生吉等宣抚员的宣抚经历和观感,一窥战时环境下宣抚工作在沦陷区基层的运作情况及宣抚员的精神世界。

一 冈本勇平在山东

宣抚员冈本勇平的宣抚经历主要在山东沦陷区。他的私记《没有武器的战士》由战时所写的日记及战后个人回忆构成,生动展现了日本在山东沦陷区开展宣抚工作的一些片段及日军在当地的诸多暴行。

1938年2月,冈本勇平于《朝日新闻》上看到一则华北方面军发布的招聘公告,"宣抚员"这一职务引起他的注意。冈本从法政大学专门部政治经济科毕业已三年,当时为旧加贺藩主前田侯爵事务所的办事员。或许期待改变平淡的生活,冈本参加了3月上旬于东京举办的宣抚员招聘考试。在经历关于中国国情的笔试与随机命题的口试之后,冈本如愿成为一名宣抚员,在抵达北京的华北宣抚班本部后,经过一周训练,被分配至济南宣抚班。

1937年12月末,济南沦陷。济南作为日本统治下的"模范"城市,当地宣抚工作的首要任务是"安抚"回归的难民。1938年4月,冈本被派往滋阳。滋阳是日军部队经由进攻徐州的交通重镇,日本军政当局对当地的宣抚工作颇为重视。滋阳宣抚班与华北其他宣抚班相似,主要从事筹建"治安维持会"、为日军部队征调人夫与物资、劝说难民回归等常规性工作。不久,冈本又被调往曲阜宣抚班。

曲阜是华北文化名城,日本对曲阜的宣抚工作具有重要象征意义。1938年1月,日军攻陷曲阜。进城后的日军在三省街组织宣抚班,吴廷玉被宣抚班任命为"治安维持会"会长。①

从冈本勇平的私记可见,曲阜宣抚班的工作极为繁忙。在调查住民户籍的同时分发"良民证",系华北宣抚班对民众宣抚工作的重要业务之一,曲阜宣抚班亦不例外。②冈本特别说明"良民证"对于住民生活的重要性:"(良民证)乃确认某人身份确系'良民'的证明书……特别是出入城门之际,必须接受警备日兵与中国警察的检查。对于不解语言和习惯的日本士兵而言,极易引起麻烦,故总是由我们出面解决纠纷。"③

---

① 中共曲阜市委党史研究室编《中共曲阜地方史》第1卷,中共党史出版社,2003,第95—96页。

② 「保護奨励工作」『宣撫班小史』日本防衛省防衛研究所、支那 – 支那事変全般 – 180。

③ 岡本勇平『武器なき戦士——ある宣撫班員の手記』北国出版社、1982、63页。有中国学者对日伪发行"良民证"的目的、形制、对象等进行了较为细致的考察,并指出若占领区居民发生任何问题,具保人要承担连带责任,这是日伪政权制发"良民证"的共同特点。参见杨东《身份之禁锢——战时沦陷区的良民证探赜》,《抗日战争研究》2018年第4期。宣抚班与"良民证"之间的联系,似可做进一步的考察。

1938 年 5 月，伴随徐州附近激烈的战事，日军于曲阜县城内外大肆"征发"，进行掠夺，不仅从农家掠取猪、鸡、柴薪等家畜和物资，还将麦田里耕作的牛、马随意牵走。在从事宣抚工作时，冈本特别留意一些日军士兵在"某种解放感与好奇心冲动下"进入农民家中窃取物品，避免这些士兵因"无心之恶"而成为宣抚工作的阻碍。① 面对"被征发"村民的哭诉，宣抚员冈本勇平不得不与"征发"部队交涉。在私记中，他生动地记载了日军军官与普通士兵对于宣抚班的真实态度。一个军官对冈本答复道："若不征发作战上的必需之物，就会给军队行动带来麻烦！"而普通士兵则更为蛮横："胆敢啰唆抱怨的家伙我们就杀了他，宣抚班究竟是日本人还是中国人？！"对此，冈本只能在私记中抱怨："比起中国人来，首先重要的是对日本军队进行宣抚工作！"②

1938 年 5 月徐州会战结束后，一些驻屯于军事重镇的宣抚班，名义上配属当地特务机关，实际行动受当地日军兵团指挥。曲阜宣抚班不仅受驻屯日军部队的调遣从事各种军事行动，还要为当地宪兵队提供各种情报。由此冈本目睹了日本宪兵在曲阜当地的暴行，他在私记中揭露道：

> 他们对日本民间人士、中国官民擦亮了眼睛，从各方面看都是可怕的家伙。宪兵们都有强烈的挣业绩意识，以交换情报的名义来到宣抚班。事实上都是一些捕风捉影的事，我对他们没有一点好印象……宪兵队的翻译与密探，最为中国人厌恶。他们的报告若为欲兴风作浪的宪兵队员采用，则是最恐怖的事。③

1938 年 11 月上旬，冈本勇平受华北宣抚班本部之命，出任沂

---

① 冈本勇平『武器なき戦士——ある宣撫班員の手記』、96 页。
② 冈本勇平『武器なき戦士——ある宣撫班員の手記』、65—66 页。
③ 冈本勇平『武器なき戦士——ある宣撫班員の手記』、71 页。

州宣抚班班长。经历严重兵燹的沂州地区，被当时华北日军认为是山东省内"治安"最糟糕的区域。徐州会战后，沂州化为一片废墟，宣抚工作根本无法开展，甚至连分发"良民证"等工作都无法实行。冈本在私记中记载了沂州一带的悲惨景象：

> 城内民众都已逃难不归，约半年的宣抚工作完全没有效果。沂州战前有三万人口，是当地的中心城市，宣抚班进入后约半年，仍不过仅有数百居民，不难想象其荒芜程度。甚至连检查居民身份、分发良民证、招募维持初步治安的警察都无法做到。宣抚班前往农村无论如何大声疾呼，欲民众回归，对于无家可归也并无恢复家业资本的他们来说，回归不过一句空言。他们虽在拜托远近的亲戚朋友后外出避难，然而无法判断日军的真正意图，日暮而途穷。田地任意荒芜，5月的战斗已完全践踏了耕田。当我次年9月离开沂州时，当地人口渐达三千。不过是战斗前的十分之一。这还是日军进城宣抚一年半以来努力的结果。①

令冈本气愤的是，沂州民众不仅要面对战火摧残，还要遭受日军的杀戮与掠夺。沂州沦陷后，"全城的幸存者寥寥无几，所受苦难不可言状"，"全城被害居民总计2840余人，加上城郊被杀的，共达3000人以上"。② 日军往往侵入尚未宣抚的偏僻村庄，对"稍有自卫倾向"的当地民众残酷"扫荡"。作为从军宣抚班的一员，冈平目睹日军机枪扫射逃亡妇女的一幕，感叹道："所有人都是平民装扮，没有一个穿正规军装。村庄都被烧光，连妇女也被杀光，他们的家人与同伴，则必将更为抗日……对于宣抚班而言，不，

---

① 冈本勇平『武器なき戦士——ある宣撫班員の手記』、85页。
② 方正：《日本侵略军在山东的暴行》，山东人民出版社，1989，第76页。

对于日本而言，这样的战斗没有任何意义！"①

　　冈本勇平在沂州十个月的宣抚经历，正如其所私记所记载一般，可谓"日无宁日"。1939 年 8 月，冈本结束山东宣抚工作，此后任职于华北方面军特务部，直至华北宣抚班与傀儡民政组织"新民会"整合后，才退出宣抚工作的舞台。

二　岛崎曙海在河北

　　满铁职员岛崎曙海的宣抚经历主要在河北沦陷区。作为战时宣抚工作的实录，岛崎曙海的私记《宣抚班战记》记录了大量宣抚班与八路军战斗的细节。1938 年 1 月，岛崎曙海被派往华北方面军特务部宣抚班本部，不久出任河北定县宣抚班班长。此后，岛崎在安国、安平、无极、唐县一带从事从军宣抚工作。因宣抚区域与晋察冀抗日根据地交错夹杂，岛崎在私记中强调当地宣抚工作的主要目的，乃"将刻入村民头脑中八路军的意识形态彻底驱除"。② 从岛崎的私记中可发现，他对八路军的敌意，不仅源于宣抚工作所持的"反共"宗旨，还因其个人耿怀于同为满铁系统的宣抚员小宫山季武在与八路军作战中身亡。

　　1938 年 2 月，从石家庄至保定的铁路各站，受到八路军晋察冀军区第十一大队朱仰兴部的突袭。朱仰兴部分别奔袭新乐火车站、新乐县城、沙河铁路大桥、定县火车站等目标，击毙日伪军一百余人。因定县宣抚班与日军铁路警备队之间的联络情报为八路军截获，宣抚员小宫山季武被朱仰兴部击毙。③ 岛崎曙海在战记中详细记载了日军与朱仰兴部队在定县一带的战斗，从侧面反映了八路军这支部队的顽强斗争与朱仰兴负伤的过程：

---

①　冈本勇平『武器なき戦士——ある宣撫班員の手記』、93 頁。

②　岛崎曙海『宣撫班戦記』今日問題社、1940、4—5 頁。

③　青江舜二郎『大日本軍宣撫官——ある青春の記録』、68 頁。

卞河镇的首领就是朱仰兴。他在这一带声威凛凛,是晋察冀军区共产党八路军中赫赫有名的男子。所谓高门之役,乃是(1938 年)7 月末的一次遭遇战。冈田机枪部队所指挥的两个小队,带有一门野炮,在高门店与一千名共军遭遇,于是陷入敌人重围的恶战中。这时敌军的指挥官,就是这个朱仰兴。冈田部队长回忆当时的战斗,实在是激烈。弹药打光了,军装也破破烂烂,已经烧掉了军队所携的十万分之一的地图,陷入重重苦闷之中。必须承认,朱仰兴真是个了不起的斗士![1]

朱仰兴,1913 年生,安徽省六安人,1938 年 8 月 12 日牺牲于高门战役。[2] 朱仰兴 15 岁参加红军游击队,担任过连队文书、团参谋等,曾随红军参加长征,到陕北后入抗日军政大学学习,毕业后任一一五师三四四旅副参谋长。平型关战役之后,他留在晋察冀根据地,奉司令员聂荣臻之命深入敌后,在曲阳、定县一带组建第十一大队。岛崎曙海所谓的"高门战役",发生于曲阳、定县交界的高门村(店),当地系太行山脉和华北平原的接合处,驻有日军补给站,具有重要的战略地位。1938 年 8 月,日军第一一〇师团一部被朱仰兴部设伏阻击,朱仰兴勇猛杀敌的气概与中弹负伤的经过,为一些八路军士兵所亲睹。[3]

岛崎不仅目睹八路军的舍生忘死、勇猛奋战,对于中国共产党的组织能力,也有深刻的认识。他曾细致观察八路军某部政治部的所在地,发现墙壁上不仅挂有毛泽东、朱德、周恩来等中共领导人的石版印刷像,而且挂有国民政府主席林森的画像,他认为这是国共合作的具体表现,并于私记中写下他的感受:"在国共合作之前,(国民政府)对各地人民自卫军的控制并不如意,但经

---

① 岛崎曙海『宣撫班戦記』、21 頁。

② 《晋察冀抗日根据地》史料丛书审编委员会编《晋察冀抗日根据地大事记》第 3 册,中央党史资料出版社,1991,第 42 页。

③ 王世峰:《抗战中,英烈朱仰兴威名留青史》,《乡音》2011 年第 7 期。

八路军改编后，就立即成为正规化的共产党军队。这就是八路军可怕的组织力量。"[1] 在与八路军的作战中，岛崎还发现，八路军士兵往往轻装简从，移动迅速，对于地理环境极为熟稔，即使被日军包围，也会立即将枪炮埋藏于田地后改换便衣，由此成功摆脱日军围捕。面对八路军游击队神出鬼没的突袭，岛崎强调："须绝对慎重。不能让村民看到我们的软弱。若因恐惧遭到绑架而惴惴不安，则不可从事宣抚工作！"

"布告战"是中共与日伪宣传战的主要形式之一，双方在河北沦陷区的斗争尤为激烈。岛崎曙海甫入曲阳县城，即发现城墙上刷满各种抗日口号，如"没收汉奸财产充作抗日经费""拥护八路军抗战到底""妇女解放万岁"等。宣抚班立即将其逐一抹去，代之以"打倒我们的公共仇敌蒋介石"等日伪口号。而当宣抚班跟随日军部队进入偏远村庄，发现八路军所书"为抗日救国不怕流血牺牲""一切抗日武装力量、抗日团体紧密地团结起来"等抗日口号时，岛崎不得不匆匆于其上贴以"中日提携""中日亲善东洋和平"等布告而掩盖之。[2] 宣抚班宣传工作的流动性与临时性，往往被八路军轻易攻破，"我们所见，好不容易把握村民之心，却因为共产党的搅乱而最令人痛苦。这是我们工作一大障碍……往往回头发现，稳固的地盘因为没有后方而崩溃"。[3]

岛崎曙海在私记中还记载了定县一带中日货币战的内幕。他发现，一方面，晋察冀根据发行的边币在定县、曲阳县一带广泛

---

[1] 島崎曙海『宣撫班戦記』、36—37页。

[2] 島崎曙海『宣撫班戦記』、11、24页。全面抗战时期，中国共产党已较彻底地分析归纳日本对沦陷区民众的宣传口号，大致可分为九种：第一是反对中国的一切抗日力量；第二是分裂中国的抗日民族统一战线；第三是以人种观念代替民族观念，消弭中国对日本的民族斗争；第四是宣传"和平"妥协；第五是挑拨离间，达到"以华制华"的目的；第六是以亲日代替抗日；第七是利用被扭曲了的中国旧道德，来消灭中国抗日抗战的新民族道德；第八是用"新民主义"代替三民主义；第九是利用一切可能利用的中国人熟悉的神话、迷信，来造谣欺骗。参见《日本帝国主义在中国沦陷区》，解放社，1939，第283—284页。

[3] 島崎曙海『宣撫班戦記』、59—60页。

流通，在民众中具有稳固的信用基础，"（边币）在民众中有相当的渗透，村民们完全了解这是共产党的纸币"；另一方面，当地民众对日伪发行的傀儡货币"中国联合准备银行券"表示排斥，"八路军的纸币被日军发现的话就会很麻烦，就会被误作为八路军的间谍。然而，若我们诱惑村民，要将手中的共产党纸币兑换成联合准备银行（指华北傀儡政权建立的'中国联合准备银行'——引者注）的货币时，他们就会很寻常地说，两者是通用的，委婉地表示拒绝"。①

岛崎的私记中还揭露了一些宣抚工作中的闹剧。如宣抚班特意让一些村民将葡萄、红枣、柿子等水果摆放于桌面上，以示对经过日军部队的欢迎。然而村民无从区分日军中的军衔等级，对于骑马士兵高呼万岁，而当军官抵达时则已声嘶力竭、筋疲力尽，由此"欢迎"工作不得不草草收场。②

扶植傀儡民政组织，是宣抚班的重要工作之一。尽管宣抚班在日军攻占曲阳后不久即在当地成立"治安维持会"，然而宣抚班难以笼络具有声望的士绅，出任伪职者，大多仅粗通文字。更令岛崎沮丧的是，由他物色出任"维持会"委员长的乡绅郭氏，竟秘密为八路军传递情报，其两子均为当地青年救国会的干部。③

三 小岛利八郎在"中间地带"

小岛利八郎，原为小学教师，与冈本勇平的经历相似，经考试入选为宣抚员。

在北京华北宣抚班本部经历近一个月的训练后，小岛被派遣至徐州、亳县一带从事宣抚工作。当地处于华北与华中的交界区

---

① 島崎曙海『宣撫班戦記』、143—144 頁。
② 島崎曙海『宣撫班戦記』、39 頁。
③ 島崎曙海『宣撫班戦記』、116—117 頁。

域，也是华北日军与华中日军势力的分界处，可谓华北沦陷区与华中沦陷区的"中间地带"。他的私记记载了战时环境下当地民众因应宣抚工作的诸多细节。

徐州是小岛利八郎宣抚工作的主要区域之一，初至徐州的小岛，对于尘埃漫布的徐州印象不佳，"马路上路人的服装，已经一点儿也看不到都市人的潇洒"。经历中日两军会战数月后的徐州，仍被日军视为"前线"。徐州会战后日军第一一四师团的战报中，如此描述徐州一带的"治安"状况：

> 伴随徐州会战之后一段时日，如对游击队及兵匪等的统制清理也渐纳入议题，而抗日反日匪团及游击队的行动也渐渐活跃。陆续出现伪省县政府的确立（指国民党于当地成立的抗战省、县政府——引者注）、对铁路的破坏、对我军小部队的袭击、对宣抚班行动的阻碍等现象。因此，要求各警备队对于此等残敌匪团速以武力剿灭威服。①

可以看到，中日徐州会战后，徐州一带陷入混乱的状态。② 小岛很快就感受到当地的紧张气氛，在私记中称："我作为帝国陆军的宣抚员，终于来到了奉献生命之地。"③ 小岛对华北宣抚班总班长八木沼丈夫十分景仰，在私记中强调宣抚员职责之"光荣"："臂章上'日军宣抚员'的红字如此醒目。如今我作为宣抚员，现实中将直接面对中国民众。我必须采取不辱此臂章的行为……我下定决心，将手枪悄悄放于上衣之下。透过牢固的皮套，黑色枪

---

① 「戦時旬報 第24号 昭和13年自6月21日至6月30日 第114師団司令部」『第114師団戦時旬報 （第22—33号） 昭和13年6月1日至昭和13年9月30日』日本防衛省防衛研究所、支那－支那事変北支－225。

② 「徐州陥落」『宣撫班小史』日本防衛省防衛研究所、支那－支那事変北支－180。

③ 小島利八郎『宣撫官』錦城出版社、1942、108頁。

身的寒意传至肌肤。我的腰间沉重地感受到，在万一时刻，这就是我将射向自身颞颥的武器。"①

或许因有小学教师的经历，小岛对于儿童具有亲切感，在私记中不少关于儿童宣抚工作的记载。与其他宣抚员不同，小岛认为宣抚工作之首要任务，就是恢复当地学校教育。鉴于小岛的教师背景，徐州宣抚班决议由小岛负责学校的重建工作，并教授当地儿童日语与唱歌。作为一种宣抚策略，小岛给予小学教师一定的"尊重"，"为了真正地把握中国儿童，将日本的宏大之心植入中国儿童的心中，我强烈信念的是，必须一开始就牢牢把握与儿童接触最多的教师的心"。②

小岛在私记中详细记载了发放"良民证"的细节。他注意到，领受"良民证"对于沦陷区民众而言，是个屈辱的过程。避难而归的民众不得不前往宣抚班，来到立有以前居住镇子挂牌的桌子前，告知宣抚员住址、名字、年龄等信息，在被宣抚员反复盘问之后，逐一按上手印，发给"良民证"。小岛观察到，"在登记结束之后，（住民们）方露出了放心的神色"。③

1939 年 4 月，小岛利八郎被调往新组建的亳县宣抚班。在城中各地张贴安民布告，是亳县宣抚班的第一急务。小岛甫入县城，即将书有"日本军宣抚班"大字的纸贴于门前。不久，当地宣抚班开展的宣抚工作与华北其他地区宣抚班相似，如对"自治委员会""商务会"的"指导"、情报收集、施疗施药、"民众问事"等。所谓"民众问事"，即由宣抚员仲裁民间纠纷，并给予判决。在小岛看来，"这是一份非常有趣的工作，我扮演了'村长'的角色"。④

小岛利八郎的私记记载了宣抚班宣抚演讲的场景。每当宣抚

①　小岛利八郎『宣撫官』、38 頁。

②　小岛利八郎『宣撫官』、121 頁。

③　小岛利八郎『宣撫官』、60 頁。

④　小岛利八郎『宣撫官』、187 頁。

班前往县境各地的村落时，都会聚集当地村民，进行一番宣抚演讲。演讲内容除宣扬日军出兵中国的"真义"之外，还对民众施以威吓，如"日本的敌人，只是坚持抗日的军队""若你们与敌军合作，日军就会断然对你们严惩"等，令民众内心恐惧。① 此外，因亳县处于"军票经济"势力范围，宣抚演讲还强调"法币已走向崩溃"，并要求民众将法币兑换成军票。②

亳县地区是红枪会活跃的地带。在小岛看来，"这个秘密会社拥有不可小觑的实力，其动向决定了亳县日军势力圈以外部分的命运"，而将红枪会视为宣抚班积极拉拢的对象。③ 小岛认为，为扩大日军在亳县的"治安圈"，必须扶植县"保安队""自卫团"等中国方面的武装力量。④ 他在当地招募了一些青年组成"保安队"，并对之灌输"东亚新秩序理念"。关于"保安队""自卫团"的扶植工作，小岛认为"虽然对于他们的言行不可完全信任，但抱有疑心，踌躇于对其之援助，也很难期待其能有所扩充，因此要指导其尽可能使与我军共同参加讨伐，对我军产生信赖"。⑤

1940 年 3 月，伴随华北宣抚班与"新民会"的整合，小岛结束了宣抚员的工作。在近一年的宣抚工作期间，小岛利八郎对徐州、亳县等地民众生活进行了相当细致的观察。他在巡视"铁路爱护村"时，接触到当地农民生活的实况，为他们旺盛的生活意志而惊叹。当发现村民的食物极为粗糙，大多为高粱粥或甘薯，极少有能吃上馒头的家庭时，他在私记中感慨道："看到这些，我们想到了最近那些喊着需要蛋白质多少、维生素多少、卡路里多少的（日本）国内妇女，对于并不能改变日本孩子虚弱体质、日

①　小岛利八郎『宣撫官』、201—203 頁。

②　小岛利八郎『宣撫官』、178 頁。

③　小岛利八郎『宣撫官』、227 頁。

④　小岛利八郎『宣撫官』、237 頁。

⑤　「尾高兵団　徐州地方に於ける治安工作」『治安工作経験蒐録　昭和 14 年 6 月中旬』（第十輯）、日本防衛省防衛研究所、支那－支那事変全般－197。

益在温室中培育的现状，看到了（中国）粗糙食物下仍旧健康成长的儿童的样子，不禁为近代文化对民众体质的蚕食导致其日益虚弱的倾向感到讽刺。"①

另一方面，小岛也将中国农民这种朴素单纯的生活打上"愚昧落后"的标签。亳州郊外的夹沟夜晚一片漆黑，农民晚上无须灯火，"点灯何时能够在中国的村子中闪烁，是不知何时才能实现的遥远之梦"；在组织"铁路爱护村"时，小岛反复述说铁路带来的便利，然而面对几乎未乘坐过火车的村民，在发现"他们完全没有受到优越的近代文明的恩惠，也不具备为之憧憬的知识"时，他只能摇头叹息。②

四　关田生吉在湖北

日本在湖北沦陷区的宣抚工作，因资料有限，我们以往知之甚少。③ 宣抚员关田生吉的私记《华中宣抚行》，生动地呈现出抗战湖北，尤其是鄂东黄石一带的风貌，可谓具有重要的史料价值。关田曾就读于日本某大学研究生院，所学的专业为专卖制度，原本应该是一个经济学学者，侵华战争全面爆发后应征入伍，1942年死于第三次长沙会战中。

"姑娘"，即青年女子，是关田生吉特别关注的对象。"姑娘"的态度反映日军的"治安"状况。曾任日军第十一军司令官、华北方面军司令官的冈村宁次总结过三点：街面上绝对见不到"姑娘"的踪影，系惧怕日本士兵的佐证，可谓"治安不好"；有对日军汽车、卡车感到稀奇而远远眺望者，可谓"治安稍好"；走出家

---

① 小岛利八郎『宣撫官』、294 頁。
② 小岛利八郎『宣撫官』、294 頁。
③ 学界关于日伪对湖北殖民统治的研究，主要集中于揭露日军对当地的暴行。有学者述及黄石宣抚班与当地"治安维持会"关系，如张驷征《日寇侵占黄石的滔天罪行》，《黄石教育学院学报》1995 年第 1 期。

门眺望，"姑娘"神态自若地走在日本士兵往来的街道上，可谓"治安良好"。① 在日军上层看来，"姑娘"对于宣抚工作的回应，从某种程度也可以理解为沦陷区民众对于这一工作的真实态度。

关田发现，当地"姑娘"具有很强的贞洁观念，一旦受辱就会自杀，或离村而去。日军攻占城镇之后，城内一般只剩下老妇或幼儿，青年女子多已遁匿。关田的宣抚心得是："若姑娘不再逃跑的话，就意味着这个村子已完成宣抚。那已是部队在当地驻屯一两年之后的情况了。"②

在华中沦陷区，宣抚员往往以"姑娘"对日军的态度来衡量宣抚工作的效果。如滁州地区的宣抚员梶野渡就观察到，医疗宣抚带来最大的改变，就是当日军进入村子时，青年女子敢当着士兵的面平静地洗衣服。③

然而"姑娘"与日军士兵所构建出的和睦场景，并不能掩盖日军的暴行，对于"姑娘"的逃匿，关田的私记也记载了日军士兵的残暴：

> 失去逃路的姑娘只能伪装成死者，在水沟中浮着身体，仅用鼻子呼吸。聪明的广田小队长对士兵下令"朝那个姑娘的头旁射击"，一发手枪子弹在姑娘的耳边划过，发出哔一声，扬起水烟的瞬间，仰天的姑娘开始哇地哭了出来，从水濠中跳了起来。大家都笑了起来。这样说来，我们有好几次遇到在作战中伪装成死人的村民。④

---

① 〔日〕稻叶正夫编《冈村宁次回忆录》，天津市政协编译委员会译，中华书局，1981，第329页。
② 関田生吉『中支宣撫行』報道出版社、1943、135頁。
③ 梶野渡語り、広中一成著『「華中特務工作」秘蔵写真帖——陸軍曹長梶野渡の日中戦争』彩流社、2011、14頁。
④ 関田生吉『中支宣撫行』、142頁。

从关田的私记中可见，当地宣抚班充分利用儒学的影响力拉拢乡村中的旧士绅。在成立"治安维持会"之后，宣抚员们随即将精力投入对当地孔庙的修复。关田认为，"孔庙是中国人与日本人之间最大的联系"，"可以断言，正式尊敬孔庙者，乃把握民心者"。[①] 儒家尊师重道的仪式，亦为关田所重视，"地方民众对于师者抱有极大的敬意……因此宣抚首先在于捕捉师者之心"。关田并非真正信奉儒家的处世哲学，而是注意到儒学对于传统中国士人的强大吸引力。他指出，"新知识分子虽然有国家意识，但是属于旧势力的道学先生们，眼中既无国家，也不存在建设东亚的欲望，有的只是自古即有的儒教"。[②]

对于欧美教会在鄂东的势力，关田生吉始终保持敌视，"天主堂并没有给我身处圣堂中向神祷告的柔和感，而是让人几乎脱口而出此乃外国权益的夸耀标志"。面对根深蒂固的西方在华宗教势力，日本侵略者自愧弗如，"即使日军已经入城，教会附近的居民仍称呼牧师为大人，而不过称日军士兵为先生。牧师们就是如此扎根于地方的"。面对教会的竞争，关田态度强硬：

> 处于新中国建设大业正当开始的今日，这些教会摆出一副超然姿态一点不予合作，好比建设途中的障碍物。某个县城中的教会，其态度不可理解，过于傲慢，故对之断然予以武力搜查。在书桌中发现装满了崭新的法币，教会经营的学校的教材中，使用了事变前抗日的内容，甚至有"满洲国是中国领土"等内容。我平素对宗教宽大，对于排斥共产主义的天主教怀有好意，也尽可能对之加以镇压。某个时候感到氛围奇怪，故组成便衣队，伪装成中国百姓，包围教会。破门而入后，发现果然有数名敌人潜伏其中。他们大概认为这

---

① 関田生吉『中支宣撫行』、200—201 頁。
② 関田生吉『中支宣撫行』、271 頁。

是外国权益之地，日本军队绝对不会进入吧。于是立即将敌人砍头，将教堂与十字架上的基督焚之一炬。以后所到各处，当地教会屋顶上的十字架我都会让村民锯下。如此行径，如同丰臣秀吉的踏绘行径，我自己也不禁苦笑起来。[1]

与其他宣抚员相同，在关田生吉所从事的宣抚工作中，分发"良民证"是重要一部分。他详细记载了湖北沦陷区"良民证"的形制，乃"于两寸、三寸角的白布上写上何乡、何村、何人与何岁，需要按上宣抚班班长与区长的证印"。湖北沦陷区内的特殊现象是，"治安维持会"职员清晨巡回各村，将农民的"良民证"收走，至完成铺路架桥等繁重工程后，再将"良民证"交还农民本人，由此获得无偿的劳动力。因"良民证"易为新四军伪造或冒用，宣抚员特别制作"安居证"，其上不仅有姓名、出身村名、年龄，还有本人的照片、编号、所属保长照片等。村民日常出入县城，必须经日军步哨将"安居证"上照片与本人对照后方可通过。[2] 在武汉地区，路人每经一哨卡，必须立正鞠躬，听任检验无讹方可通过，很多人整年不敢远行，只有困守于当地生活。[3] 可以看到，"良民证"对于民众日常生活的重要性为日伪所利用，形成民众对日伪政权的依附性。

从关田生吉的私记来看，他的职责还包括观察市场上法币与军票之间的汇兑情况。关田发现，中国商人"总巧妙游猎，谋求财产，讲求利殖之方式。军票与法币之间汇率的变动，也是如此"，[4] 战时法币是湖北沦陷区主要流通货币，民众日常生活也都使用法币，然而因日军掌握米、盐等关键物资，并以军票销售，

① 関田生吉『中支宣撫行』、226—227 頁。

② 関田生吉『中支宣撫行』、320—321 頁。

③ 中央档案馆、湖北省档案馆编《侵华日军在湖北暴行史料》，中国档案出版社，2005，第 500 页。

④ 関田生吉『中支宣撫行』、311 頁。

伪联保署只能以军票先购入米、盐，再以法币销售于民众，好利的商人就会居间牟取法币与军票汇兑的差额。然而米、盐并非无限供应，如日军对之采取严格统制，从省至县、区、伪联保署都实行配给制。战时湖北作为日、伪、国、共力量交错的地区，一个县内存在两个乃至三个县政府的情况并不鲜见，如何避免米、盐等物资流入国共控制下的地区，成为宣抚工作的重点。伪联保署按各保人口比例以票供给，每人每月不足一斤的配给量。工人收入原本微薄，根本无力采购食盐。① 县城食盐局供销的若干量，则往往抢购一空，"县政府的职员薪俸、教育费、警察费，完全都可用盐支付，这就是中国财政的现状"。②

从关田的私记中可见，湖北的宣抚员不仅从事民政工作，还亲身参与日军对国共军队的作战。这种作战具有伪装性与欺诈性，"当敌人兵力强大而难以接近时，日军自身也会经常扮作百姓，成为便衣队。因已准备中国百姓的旧服装，我们穿上后三三两两从一个村向另一村的目的地前进。将校的上衣下面隐藏着手枪。士兵将手枪卷于蒿草之中，而自篮筐里藏入掷弹筒"。③

关田私记的特点，就是真实记录日军在两湖沦陷区的暴行。他目睹了长沙战役中日军砍杀国民党军俘虏的一幕，也提到亲自斩首俘虏的经历，称"还没有中国人般不怕死的国民……他们讨厌痛苦的砍头方式，喜欢一刀砍下头颅飞起的斩法"。④ 在私记中，暴行对于关田而言，已司空见惯，多处可见"战斗持续了数天。烧山、毁屋。当地的村民害怕兵火，如疾风般逃逸，连一头猪都没留下""○○县城攻陷了，我军对城内进行了扫荡，一切都化为了废墟"等记载。⑤

① 中央档案馆、湖北省档案馆编《侵华日军在湖北暴行史料》，第165页。
② 関田生吉『中支宣撫行』、95—96頁。
③ 関田生吉『中支宣撫行』、254—256頁。
④ 関田生吉『中支宣撫行』、218頁。
⑤ 関田生吉『中支宣撫行』、160、38—39頁。

关田浓厚的殖民意识，来自他对中国历史的错误认识。他认为，"本来中国王朝更迭数不胜数，一般民众对于掌权者为何人并不关心，对于民众自身而言，为英国人统治，或美国人统治，谁都无所谓。只要能安居乐业，谁来统治都可以"。① 关田的这一虚无主义的谬论，显然是为日本军国主义对中国的殖民统治寻求依据。但他从观察一些普通人衣食住行上的细节，感受到中国民众战时生活的不易。如他看到"苦力"们所食的午饭，都是如同水一般的小麦粉粥，上面仅添了些切碎的腌萝卜叶子，会感叹"这就是苦力的强韧之处"。② 看到在日伪物资统制下，民众以杂草为食，他认为"这就是中国人的强大，若日本移民到来，必将以中国人为对手，我们就会知道日本移民将遭遇何等困难……与野草共生的民族却没有任何不平怨言。这是其他民族无法比拟的强韧性"。③

本章考察冈本勇平、岛崎曙海、小岛利八郎、关田生吉等宣抚员在不同区域的宣抚经历与观感，从中不难发现各地宣抚班的工作具有较强的组织性与规范性，且宣抚内容较为统一，如对"治安维持会""商务会"的扶持，"良民证"的分发，亲日教育的开展，组织巡回演讲，对"敌性"货币法币的打击，对抗日武装力量的监视、检举、镇压等，都是宣抚班的日常活动。与此同时，宣抚工作呈现出区域性的特点，如在"中间地带"徐州、亳县等沦陷区，因"铁路爱护村工作"为日本军政当局高度重视，对铁路沿线村庄的巡视，就成为当地宣抚员宣抚工作中的重要事项；在临近中共抗日根据地的区域，宣抚班作为从军部队，参与日军对八路军、新四军游击队等抗日武装的作战，随军作战则是当地宣抚员日常生活的核心部分。宣抚员的私记中也生动地记载

---

① 関田生吉『中支宣撫行』、299 頁。
② 関田生吉『中支宣撫行』、89 頁。
③ 関田生吉『中支宣撫行』、41—42 頁。

了大量他们对沦陷区社会状况与民众日常生活的观感，展现出战时中国沦陷区的侧面。如岛崎曙海观察沦陷区壁书，将之视为了解抗战中国的一个特殊窗口；关田通过观察底层民众的饮食与生活习惯，发现中华民族强韧的民族性格；等等。

　　虽然冈本勇平等人在成为宣抚员之前从事的职业多元化，但他们无一不认为宣抚工作具有重要意义。然而这一认识，伴随对中国沦陷区现状的深入了解而产生动摇。如小岛利八郎所述："我们立志来到大陆，充满青春的热情，为能献身国家事业之万一而充满感激，并满足于投入自己的感情而奔赴大陆。随着岁月的流逝，这种感激日益淡化，我也开始迷惑。如今我自己也不能明确，只是充满迷糊与乡愁。"① 小岛利八郎对村民日落而息、单纯生活的赞美，关田生吉对纯情"姑娘"的欣赏等，反映出他们头脑中的中国民众印象朴实而原始，由此产生作为文明国、先进国的日本，若对之施以"恩惠"，即可收获人心的错误认知。然而，现实中侵华日军对无辜军民的杀戮、对民众财产的肆意"征发"等，宣抚员仅能将之视为宣抚工作的阻碍而轻声抱怨。日军士兵的呵斥，使他们颜面尽失。他们目睹日军对中国民众的诸种暴行却无能为力，只能在私记中记下内心的挫败与沮丧。被灌输的"高尚"理念与现实中受到的轻蔑和无视，在宣抚员心中产生巨大落差，成为他们苦恼的根源。

---

① 小岛利八郎『宣撫官』、322 頁。

第八章　战时同仁会在中国沦陷区的 卫生活动

中日全面战争爆发后，沦陷区内卫生状况持续恶化，各地疫情不断出现，日本军政当局着手开展"卫生工作"。然而，在战时日本政府与军方的档案中，这一"工作"往往被冠以"对华文化工作"之名，使人难究其实。史料表明，同仁会作为全面侵华前日本在华最大的医疗卫生团体，深涉其中。全面侵华战争初期，同仁会即受日本军政当局之命，派遣由医师及细菌学家组成的多支诊疗班与防疫班前往沦陷区各地，开展医疗宣抚工作与防疫业务。随着战事的长期化，分布于沦陷区各地的同仁会卫生机构，又对当地的卫生状况展开调查研究，履行某种特殊的职能。通过梳理战时同仁会在沦陷区内的活动，我们不难发现日本开展"卫生工作"的诸多线索。

中日学界的已有研究表明，同仁会确实与战时日本对华医疗卫生政策存在直接的关联。[1]然而以往学界的研究，大多限于对战

---

① 末永惠子通过比较战前与战时同仁会对华医疗支援活动性质上的变化，分析了战时该会活动的侵略性质。参见末永惠子「日中戦争期における対中国医療支援事業の変容——同仁会の医療支援について」『宮城歴史科学研究』2011 年第 68、69 合并号。就笔者所见，末永的论文是唯一系统考察战时同仁会的专题论文，然而该文在资料的发掘上，似还有进一步深入的余地。与末永持相似观点的丁蕾，将战时同仁会定义为协助日本侵略亚洲的医疗团体。参见丁蕾《日本近代医疗团体同仁会》，《中华医史杂志》2004 年第 2 期。黄福庆的研究

时同仁会个别活动的考察，而未能将之置于日本对华"卫生工作"的整体视野中加以把握。一些重要史实，如同仁会与日军细菌部队之关系等，也未能充分说明。同仁会在日本军政当局的"卫生工作"中究竟扮演了怎样的角色？这一"工作"的主要内容是什么？同仁会在华卫生机构与日本军政当局存在怎样的联系？对于这些问题的思考，有助于我们深入了解日本在华活动的真相。另需说明的是，原同仁会医师的医疗报告、回忆录，以及新出的《青木义勇文书》[①]，以个人视角记述或回忆了"卫生工作"的一些细节与内幕，为相关问题的研究提供了新的观察角度。

一　执行"卫生工作"的主角——同仁会

成立于 1902 年日本"亚细亚主义"浪潮下的同仁会，由东亚同文会主要干部近卫笃麿、长冈护美与日本医界名士片山国嘉、北里柴三郎等人共同发起，长冈护美出任首任会长。同仁会成立之初，即确定宗旨，乃"作为人道之事业，以我日进之医学为基础，

亦有部分涉及战时同仁会的活动，有助于我们了解同仁会自成立至解散期间在华活动的基本脉络。参见黄福庆《近代日本在华文化及社会事业之研究》，台北，中研院近代史研究所，1982，第 69—97 页。饭岛涉则利用日本外务省档案，以同仁会对沦陷区内疟疾疫情的调查为对象，指出同仁会与战时日本对华的医疗卫生政策存在直接的关联。参见饭岛涉『マラリアと帝国——植民地医学と東アジアの広域秋序』（東京大学出版会、2005），第 193—205 页。中西裕考察了日本翻译家延原谦参加同仁会上海诊疗班的经历，从中可见该班在上海南市等地开展诊疗活动的一些内幕。参见中西裕「延原謙と同仁会医療班中国派遣」『学苑・文化創造学科紀要』2012 年第 11 号。福田由纪则考察了战时同仁会防疫班参与上海防疫委员会的史实。参见福田由紀『近代上海と公衆衛生——防疫の都市社会史』（御茶の水書房、2010），第 218—222 页。

① 《青木义勇文书》，全称『青木義勇文書：同仁会診療防疫班に関する問い合わせへの回答書簡』（微缩胶卷 R1–3，共 3 卷，日本国立国会图书馆宪政资料室藏，馆藏记号：YF–A20，下文略）。该文书系原同仁会汉口诊疗班医师青木义勇战后为编写《同仁会诊疗防疫班》而与其他同仁会医师往来的书信集，由青木后人于 2004 年捐赠给日本国立国会图书馆。

对清韩及其他各东洋友邦输出并普及医事卫生上之一切知识，共同实现人类之幸福"。①　早期的同仁会，作为依附于东亚同文会的民间医疗卫生团体，经费基本来自会员的会费与捐款，其对华医事活动，不过为派遣若干医师来华，以及在中国东北营口、安东经营两所小型医院（后亦转让于南满洲铁道株式会社）。在大隈重信任会长时期，同仁会开始调整对华事业方针，逐步与日本政府的对华政策合辙。大隈说过，同仁会在华的医疗活动"应谋求我国对华政治、外交、经济上之裨益"，②　故自 1918 年起，同仁会开始在财政上获得日本国库的补助。至内田康哉、林权助担任会长时期，同仁会与日本政府的关系愈趋紧密，俨然已被视为一"政府机构"。③　在日本政府的大力支持下，同仁会在华的医疗卫生事业发展迅速，对中国社会的影响日深。1937 年抗战全面爆发之前，其扩张形式主要见于三途。

其一，经营直属医院。同仁会 1914 年在北京开办日华同仁会医院（1927 年改名同仁会北京医院），1923 年于汉口开办同仁会汉口医院，1925 年同仁会又从外务省接收了在青岛与济南的两所日资医院，改名同仁会青岛医院与同仁会济南医院，至抗战前，同仁会已在华经营四所直属医院。同仁会对这些医院的经营，始终存在与当地英美医院竞争的意识，如北京同仁会医院长期以洛克菲勒财团资助的协和医学院为竞争对手；当同仁会汉口医院建成时，同仁会亦直言不讳称"其外观与设备至少远超长江流域其他医疗设施，而大为日本扬眉吐气"。④　然而，四地医院的经营，受中国时局的影响很深。1931 年九一八事变爆发后，中国举国掀

---

① 小野得一郎『同仁会三十年史』同仁会、1932、5 頁。

② 同仁会『同仁会事業概要』同仁会、出版時間不明、20—22 頁。转引自丁蕾「近代日本の対中医療・文化活動——同仁会研究（一）」『日本医史学雑誌』1999 年第 4 期，第 553 頁。

③ 小高健『伝染病研究所——近代医学開拓の道のり』学会出版センター、1992、371 頁。

④ 小野得一郎『同仁会三十年史』、121 頁。

起抗日浪潮，四地医院的患者大幅减少，医院收入随之剧减，经营一度陷入困境。①

其二，派遣巡回诊疗班。1930 年，同仁会汉口医院派遣巡回诊疗班前往宜昌、沙市、九江等地，昼间于街头对民众行医，夜间放映宣传卫生思想的电影，受到当地民众的欢迎。为了打开九一八事变后的困局，同仁会在华医院仿效此前经验，于 1936 年实行巡回诊疗班制度。② 同仁会医院选定的巡回地区，多为医疗条件恶劣的内陆腹地，如当年 5 月北京医院派遣之巡回诊疗班，前往日本控制下的冀东通县、蓟县、玉田、遵化、丰润等地；10月同仁会济南医院派遣之巡回诊疗班，前往齐河、周村、明水、章丘等地；11 月同仁会青岛医院派遣的巡回诊疗班，前往胶县、高密、坊子、益都等地。③ 当时同仁会医师携带臂章，活跃于河北、山东的乡野之间，宣传日本医学的形象，成为华北事变下特有的景象。

其三，出版医药类书刊。同仁会 1927 年成立"华文医药学书出版会"，主要从事日书中译的工作。当时日本医家的重要著作，如西成甫《精选解剖学》、林春雄《病理学》等，经由汤尔和等人译介，受到中国医界的欢迎与重视。此外，同仁会也出版一些中国学者如陶烈、沈恭等人的研究成果。据黄福庆的调查，战前同仁会出版的中文医学著作，达 44 种之多。④ 1930 年，同仁会又成立调查部，从事中国医事卫生状况调查。

此外，同仁会还利用举办中日医师讲习会、奖励中国医学生

---

① 关于战前同仁会医院的经营状况与收入情况，可参见丁蕾「近代日本の対中医療・文化活動——同仁会研究」（三）『日本医史学雑誌』2000 年第 2 期，第195—200 页；黄福庆：《近代日本在华文化及社会事业之研究》，第 80—92 页。

② 江崎郁郎『華北における同仁会』同仁会華北支部、1941、3 頁。

③ 同仁会北京医院巡回診療班『冀東地方巡回診療記』同仁会、1936、序言；同仁会済南医院巡回診療班『巡回診療報告』同仁会、1937、序言；同仁会青岛医院巡回診療班『山東省東部地方巡回診療報告』同仁会、1937、43 頁。

④ 黄福庆：《近代日本在华文化及社会事业之研究》，第 104—108 页。

赴日留学等形式，扩大在华影响。抗战前，同仁会利用多种扩张形式，成为日本在华最大的医疗卫生团体。然而，同仁会的扩张并非没有限界，其长期谋求在上海建立直属医院的计划，终因自身财力的局限而流产；同仁会对中国社会的渗透，也引起中国医界的警惕与反对，1931—1932 年，上海《医药评论》杂志就发表数篇评论，批判同仁会在华活动的目的，在于刺探中国内政，协助日本军政当局对华开展政治、经济、文化上的侵略。① 不过，总体而言，同仁会在华扩张轨迹发生改变，尚在抗战爆发之后。

1937 年 7—8 月抗战全面爆发，不久平津沦陷。8 月 5 日同仁会东京总部特向北京医院发电，指示其"应按实际情况组织救护班，以本会之精神采取救治伤病患者之行动"，而汉口、青岛、济南等三地医院，则按当地日本使馆要求，将医护人员先行撤回日本国内。② 在总部的指示下，10—11 月，北京医院组织数支诊疗班，协助日军宣抚班于城内救治中日伤患，对约 4500 人进行了免费治疗。③ 淞沪会战爆发后，上海地区霍乱流行，为了避免疫情流入平津，在华北派遣军军医部的授意下，同仁会北京医院组织了一批小规模的防疫班，对市内各车站与城门进行检疫，并在日军协助下全力搜索疑似患者，对约 20 万北平民众进行了强制预防注射。④ 日本全面侵华战争初期同仁会北京医院的诊疗及防疫活动，可谓同仁会参与日本对华"卫生工作"的先声。

随着战事的扩大，华北与华中沦陷区内原国民政府控制下的中央卫生试验所、中央防疫处等各级卫生防疫机构，均告关闭，大批公私医院或内迁或停业，沦陷区公共卫生体系陷入瘫痪，民

---

① 参见李子舟《暴日医药侵略我国之一斑》，《医药评论》第 70 期，1931 年；郭培青：《质问同仁会理事小野得一郎的几句话》，《医药评论》第 78 期，1932 年；等等。
② 小野得一郎「日支事件と同仁会」『同仁』1937 年第 9 号、5—6 页。
③ 青木義勇『同仁会診療防疫班』藤木博英社、1975、17—18 页。
④ 「其後の北京医院」『同仁』1937 年第 10 号、13 页。

众流离失所，各种疫病渐有蔓延之势。面对这一情势，日本军政当局开始着手以诊疗防疫为主题的对华"文化工作"。日本在沦陷区内的"卫生工作"逐渐拉开序幕。

1937 年 9 月初，外务省密令同仁会、大阪帝国大学医师团等数个团体，准备派遣诊疗班前往华北，协助当地日军宣抚班开展医疗宣抚工作。所谓"医疗宣抚"，即由日军特务机关下属的宣抚班，利用各种医疗资源对沦陷区的民众进行诊疗，使之感慕"皇军之德化"。① 9 月 21 日，同仁会制定《同仁会诊疗救护班派遣中国计划之纲要》，将已撤至日本国内的原汉口、青岛、济南医院医务人员，各编一班，准备派遣来华。② 较其他医疗团体，外务省对同仁会诊疗班抱有更高的期待，要求"值此事变之际，作为我方文化工作之一，应使各诊疗班之活动尽量得到内外民众的谅解"。③ 同仁会对参与医疗宣抚工作，也表现出积极的态度。会长林权助就称："随着战局的进展，对一般民众之宣抚救治实乃必要……此次的中国事变不比既往各种事件，正所谓救济人类和平的一大圣战，故交付我同仁会的任务亦极为重大。"④林权助对中日战争性质的错误认识，固毋庸批判，但他认为同仁会对中国民众的救治，是基于该会宗旨所采取的行动，也说得相当清楚。

在诊疗班的派遣过程中，同仁会防疫班的准备也在紧锣密鼓地进行。1937 年 10 月，日本驻外使馆获得国际联盟即将派遣防疫

---

① 「中支占領地区ニ於ケル宣撫工作概要」井上久士编『華中宣撫工作資料』、53 頁。

② 穂坂唯一郎『同仁会四十年史』、255—256 頁。

③ 「同仁会救護班派遣二関スル件」（1937 年 9 月 22 日）、『同仁会関係雑件/診療班支那派遣関係』（第一卷）、日本外務省外交史料館、H‐4‐2‐0‐3_4_001。

④ 林権助「同仁会診療救護班各位に告ぐ」（1937 年 10 月 1 日）、『同仁会関係雑件/診療班支那派遣関係』（第一卷）、日本外務省外交史料館、H‐4‐2‐0‐3_4_001。

班来华的情报，这引起了日本军政当局的警惕。① 外务省认为，"鉴于华北各地卫生状况不良，防疫设施不完善，除诊疗事业之外，更有着手防疫事业之必要"。② 考虑到医疗资源整合等问题，外务省决定仍由同仁会作为执行对华防疫工作的主体，③ 并在同仁会内成立"临时对华防疫事业部"。在财政上，除既有的国库补助外，外务省还给予同仁会独立预算之权。④ 此外，外务省还密令东京帝国大学医学部教授宫川米次等人前往华北调查当地疫情。宫川等人在经由伪满进入华北之前，特别与关东军防疫给水部（即731部队）负责人石井四郎就未来"华北卫生开发"进行了密谈，在华北的实地调查又得到了华北方面军司令官寺内寿一的支持。宫川回国后不久，出任同仁会副会长，积极联络日本各大学的防疫专家，策划对华防疫业务。

日本军政当局对同仁会执行战时卫生工作充满期待，不仅因其拥有庞大的医疗资源、丰富的在华工作经验，还因其长期以来处于日本大陆政策的一端，为日本的国策服务。就"卫生工作"之内容而言，无论医疗宣抚工作，还是防疫业务，乃至日后开展的调查研究，都需得到本国医界的支持与参与。开战之后的日本医界，充斥着"医学报国"的口号，不少医师视同仁会为日本对华"卫生开发"的先锋，期待利用这一平台，来华一显身手。日本医师会机关报《医海时报》就称："（同仁会）此次事业之宗旨，乃广招天下人才，而使我国医学者尽可能多地从各方面了解

---

① 抗战全面爆发后，南京国民政府于1937年10月1日向国联理事会请求给予防疫技术上的援助，这一请求为国联采纳，最终决议派遣三支防疫班来华。未永惠子「日中戦争期の国際連盟による対中防疫支援と日本」『十五年戦争と日本の医学医療研究会会誌』2007年第1号、41—47頁。

② 「対支防疫救護班派遣二関スル事業案」（1937年10月21日）、『同仁会関係雑件/診療班支那派遣関係』（第一巻）、日本外務省外交史料館、H－4－2－0－3_4_001。

③ 穂坂唯一郎『同仁会四十年史』、424頁。

④ 外務省文化事業部『対支防疫事業概要』（1938年9月1日）、近現代資料刊行会『中国占領地の社会調査 I』（第8巻）、近現代資料刊行会、2010、6—7頁。

中国现状，为日后国人在中国的发展做出贡献。"① 显然，寄托日本军政当局与业界双重期待的同仁会，成为执行日本对华"卫生工作"的主角，不足为奇。

二　日军特务机关控制下的诊疗班
医疗"宣抚"活动

1937 年 10 月初，继平津之后，保定、石家庄、沧州、德州等华北各大城市相继陷落。在派遣地的选择上，华北日军特务机关认为，平津等地医疗条件相对完善，同仁会诊疗班在当地的工作，不会产生多少效果，故同仁会诊疗班应先派往保定、大同等前线地带。②

以原同仁会汉口、青岛、济南医院组成的三个诊疗班，10 月 7 日从大阪出发，前往天津。在抵达当地后不久，华北日军即出台《同仁会诊疗救护班勤务要领》，要求"诊疗班在从事我军战地后方施疗工作时，应在我军指挥下，协助宣抚班施展我国医术，努力安定中国人心，主要从事对日本人的诊疗工作"。③ 华北日军特务机关由此要求诊疗班先为日军伤患服务。同仁会专务理事小野得一郎虽然认为医治日军伤兵并非诊疗班来华使命，但也委婉地表示，将于视察前线之后，视军医人手情况再做进一步的商议。④

战初同仁会在身份认同上与当地日军特务机关对其之认识存在龃龉。在理事小野得一郎等同仁会高层干部眼中，诊疗班不属于日军军医系统，其首要任务是对中国民众进行医疗救治，而在

---

① 「支那開発のパイオニア、同仁会の対支工作進む」『医海時報』第 2282 号、1938 年 5 月 21 日。

② 「同仁会救護班ノ北支派遣」（1937 年 10 月）、『同仁会関係雑件/診療班支那派遣関係』（第一巻）、日本外務省外交史料館、H－4－2－0－3_4_001。

③ 穂坂唯一郎『同仁会四十年史』、263 頁。

④ 小野得一郎「同仁会診療救護班と伴に」『同仁』1937 年第 11 号、24 頁。

特务机关眼中，医疗宣抚工作不过是宣传的策略，在战地军医短缺的情况下，日本医师理应首先为日军与日侨服务。不久，同仁会高层就发现，同仁会诊疗班若没有当地日军特务机关的支持与援助，工作根本无法开展。小野得一郎的态度随即软化，"为避免护士空闲待机，应使之临时服务于北京兵站医院及丰台野战医院"，向日军特务机关表示了妥协。① 此后三个诊疗班的医疗宣抚工作，在当地日军特务机关的指挥下逐步展开。

以原汉口同仁会医院为主体的汉口诊疗班，先受华北日军甲集团军特务机关之命，前往沧州与德州。通过医师的诊疗报告，我们大致可以了解该班在当地开展医疗宣抚工作的情况。如外科医师多胡樽祐在报告中称，作为战时特有之现象，来访的患者受外伤者极多，其中知识阶层极少，大多为劳工或难民，而患者往往将不洁之民间药物贴于外伤创口，导致恶疾续发。② 1938 年 10月 25 日，汉口沦陷，汉口诊疗班受日军之命回归当地，因原汉口医院已毁于战火，日军特意选定法租界内原平汉铁路管理局为新诊所，希望利用诊疗班对租界内的民众施加影响。③ 据该班 1939年 1 月《业务报告》记载，该班除一般业务外，另"按前月情况，妇产科对我国接客业妇人实施检梅"。④ 由于战初日侨基本撤出汉口，所谓的"日人接客业者"，应是指随军来汉的"慰安妇"。由此可知，诊疗班的医疗宣抚工作，还包括对日军"慰安妇"的妇科检查。

以原同仁会济南医院为主体的济南诊疗班，分为两部。以班长外田麟造为首的本班前往石家庄，水野重光为班长的分班则去

① 小野得一郎「同仁会診療救護班と伴に」『同仁』1937 年第 11 号、25 頁。
② 多胡樽祐「滄州・杭州における診療報告」『同仁』1939 年第 3 号、6 頁。
③ 穂坂唯一郎『同仁会四十年史』、275 頁。
④ 「杭州同仁会診療班業務報告提出ノ件」（1938 年 3 月 13 日）、『同仁会関係雑件/診療班支那派遣関係』（第二巻）、日本外務省外交史料館、H‐4‐2‐0‐3_4_002。

往保定。战后的石家庄，在外田麟造看来，"战祸痕迹依然，治安也未定，街头市民毫无影踪，店铺紧闭，清晨多能听到枪声，有身临前线之感"。① 至1938年初，难民开始回归，诊疗班的工作开始变得繁忙。

以栗本定治郎为班长的青岛诊疗班，1937年10月受华北日军特务机关之命，于北京郊外顺义温泉村开办临时诊疗所。据栗本定治郎的报告，最初民众对日本医师颇为畏惧，问诊者极少，诊疗班乃利用当地"治安维持会""自卫团"等傀儡组织反复宣传，方使民众敢于前来问诊。该班不久前往太原，最后回到青岛。在辗转大半个华北之后，栗本感慨道："诊疗班作为负责我方宣抚工作之一部分，当初即有挺身而出之觉悟。随着秩序逐步恢复，理应整理设备，以传播日本医学的真正价值为主要使命。"② 可见，一部分日本医师如栗本，对于诊疗班的"真正价值"无法实现，内心有所不满。

战初同仁会的三个诊疗班，紧随日军侵略华北的步伐而移动，可谓处于日军宣抚工作的第一线。战前同仁会汉口、青岛、济南医院都有巡回诊疗的经验，不少医师对农村医疗工作的开展并不陌生。从同仁会统计的数据来看，派遣期间诊疗班的工作相当繁重，汉口诊疗班医师累计工作750天，诊疗患者234432人；济南诊疗班医师累计工作791天，诊疗患者270910人；青岛诊疗班医师累计工作930天，诊疗患者162203人。③ 不少医师在报告中都希望军方允其回归原属医院，可见在他们"挺身报国"的背后，也存在对大都市优越环境的依恋。随着三个原医院系统诊疗班的

① 外田麟造「石家荘、正定及済南における診療体験」（1938年11月）、『同仁会関係雑件/防疫事務関係』（第三巻）、日本外務省外交史料館、H－4－2－0－3_5_003。
② 栗本定治郎「北京及青島に於ける診療体験」（1938年11月）、『同仁会関係雑件/防疫事務関係』（第三巻）、日本外務省外交史料館、H－4－2－0－3_5_003。
③ 青木義勇『同仁会診療防疫班』、26頁。

回归，同仁会第一阶段的医疗宣抚工作宣告落幕。

1937 年 12 月 13 日南京的沦陷，并没有阻止日军在华中的侵略步伐。与华北的情势不同，华中是国民政府统治的中心地带，亦是英美等国利益集中之所在。为了粉饰日本发动侵略战争的真正意图，掩饰日军在南京等地犯下的暴行，并与当地的英美医疗组织展开竞争，同仁会决定开展第二阶段的医疗宣抚工作，向沦陷区南京、上海、太原、石家庄等地派出以各大学医学部为中心的四支新诊疗班。其中最重要的两支，即以东京帝国大学医学部为主体的南京诊疗班，与以庆应义塾大学医学部为主体的上海诊疗班。

日本军政当局对同仁会南京诊疗班的派遣工作极为关心。驻上海总领事冈本季正在给外务大臣广田弘毅的报告中即称，南京日军特务机关在当地开展的宣抚工作，受到来自英美等国卫生机构的阻力，"外人怀抱杞人忧天之想法，有意通过他们之手推动此项事业……（外务省）文化事业部应组织由我方权威医师带领的派遣班，采取紧急措施"。[1] 在南京当地，虽然 1938 年 2 月 18 日安全区国际委员会已停止运作，但欧美组织对南京难民的救助活动并未停止。[2] 其中具有美资背景的鼓楼医院，对南京民众多施救助，遂使"这家医院在整个非常时期的医疗工作，十分引人注目"。[3]

1938 年 3 月的南京，仍笼罩于大屠杀后的恐怖气氛下。上任不久的日本驻南京总领事花轮义敬，行走于南京市街，深感宣抚工作乃当前的第一要务。[4] 在花轮的催促下，同仁会南京诊疗班于

---

① 「第六一〇号」（1938 年 2 月 23 日）、『同仁会関係雑件/診療班支那派遣関係』（第一巻）、日本外務省外交史料館、H－4－2－0－3_4_001。

② 关于日伪势力胁迫南京安全区国际委员会解散之经过，参见经盛鸿《南京沦陷八年史》上册，第 231—234 页。

③ 《史迈士致贝克函》（1938 年 5 月 28 日），《史迈士呈送南京国际救济委员会工作报告（1937 年 12 月—1938 年 5 月）》，文俊雄译，《民国档案》1998 年第 2 期。

④ 花輪義敬『中支の治安と南京の復興』日本外交協会、1938、2、12 頁。

1938 年 4 月 28 日宣布开诊。为了吸引民众前来，诊疗班规定仅对日人患者收取费用，而对华人患者完全免费。为与鼓楼医院对抗，诊疗班提出了开办同仁会南京医院的计划："本地美资鼓楼医院吸引了大量中国患者，唤起了他们对欧美的崇拜思想。我方宣抚工作若要顺利进行，就必须要有与鼓楼医院对抗甚至凌驾其上的医疗设施。"① 由于南京诊疗班有意识地与鼓楼医院展开竞争，至 1938 年 8 月，医疗宣抚工作已初见效果，花轮义敬对诊疗班所取得的成绩表示称赞："现在，患者一日已超过六百人，而由美国人经营的鼓楼医院每日不过三四十人，通过比较就可以发现，中国人对于日本医疗机关已表现出不断的信任。"②

南京诊疗班的医疗宣抚工作，其内情究竟如何？我们从当时班长冈崎祗容向外务省提交的报告中可以一窥端倪。战后的南京，"在外科上可见相当数量的创伤，大多已放置了六个月乃至一年以上"；"5 月的南京，沙眼是最严重的疾病，其次是皮肤科的疥癣，再次是内科的一般呼吸病。肺结核的情况也相当严重"。③ 冈崎的报告虽然反复强调了中国民众的各种疾患主要来自"卫生思想的贫乏与医疗设备的奇缺"，但仍可从中看到南京民众在战火中经受的创伤。

相较于南京诊疗班，日本军政当局更为关注上海诊疗班的国际影响。1938 年 5 月 8 日上海诊疗班抵达后，日军华中派遣军司令部即指示该班："上海乃欧美各色诊疗机关林立之地，作为与之为伍的我国诊疗机关，希望树立我军慈善医院之地位，进而发扬我国医学卓越之价值。"④ 淞沪会战中毁于战火的上海南市，是诊

① 「同仁会南京病院建設の件」（1938 年 6 月 9 日）、『同仁会関係雑件』（第七巻）、日本外務省外交史料館、H-4-2-0-3_007。
② 花輪義敬『中支の治安と南京の復興』、11 頁。
③ 「南京市民疾病観送付ノ件」（1938 年 6 月 27 日）、『同仁会関係雑件/診療班支那派遣関係』（第二巻）、日本外務省外交史料館、H-4-2-0-3_4_002。
④ 穂坂唯一郎『同仁会四十年史』、376 頁。

疗班的重点工作地区，医师们开展街头宣传，与工部局、公董局下属医院竞争民心。[①] 7 月后问诊人数不断增加，避难于租界内的民众陆续前来问诊。[②] 上海诊疗班在同仁会各地的诊疗班中，经营比较成功。据战后该班班员回忆，该班"完全以中国人为诊疗对象，很早就放弃了总部不合理的诊疗费规定，采取自由经营的模式，故是全同仁会诊疗班中经济状况最好的"。[③]

　　在派出南京、上海诊疗班后不久，同仁会另向太原、石家庄派出两个诊疗班。这两个班完全听命于当地日军特务机关的调遣，石家庄诊疗班班长新垣恒政在遇到交通运输等问题后，就直称："如今更为痛感的是，进入大陆时务必获得军方的同情与协助。"[④] 甚至诊疗班的驻地，除"同仁会诊疗班"看牌外，还必须挂上"大日本军宣抚班诊疗所"的看牌，以向民众清楚表明，诊疗班的医疗宣抚工作是"处于日军庇护下"的活动。[⑤] 然而，因同仁会医疗设备的严重短缺与经费上的捉襟见肘，这两个诊疗班的运营不久即陷入困境。不少班员因处于恶劣卫生状况下罹患各种疾病，班中人心动摇，要求返回日本的呼声高涨。[⑥]

　　1937—1939 年，同仁会共派出了两批七支诊疗班，"约有 250 名班员活动于各地，为之投入经费达 200 万日元"。[⑦] 沦陷区内各

---

① 瀬尾省三「『コレラ』の診療並に上海に於ける支那人の疾病」（1938 年 11 月）、『同仁会関係雑件/防疫事務関係』（第三巻）、日本外務省外交史料館、H－4－2－0－3_5_003。

② 瀬尾省三「上海南市に於ける八ヶ月間の診療総括」『同仁会医学雑誌』1939 年第 6 号、74 頁。

③ 「中山高志致青木义勇函」（1973 年 5 月 7 日）、『青木義勇文書』、R1、329—330 頁。

④ 新垣恒政『医療宣撫行』東亜公論社、1940、38 頁。

⑤ 新垣恒政『医療宣撫行』、76 頁。

⑥ 「第三診療班新郷分班班員交代ニ関スル件」（1938 年 8 月 11 日）、『同仁会関係雑件/診療班支那派遣関係』（第一巻）、日本外務省外交史料館、H－4－2－0－3_4_001。

⑦ 宮川米次「北支、中支に於ける同仁会の診療防疫事業に就いて」（1938 年 11 月）、『同仁会関係雑件/防疫事務関係』（第三巻）、日本外務省外交史料館、H－4－2－0－3_5_003。

地同仁会诊疗班，完全为当地日军特务机关所控制，成为日本对中国民众展示其医学优越性、淡化其侵略行为的工具。同仁会诊疗班作为各地特务机关开展宣抚工作的招牌，正如日本作家久米正雄等人在参观上海诊疗班后的感受，他们不过是在日军特务机关指挥下露骨的"为了宣抚而派遣的文化部队"。[①] 应该说，同仁会诊疗班的医疗宣抚与一般宣抚还有所不同，它更为注重感化的效果，日本医师们认为"比之文字海报的宣传，在现实中对患者进行治疗并使之亲眼可见，当然效果更好"。[②] 事实上，几乎所有的日军宣抚员也都认为，医疗宣抚工作是宣抚工作中不可或缺的"最为有效且直接"的方式。

在各地日军特务机关的要求下，同仁会诊疗班的派遣并没有中止。从《青木义勇文书》可见，从 1939 年至 1945 年，同仁会总部及各地同仁会医院陆续派出多支诊疗班深入中国内地。这些诊疗班一般规模较小，如 1944 年 12 月，为了配合日军"一号作战"，由南京诊疗班派遣至白水—衡阳的巡回诊疗班，仅由 1 名医员与 3—4 名护士组成。[③] 太平洋战争爆发之后，随着日本国力的窘促，同仁会在华诊疗班前往各地医疗宣抚之目的，也与战争前期大相径庭。如 1942 年 5 月，上海诊疗班受荣 1644 部队之命，派出班员前往苏州等地协助日军调办大米等物资；[④] 又如，1944 年 6 月，开封诊疗班受北京日军司令部之命援助郑州兵站医院，实际

---

① 久米正雄「同仁病院訪問」『同仁』1938 年第 9 号、7 頁。日本剧作家岸田国士认为，同仁会"其宣传与往常一样过于露骨，为什么日本人不能光明正大地说，我们这么做，就是为了日本自身呢？"中西裕「延原謙と同仁会医療班中国派遣」『学苑・文化創造学科紀要』2012 年第 11 号、39 頁。

② 「『日本医学の大陸進出』座談会：新支那建設と医療宣撫の問題」『文芸春秋』1938 年第 12 期、174 頁。

③ 「杉江善夫致青木义勇函」（1973 年 1 月 4 日）、『青木義勇文書』、R1、252、254 頁。

④ 佐加倉滬浪「江南施療行」『同仁会報』1942 年第 8 号、10 頁。

上在当地秘密从事登革热的防疫研究。[①] 资料表明，这些巡回诊疗班，也是完全听命于当地日军特务机关调遣的。

客观上说，同仁会诊疗班中的个别医师基于人道主义思想，对于救治中国患者的确投入心力，个别医师甚至希望通过行医"补偿日军所犯的罪行"。[②] 但是，从诊疗班整体的活动来看，其在日军特务机关的指挥下与欧美在华医疗机构展开竞争，体现了日本垄断沦陷区医疗体系的意图。同仁会诊疗班医疗宣抚对当地日军特务机关的依附性，也充分体现在其对"慰安妇"的检梅工作中。对于同仁会诊疗班而言，这当然是一种短期的行为，事实上，在一个阶段之后同仁会在北京等各地的诊疗班，其经营与普通医院无异，这些医院"与日华亲善的本来目的相去甚远，只一味为日人患者服务"。[③] 显然，医疗宣抚工作无法改变沦陷区落后的医疗体系，也不可能带给民众长期的医疗保障。

三　与日军细菌部队相配合的防疫业务

1938 年 3 月 29 日，外务省对同仁会下达《对华防疫事业方针》，明确同仁会的防疫区域为华北与华中沦陷区，并要求"一俟条件成熟"，即将派往华北、华中的同仁会防疫班改为常驻机构，建立沦陷区内以日本为主导的防疫体系。[④] 为了控制同仁会在华的防疫业务，日本军部规定："派往中国者将解除外务省委托的一切现职，转为我军的'嘱托'，并隶属于我军。"[⑤] 原本日本军政当局派遣同仁会防疫工作的目的，是与国联派遣来华的防疫班竞争

---

① 「五十岚正治致青木义勇函」（1975 年 10 月 20 日）、『青木义勇文书』、R3、160—161 頁。

② 中川晶辉『ある平和主义者の回想』新教出版社、2002、72 頁。

③ 「三上富太致青木义勇函」（1973 年 6 月 25 日）、『青木义勇文书』、R1、62 頁。

④ 穗坂唯一郎『同仁会四十年史』、426 頁。

⑤ 「对支防疫事业实施方法二関スル件」（1938 年 3 月 23 日）、『同仁会関係雑件/防疫事務関係』（第一卷）、日本外务省外交史料館、H－4－2－0－3_5_001。

民心，事实上这不过是日本军政当局的"想象"，因为国联虽于战初派出三支防疫班前往西安、长沙、南宁等地，[①] 但他们的活动区域与同仁会的防疫区域并没有交集，两者也就根本谈不上竞争。

面对日本军部的催促，同仁会一开始就感到在华防疫任务的艰巨，副会长宫川米次就称："我在接受此任务时，因无法预计后果而感到踌躇，为此受到了以军部为首各方的批评。"[②] 1938 年 4 月 5 日，宫川米次等人利用日本医学总会在京都召开之机会，与日本医界防疫专家商讨了技术援助等问题，参与讨论者包括石井四郎、北野政次等细菌战主持者。此后，同仁会派出以东京帝国大学医学部教授高木逸磨为班长的华北防疫班，与以大阪帝国大学医学部教授谷口腆二为部长的华中防疫班。在规模上，华北防疫班人数达 98 名，华中防疫班则达 88 名，远远超过了各地诊疗班的人数。

华北防疫班抵达北京后，将据点设于北京东厂胡同一号"日本东方文化事业部"内。由于 1938 年夏季上海等地已暴发霍乱疫情，为了阻断疫情流入华北，华北防疫班立即派遣分班前往北宁、津浦、胶济、陇海、京汉、正太等铁路沿线要地，对来往民众进行强制病菌检验与预防注射。当时防疫班检疫设备与霍乱疫苗的生产，主要由天坛实验所来完成。

1938 年初，华北派遣军强占国民政府设于天坛神乐署的原中央防疫处，成立防疫给水部（即后来的华北甲 1855 部队，时称"菊池部队"）。在之前的淞沪会战中，日军采用了石井四郎研制的净水过滤器，成立了中国战场上第一支防疫部队"上海派遣军防疫给水部"。此后，在华日军各师团陆续设立防疫给水部，成为日

---

① 关于这三支国际防疫班在华活动的始末，参见张力《国际合作在中国——国际联盟角色的考察，1919—1946》，台北，中研院近代史研究所，1999，第 110—120 页。

② 「対支医療工作愈々軌道に乗る、北京・上海に防疫研究所建設、外務省・同仁会の協同計画なる、宮川米次談」『医海時報』1938 年 4 月 23 日、第2278 号。

军中的公开机关。[1] 防疫给水部队，名义上宣称从事防疫及净水补充业务，实际上进行细菌武器的开发与研制，华北派遣军防疫给水部也不例外。对于菊池部队从事细菌战的罪行，中外学界已有不少成果问世，此处不再赘述。不过笔者认为，关于其职能及活动的情况，仍有诸多需要探明的内幕。[2] 众所周知，细菌武器的使用，极具误伤己方人员的可能性，生产细菌武器的同时，必须进行与之相应疫苗的研制与生产。这种一体两面的关系，当然也体现在菊池部队的业务中。

同仁会华北防疫班利用天坛实验所开展防疫业务，从一开始便与这支细菌部队存在密切的联系。为了说明这一问题，首先有必要对华北防疫班的内部组织结构有所了解。

据相关资料，华北防疫班下设四个部门，分别为总务部、教育部、生产部、调查研究部，其中关键业务部门是生产部与调查研究部。生产部担当生产霍乱疫苗的基地角色，调查研究部则从事与疫情及流行病、水质有关的调查研究，两个部门完全隶属菊池部队。[3] 按照华北日军对防疫班制定的工作方针，防疫班作为"军队的防疫机关，以战斗为基准，按照军方要求实施并指导传染病的消毒与指导工作"，且"因华北的特殊性而直属军队防疫给水

---

① 陆上自衛隊衛生学校編『大東亜戦争陸軍衛生史』（第一卷）、陸上自衛隊衛生学校、1971、12 頁。

② 关于华北甲 1855 部队参与日本对华细菌战的罪行，成果很多，具体可参见谢忠厚《华北甲第一八五五细菌战部队之研究》，《抗日战争研究》2002 年第 1 期；徐勇：《侵华日军驻北平及华北各地细菌部队研究概论》，《抗日战争研究》2002 年第 1 期；西野留美子『北京甲 1855 部隊の検証』『季刊戦争責任研究』1995 年秋季号。关于该部队研究之基本史料，主要由相关者或受害者的口述及回忆性资料构成，参见中央档案馆等编《细菌战与毒气战》，中华书局，1989，第 192—234 页。

③ 穂坂唯一郎『同仁会四十年史』、437—438 頁；「北支防疫班業務報告（第一報）」（1938 年 7 月）、『同仁会関係雑件/防疫事務関係』（第四卷）、日本外務省外交史料館、H - 4 - 2 - 0 - 3_5_004。

部，进行防疫业务及防疫用产品的制造及检查"。① 华北防疫班对自身与菊池部队之关系，亦有明确的说明：

> 高木班长以下各班员被派遣至各地，直接受各部队长的指挥与监督，已然作为部队一员从事防疫业务，在各地的防疫工作中取得了相当的实绩。尤其是北京总部，还在菊池部队本部进行了水质检查、血清生产、细菌检查等一般性防疫事务。现在大部分的工作皆由防疫班员之手完成，部队对此深表感谢。②

菊池部队进行细菌战的诸多细节，如疫苗的最大生产量与致病细菌生产量之间的关联，细菌的毒力试验与致病菌毒性培养的关系等，在防疫班的报告中都有陈述。③ 应该说，同仁会华北防疫班是华北日军细菌部队在防疫职能上的延伸，它处于日本对华细菌战的外围。

华北防疫班在菊池部队的指挥下，派遣分班于天津、塘沽、青岛、芝罘、石家庄、济南、徐州、新乡、太原、郑州等地，扑灭华北的霍乱疫情。④ 班长高木逸磨在其报告《关于华北防疫事业》中详细描述了各地分班与霍乱的"战争"，他还特别指出防疫中的问题所在：

---

① 「北支防疫班業務報告（第一報）」（1938 年 7 月）、『同仁会関係雑件/防疫事務関係』（第四卷）、日本外務省外交史料館、H - 4 - 2 - 0 - 3_5_004。
② 「第一二三四号の一（部外極秘）」（1938 年 8 月 20 日）、『同仁会関係雑件/防疫事務関係』（第一卷）、日本外務省外交史料館、H - 4 - 2 - 0 - 3_5_001。
③ 防疫班的部分具体活动，可参见「北支防疫班業務報告（第一報）」（1938 年 7 月）[『同仁会関係雑件/防疫事業関係』（第四卷）、日本外務省外交史料館、H - 4 - 2 - 0 - 3_5_004]。
④ 华北防疫处医师佐藤久藏在回忆中就称"防疫班似乎处于军防疫给水部的支配下"。「佐藤久藏致青木義勇函」（1973 年 6 月 22 日）、『青木義勇文書』、R1、370 頁。

中国各地卫生当局对支出防疫费用缺乏热情，虽在会上
做出承诺，却迟迟不肯实行，在批评斥责之后，方缓缓推动
者不在少数……上流阶层仅为守护自身安全，而对国家的困
境、民众的苦恼漠不关心，这就是一般中国人的心态。由此就
能大致了解中国卫生当局的防疫态度。对于卫生状态不佳的大
陆，战后我国国民必将大量涌入，这是应深刻思考之问题。[①]

从高木的报告，我们不难看出日本医学者在中国沦陷区推行
殖民医学的基本逻辑：正因为中国政府（指傀儡政权）无力开展
防疫业务、上流阶层漠视民众的疾苦，日本应代其为之。且在高
木看来，同仁会的防疫工作归根到底是日本对华进行殖民统治的
一种手段，是保障在华日本人卫生安全的必要措施。当时同仁会
高级医师中，持与高木相似言论者并不少见。[②]

1939 年 3 月，兴亚院撤废同仁会临时对华防疫事业部，将华
北防疫班改为华北防疫处，作为日本军政当局联合控制华北防疫
事务的常设机构。然而华北防疫处的人马完全继承自原防疫班，
日军防疫给水部队对之控制并无丝毫改变。华北防疫处成立后仍
于天坛办公，与西村部队（即甲 1855 部队，后由陆军军医大佐西
村英二担任部队长）共用白喉毒素研究室、猩红热毒素研究室、
免疫室、痘苗室等，从事霍乱疫苗、伤寒疫苗、伤寒副伤寒杆菌
混合疫苗、痘苗、白喉毒素及血清、猩红热毒素及血清等的生
产。[③] 1939 年 7 月，兴亚院华北联络部认为华北防疫处的业务过于
分散，应集中于主要城市，地方防疫业务则可交于中国防疫机

---

① 高木逸磨「北支防疫事業にい就いて」（1938 年 11 月）、『同仁会関係雑件/防
疫事務関係』（第三巻）、日本外務省外交史料館、H-4-2-0-3_5_003。
② 当时同仁会高级医师之相似言论，可参见「『日本医学の大陸進出』座談会：新
支那建設と医療宣撫の問題」『文芸春秋』1938 年第 12 期，第 164—184 页。
③ 穂坂唯一郎『同仁会四十年史』、451 页。

构。① 此后，华北防疫处将具体的防疫事务逐渐转交于华北沦陷区各地伪防疫委员会该会，其自居"指导"地位。

相较华北的情况，同仁会在华中的防疫业务则更为复杂。1938 年 3 月，日本军政当局预计当年夏季上海极具暴发各种疫情的可能。不久后成立的同仁会华中防疫班，设据点于上海南市旧市政府内，下辖七个部门及上海、南京两个支部，组织结构与华北防疫班相似。由于当时华中日军还未成立统一的防疫给水部，该防疫班在具体业务上"必须与上海、南京军队的野战防疫部密切联系"。② 与华北防疫班具有神秘色彩不同，华中防疫班不仅与伪上海临时防疫委员会、日本上海自然科学研究所等非军事机构保持密切合作，而且公开参加工部局主导的上海防疫委员会，特意向世人展示日本防疫技术的先进性。面对霍乱的挑战，宫川米次洋洋得意地宣称："当上海霍乱流行如期而至，我的同僚高木教授、谷口教授都充满干劲，这实际上是日本医学为世界所知的绝好时机。"③

然而现实中，华中防疫班展现的却是另一幅面孔。日本医师凭借日军的武力，肆无忌惮地在街头对民众强制注射疫苗，沪上"凡欲往各沦陷区域者，日本当局概须查验防疫证书，设无此项防疫证书，则不准通行"，④ 租界内中外医师纷纷出售防疫证书，民间对之转卖、伪造者屡见不鲜，防疫班的活动造成了民间的极度恐慌。华中防疫班何以置同仁会的宣抚形象不顾？日本医师在业务报告中毫不讳言地说明原因："本防疫班的使命原为通过防疫对中国居民进行宣抚，然而负责的防疫工作实际上处于军队的外延，

① 「第八十〇号」(1939 年 7 月 17 日)、『同仁会関係雑件/防疫事務関係』(第一巻)、日本外務省外交史料館、H-4-2-0-3_5_001。
② 穂坂唯一郎『同仁会四十年史』、472 頁。
③ 「『日本医学の大陸進出』座談会：新支那建設と医療宣撫の問題」『文芸春秋』1938 年第 12 期、180 頁。
④ 《医生出售防疫证书，公共租界亦予检举》，《申报》(上海) 1938 年 11 月 23 日，第 11 版。

故与我军的防疫有着密切关系。"① 处于日军防疫给水部队外延位置的防疫班，当然以保障当地日军的卫生安全为第一要务。

在日军的授意下，同仁会华中防疫班派遣医师前往无锡、杭州、九江等地展开巡回防疫工作。1938 年 8—9 月武汉会战期间，日军"由于酷热之下艰难行军，疟疾患者大量产生，总兵力十七万人（实为一部——引者注）中约有半数罹病。正是在如此恶劣的条件下，部队战斗能力激减，尤其是跨越大别山的部队陷入苦战"。② 可以想象，将大量医疗资源与防疫力量投入前线的日军，已经无暇顾及九江等沦陷区城市的防疫工作。在这一情况下，日军对于同仁会防疫力量的利用，更出于现实的需要。

1939 年 1 月同仁会将华中防疫班与华北防疫班一并归由兴亚院统辖，3 月华中防疫班改称华中防疫处。兴亚院将上海自然科学研究所的大量设备移交该处，使其疫苗生产能力大为提高。③ 1939 年 4 月，华中派遣军防疫给水部（即细菌部队荣 1644 部队）成立，成为同仁会华中防疫处的实际指导机关。此后，华中防疫处陆续派遣多支防疫班前往内地，这些防疫班与当地同仁会诊疗班合并，成为同仁会在华中沦陷区中小城市的派出机构。1940 年随着汪伪政权的成立，华中防疫处名义上将部分防疫业务交由伪卫生部承担。然而这一转让并不慷慨，同仁会特别声明，凡其防疫药品"以后须照价收费，方得继续供给"，伪卫生部不得不承诺"拟仍由本部向同仁会购办供给，发放各地卫生机关使用"。④

---

① 「中支同仁会防疫事業創設計画、作業状況並二予算経理二関スル件」（1938 年 7 月 29 日）、『同仁会関係雑件/防疫事務関係』（第一巻）、日本外務省外交史料館、H‐4‐2‐0‐3_5_001。

② 臼井勝美『日中戦争』中央公論社、1967、82 頁。

③ 上野太忠『上海自然科学研究所十周年記念誌』上海自然科学研究所、1942、122 頁。

④ 《拟具补助各地防疫消毒材料暂行办法暨经费预算书请公决案》，中国第二历史档案馆编《汪伪政府行政院会议录》第 2 卷，档案出版社，1992，第 264 页。

华北、华中的日军防疫给水部队与当地的同仁会防疫机构，在沦陷区基层开展防疫工作时，虽然是指导与被指导的关系（指导同仁会防疫班的有时还有日军军医部、特务机关等），但在具体防疫业务上也存在明确的分工。原济南防疫处医师神山定治这样回忆 1940 年在商河地区进行防疫工作时的情景：

> 因地方上疫情多发，我们接受军方军医部指示，与军防疫给水部合作，奔赴当地。运输、防卫、检疫等综合性工作则交防疫给水部，诊疗、检查则由防疫班负责⋯⋯当地霍乱患者推定达三千名，我们受到过两次夜袭。我们主要从事灭蝇、阻断交通与预防注射等工作，当时似乎还向民众劝告，说八路军也要接受预防注射。我们在进行注射时周围都安设了机枪，当地集合了相当多的居民。两周后霍乱疫情终于扑灭了。[①]

由此可以推知日本军政当局在沦陷区基层开展防疫工作的基本模式：同仁会防疫班对基层民众的检疫与诊治，依赖防疫给水部队的武力而进行；防疫给水部队则利用同仁会防疫班丰富的宣传经验、高效的工作能力，达到迅速扑灭疫情之目的。

既然同仁会的在华防疫业务与现地日军防疫给水部队有着深度的结合，那么置身其中的同仁会医师是否具有细菌战的意识？答案是肯定的。事实上，同仁会医师对细菌战并不陌生。宫川米次在视察华北各地沦陷区时，就多次声称天津等地暴发的霍乱乃中国军队蓄意发动细菌战所致。[②] 1938 年 6—8 月石家庄防疫班就在报告中说："对于患者排泄物等进行检查，从医学的角度判断其

---

① 「神山定治致青木义勇函」（时间未载）、『青木義勇文書』、R3、345 頁。
② 宫川米次「北支、中支に於ける同仁会の診療防疫事業に就いて」（1938 年 11月）、『同仁会関係雑件/防疫事務関係』（第三卷）、日本外務省外交史料館、H-4-2-0-3_5_003。

毒力及菌型，我们必须判断其是否为细菌战的结果。"① 该班还分发传单，其上写道："虎烈拉（指霍乱——引者注）是人类之共敌。蒋介石将虎烈拉菌注射于西瓜甜瓜之内，开始杀害吾等无辜人民。不让虎烈拉侵入市内一步。"② 我们若将视野投放至同时期的伪满奉天地区，就可发现当地亦发生霍乱疫情。满洲医科大学细菌学教授北野政次恰也认为这是"敌方谋略"的结果："谋略的方法主要是对田中的甜瓜或西瓜注射霍乱菌液……奉天已发现间谍侵入进行种种策动的事实。综合判断，这是中国为侵入而开展的谋略。"③ 北野的说法与宫川、石家庄防疫班的说法如出一辙，可见同仁会医师对细菌战的运用方法早已熟稔于心，战时日本对华细菌战的发动与运作，对同仁会医师而言不过是公开的秘密。此外，原汉口防疫诊疗班医师山口伊典战后忆及日军驻汉口防疫部队利根部队的情况，亦可为一旁证：

> 因终战后的军政关系，华中防疫给水部之名已不复存在，利根部队也消失了。大多为部队（主要是陆军医院）所吸收而解散。我认为，这或许因他们与满洲、上海本部的战犯活动存在关联。据我所知，汉口的利根部队并未进行过战犯的活动（有一个混蛋队长，曾劝我进行实验，而为我一笑了之）。因此终战后日军防疫部队的动向是不明确的。④

山口伊典对利根部队是否进行人体实验的说法，虽然存在自相矛盾之处，但他了解防疫给水部队存在人体实验的极密内幕，

---

① 新垣恒政「『コレラ』防疫実施に関する経験並教訓」『同仁』1938 年第 10 号、10 頁。
② 新垣恒政「第三診療班業務報告摘録」『同仁』1939 年第 2 号、24 頁。
③ 「奉天付近二於ケル『コレラ』疫発生状況二関スル件」（1938 年 11 月 8 日）、『同仁会関係雑件/防疫事務関係』（第三巻）、日本外務省外交史料館、H－4－2－0－3_5_003。
④ 「山口伊典致青木義勇函」（时间未载）、『青木義勇文書』、R1、242 頁。

当无疑问。令人颇感兴趣的是，山口回忆中所揭示的华中防疫给水部队在日本战败时"遁形"的史实，不仅证实了同仁会医师与防疫给水部队存在密切的关系，而且为我们了解华中细菌部队战后的行踪，提供了有价值的线索。

四　"大陆医学"名义下的调查研究

随着战时日本对华"卫生工作"的展开，考察中国各地疾病的分布与流行情况，调查各菌种、病毒的原型，成为日本军政当局交付同仁会的又一重要任务。1938 年 3 月，取代小野得一郎出任同仁会专务理事的田边文四郎（时为陆军军医中将）要求同仁会各地诊疗班利用长期滞留中国的机会，与当地民众接触，进行医事卫生之调查研究。[1] 副会长宫川米次更是直言不讳，称中国底层民众乃日本疾病研究之"处女地"。[2] 当时的日本相关舆论称，"为东亚新秩序的重要国策而奋起的医学界，呼吁日本医学对大陆的挺进，一些学者及一线工作者，已进入大陆，致力于实地调查工作"。[3] 1939—1941 年这三年间，在同仁会医师看来，"可谓同仁会各处各班进行日常业务性研究，或对特定的问题进行调查研究的最黄金时期"。[4] 这些调查研究，是在同仁会医师所呼吁的"大陆医学"的名义下进行的，[5] 与医疗宣抚工作及防疫业务紧密

---

① 田辺文四郎「支那の医界事情を調査研究せよ」『同仁』1938 年第 3 号、1 頁。
② 宮川米次「支那に於ける医事・衛生」『同仁』1939 年第 1 号、23 頁。
③ 「大陸医学の研究」『医海時報』1939 年 7 月 1 日、第 2339 号。
④ 青木義勇『同仁会診療防疫班』、51 頁。
⑤ 对于"大陆医学"之定义及同仁会与之关系，青木义勇有清晰的说明，乃"关于在中国大陆频发的特有疾患的病因、病原体，乃至导致其发作的身体、生活、风俗、社会环境上各种因素的研究领域，当时被称作'大陆医学'，而对之持最合适立场者，则属同仁会"。青木義勇『同仁会診療防疫班』、57 頁。1940 年，长崎医科大学专门派遣大陆医学研究班来华，该班分为病例与细菌两个教研室，据点就设在汉口诊疗防疫班内。長崎大学『熱研 50 年の歩み』編集会『熱研 50 年の歩み』昭和堂、1992、16 頁。

结合，直接服务于日本军政当局对沦陷区的殖民统治，当然是其
"卫生工作"的重要组成部分。

1939 年 6 月至 1945 年 5 月发行的同仁会机关学术刊物《同仁
会医学杂志》，刊载了 339 篇医师的研究论文与调查报告，为我们
了解同仁会在此期间的调研活动提供了重要的线索。从中不仅可
以一窥当时同仁会调查研究的旨趣所在，也可从侧面看到日本统
治下沦陷区民众卫生状况的一些实相。

从篇目来看，同仁会十分关注各地传染病的流行情况。民国
时期，政府及社会所谓的传染病，一般指伤寒或类伤寒、斑疹伤
寒、赤痢、天花（痘疮）、鼠疫、霍乱、白喉、流行性脑脊髓膜
炎、猩红热等急性传染病。[1] 这些传染病因传播快、危害大，日军
在攻城略地时，罹患者不在少数。同仁会对于这些病种的调查与
研究，投入了大量的人力、物力与财力。此外，一些常见的慢性
传染病与风土病，如结核、砂眼、黑热病等，也被同仁会各地的
卫生机关纳入调查研究的范围。

在各传染病种中，同仁会对霍乱疫情的调查研究最多。在
《同仁会医学杂志》中，关于该病的研究共有 29 篇，占发表论文
总数的 8.6%。同仁会对该病的调查地域极为广泛，几乎包括沦
陷区内所有同仁会下属卫生机构的所在地。在日本国内，虽然江
户晚期霍乱极为肆虐，但至近代，由于霍乱疫苗的普及及日本防
疫制度的确立，1926 年后日本本土已基本没有霍乱的发生。[2] 在
中国，抗战前，因国民政府制定并执行各种防疫措施，各地霍乱
的发生亦呈减少趋势。1937 年战事全面爆发后，霍乱疫情死灰
复燃，同仁会各地防疫机构如临大敌，时刻警戒。1941 年后霍
乱仅在沦陷区内零星发生，例如，同仁会华中防疫处对苏州地区

---

[1]　对民国时期"传染病"定义之梳理及研究，参见张泰山《民国时期的传染病
　　与社会——以传染病防治与公共卫生建设为中心》，社会科学文献出版社，
　　2008，第 5—6 页。

[2]　参见贝原守一『細菌の歴史』（創研社、1943），第 20 页。

1942 年 7—11 月发生的数例病情展开详尽调查，发现其原因乃是当地气温比往年趋高而无降雨，市民取用沟渠及公井之水。[①] 1942 年 3 月同仁会于海口成立诊疗防疫班，将势力延伸至海南岛内。[②] 日军了掠取岛内各种资源，役使大量中国劳工兴建各种设施。1942 年在石碌铁矿及附近村落发生的霍乱疫情，527 名患者中死亡 475 名，死亡率之高，令海口诊疗防疫班十分震惊。该班在调研报告中称，"石碌北黎地区的日本工事开发者，自霍乱发生以来，已痛感卫生设施建设之必要。由此特别期待宿舍之改建，及上下水道等其他设施的设置"，[③] 间接反映出中国劳工处于极端恶劣的劳动环境。战时沦陷区内霍乱疫情的蔓延与扩散，既与各地卫生环境的恶劣有关，也与人群因各种原因高度聚集有关。1944 年日军进行所谓的"一号作战"，随着大量部队在河南与两湖地区的集聚、移动，日军中接连暴发大规模的霍乱疫情，日本军部为之惊惧。[④]

同仁会另一重要调查研究对象为疟疾的传播。为了调查疟疾在长江流域的分布，同仁会对沿岸民众进行了大规模的采血检疫。1939 年，华中防疫处发现，作为长江流域特殊风土病的疟疾，是当地患众最多的恶疾。[⑤] 在安徽芜湖一带，1940 年 6 月至 1943 年 12 月，同仁会芜湖诊疗班对 21800 名住民进行了采血检测，得出了当地民众中患四日热与热带热者远较患三日热者为多，尤其是

① 蘇州診療班「昭和 17 年度蘇州におけるコレラ流行に関して」『同仁会医学雑誌』1944 年第 2 号、26 頁。
② 田辺文四郎「同仁会の仕事はいよいよこれからだ」『同仁会会報』1942 年第 3 号、2 頁。
③ 伊賀忠博・北村直次・浮野竹市「昭和十七年海南島海口方面に流行せるコレラに就いて」『同仁会医学雑誌』1943 年第 7 号、2—3 頁。
④ 青木義勇『同仁会診療防疫班』、116 頁。
⑤ 参见中支調査機関聯合会社会文化分科会編『中支ニ於ケル医療防疫調査書』（興亜院華中連絡部、1941）、第 128 页。

患四日热者最多的结论。①战时恶劣的劳动环境，同样助长了疟疾的传播，例如，九江诊疗防疫班调查了当地日军役使的劳工中暴发回归热的原因，发现"实际上是为运输物资而从汉口征来的苦力，在路途风雨中劳作而导致发病"，反映了日军虐使中国劳工的暴行。②

《同仁会医学杂志》也有相当篇目研究黑热病的流行区域与传播途径。对于肆虐淮河流域的黑热病，抗战前南京国民政府曾开展大量的调查研究与防治工作，然而收效甚微。③ 抗战全面爆发后，黑热病在沦陷区内的流行，对日军的健康构成严重威胁。据同仁会华北防疫处副处长石井信太郎的调查，华北日军罹患此病者相当之多。④ 故华北防疫处对此病极为重视，自 1939 年 7 月起多次派遣医师前往华北各地，尤其是患病密度最高的江苏海州地区。通过实地调查，医师森下哲夫等人发现，黑热病于华北流行之南界，在安徽寿县沿淮河往东至洪泽湖，以及从大运河之清江浦附近（淮阴、淮安）至涟水、阜宁一线。⑤

1941—1942 年，同仁会各地卫生机构在日本军政当局的指挥下进行了一次关于中国各类疫病流行的大调查。这次调查区域包括了沦陷区几乎所有省份，基本勾勒出战时沦陷区内传染病的流行情况。在调查报告中，同仁会对战时鼠疫的调查结果，仅有"除了华南福建，尚未有发现值得注意的地区"寥寥一句，⑥ 这显

---

① 里見元彦「マラリアに関する研究——中支那長江流域地帯におけるマラリアの分布浸淫状況二就いての研究」（第一報）、『同仁会医学雑誌』1944 年第 5 号、63、65 頁。

② 青木義勇『同仁会診療防疫班』、118—119 頁。

③ 参见王鹤亭《20 世纪 30 年代江苏北部黑热病流行及防治初探》，《中华医史杂志》2004 年第 3 期。

④ 石井信太郎『東亜の熱帯病』大日本出版株式会社、1942、46 頁。

⑤ 森下哲夫「中国におけるカラ・アザール病流行地の南界について」『同仁会医学雑誌』1942 年第 11 号、9 頁。

⑥ 田辺文四郎・中村今朝人「支那における病毒汚染濃度に就いて」『同仁会医学雑誌』1943 年第 2 号、59 頁。

然不符合当时的情况。1940 年 10 月、1941 年 11 月日本对浙江衢州、宁波，湖南常德等地实施细菌战，投放了大量带有鼠疫杆菌的跳蚤，造成人员大量死亡，鼠疫作为日军开展细菌战的重要武器，早已为中日历史学界所确证。[①] 同仁会与日军细菌部队具有密切的联系，然而其关于鼠疫的调查研究报告仅有三篇。[②] 从这些报告中未能看到同仁会对浙江、湖南，或者其他各地鼠疫流行地区进行过任何的调查。在日本研究细菌战的阵营中，同仁会与防疫给水部队就具体病种之调查研究或许存在明确的分工。

除传染病外，战时同仁会发表的论文中，关于性病、鸦片中毒的研究亦不在少数。性病的调查，多在各地诊疗班或防疫班进行检梅工作时进行，调查对象一般为所谓的"特殊"妇人。1942年 10—12 月，张家口诊疗班通过在对当地中日"特殊"妇人的检梅，发现中国妇女罹患性病的比例是日本妇女的 8—15 倍。同仁会医师认为，"我国相当多的青年男子，不得不于大陆生活，其生活不如国内自由……他们出于性之本能而任意放纵，然而（'特殊'妇女）罹患性病比例之高，实在令人不胜寒心"。[③]

同仁会对于中日民众毒品中毒情况之调查，开展于日本总领事馆控制下的北京慈善戒烟所（1940 年 1 月设立）与隶属南京诊疗防疫班的戒烟科（1942 年 3 月设立）。1940—1943 年，同仁会华北卫生研究所对当地 500 例吸毒日人进行调查，发现"与日本国内相比，重症的中毒者情况令人震惊，在接触身心落魄的国人

---

① 〔日〕森正孝：《日军细菌攻击的初步展开》，《浙江学刊》1997 年第 4 期；上田信「細菌兵器と村落社会」見市雅俊等『疾病・開発・帝国医療——アジアにおける病気と医療の歴史学』東京大学出版会、2001、278—297 頁。

② 这三篇调查报告分别为森下哲夫・高橋多蔵「上海の屋内鼠及鼠蚤に関する研究」『同仁会医学雑誌』1942 年第 7 号；岡部浩洋「北支産鼠寄生虫類の研究」『同仁会医学雑誌』1943 年第 11 号；谷田専治「北京における鼠と鼠蚤の調査研究」『同仁会医学雑誌』1944 年第 6 号。

③ 横山正男・木場藤吉郎「張家口市における特殊業態婦の性病調査」『同仁会医学雑誌』1944 年第 2 号、57 頁。

时，不禁为我民族的未来深感担忧"。① 对于日本人罹患烟毒最重要的原因，调查之医师亦说得相当明白："他们沉溺于海洛因等，归根到底乃因获得此物远比国内容易。"② 令医师们吃惊的是，在日伪的统治下，1943 年时南京登记吸食鸦片者共 1728 人，官方认可的吸烟所共 339 家，这两个数字较三年前汪伪政权成立时的统计数据大为增长。③ 同仁会关于性病与毒品的调查报告，虽然是对特殊人群的调查，但一定程度也反映出日本军民在沦陷区生活的放纵，以及由此带来的身心健康问题。值得注意的是，同仁会的这些研究成果，为细菌部队所关注。原 731 部队细菌战犯川岛清战后承认，他完全了解当时铃木知准等人进行的关于治疗鸦片患者的研究。④

同仁会还对各地风土人情进行调查研究，内容可谓五花八门。例如，开封诊疗防疫班对当地民众的主食小麦、高粱、粟的营养进行调查，指出"初看起来是极粗糙的民众常食，在营养学上却具有相当的优越性。只要将华北中国人的主食略加改良，即可适应日本人之饮食嗜好而完全能够成为日本人的食粮"。⑤ 同仁会诸如此类的调查研究，含有强烈的殖民统治意识，医师们通过实地调查各种疾病滋生的社会土壤，为日本的殖民统治提供卫生学上的依据。

同仁会医师的一些行径与当时日本军医的作为并无差异，同样属于医学暴力。由于同仁会的一些活动受到中外注目，除检梅

---

① 鈴木知準「臨床方面より観たる北支における阿片、麻薬とその使用法」『同仁会医学雑誌』1943 年第 11 号、39 頁。
② 鈴木知準「北支にて罹患せる阿片麻薬邦人中毒者の発病状態に就いて」『同仁会医学雑誌』1944 年第 3 号、37 頁。
③ 今堀肇・蔡固「南京市における麻薬中毒について」（第一報）、『同仁会医学雑誌』1943 年第 8 号、14—24 頁。
④ 「川島清致青木義勇函」（1975 年 12 月 27 日）、『青木義勇文書』、R3、338 頁。
⑤ 岡田甚七「華北邦人の常食について」『同仁会医学雑誌』1942 年第 3 号、5—6 頁。

工作与强制疫苗注射之外，其违反医学伦理之行径较为隐秘，笔者试举三例。

华北防疫处为了研制斑疹伤寒疫苗，大量培育衣虱。由于衣虱的培养需要吸食常人血液，该处雇用了 4 名"苦力"，每日将数个小盒状饲虱箱绑于其腿部上，供虱吸食其血液。"1 盒虱子（400—600 只）若每次吸血 1cc，1 日供 20—30 个盒子吸血的苦力就会失血 40—60cc（一个月约 1800cc），这是我们一般想象不到的量……幸而在中华民国，衣虱的饲养是比较容易的，我处暂且为了那些处于该病感染威胁下的人们，开始生产这种疫苗。"[1]

徐州诊疗防疫班为了解外界温度、药液温度与人脑脊髓液温度之间的关系，对健康男性 18 人进行人脑脊髓液温度的测定实验。试验过程中"对被实验者小脑延髓槽进行穿刺。……如果穿刺过度，上臂及脸部就会感到电击之痛苦而出现头晕眼花"。该班医师对患有流行性脑脊髓膜炎的 10 名青少年进行了相似的实验，其中年龄最小者仅 4 岁。该班还对正常人注射伤寒、副伤寒菌混合疫苗，利用相似方法观察其脑脊髓液的温度。[2]

因 1944 年 8 月 26 日北京出现了一例霍乱，华北防疫处对先农坛乞丐收容所内收留的 1700 名乞丐强制进行防疫实验。该处"利用这次防疫机会，为了探明中国民众中赤痢、伤寒、副伤寒、食物中毒等携菌情况，对活着的乞丐及尸体进行了各种细菌学上的检查"，为了掌握他们对痘毒的感受性，"我们用本防疫处新研制的发痘力强的疫苗，为他们中的 1018 人实施了种痘，并观察接种的效果"。医师们之所以进行这些实验，乃因"中国接近 80% 的民

① 村上務・石井ヤスエ「発疹チフス予防液（蚤ワクチン）製作法について」『同仁会医学雑誌』1943 年第 8 号、10、13 頁。
② 今村勇「人頸動脈流血温及び同脳脊髄液温に関する研究」（第 1 編—第 4 編）『同仁会医学雑誌』1944 年第 8 号、1—11 頁。

众都是下层阶级，或对此有若干的参考"。①

以上实验具有相当的危险性，带给被实验者身心之痛苦可以想见。战时同仁会违反医学伦理的调查研究，虽然与731等细菌部队"活体实验""活体解剖"之残忍程度相比，尚属小巫见大巫，但就其内含的军国主义意识而言，两者并无本质差别。

同仁会在战时日本的对华卫生工作中，充当了主要的执行角色。通过对同仁会在沦陷区各种活动的考察，我们大致能够了解"卫生工作"的主要内容，应至少包括医疗宣抚、防疫业务及医事卫生上的调查研究三个方面。同仁会开展这三项工作，与日本军政当局之联系，具体可归纳如下。

第一，医疗宣抚作为日军宣抚工作的重要组成部分，由同仁会在外务省的指导下，派诊疗班到沦陷区各地实施。各班在当地日军特务机关等部门的指挥下，利用免费医疗等策略，"安抚"底层民众，改善日本殖民统治者的形象。

第二，同仁会在沦陷区的防疫业务，主要由其派往华北、华中的防疫班（处）来实施。这两个防疫机构受当地防疫给水部队的指挥与调度，从事对民众的检疫、疫苗的研究与制造活动。同仁会的防疫业务作为日军细菌部队防疫功能的延伸，基本处于日本对华细菌战计划的外围。

第三，在"大陆医学"研究名义下，同仁会在沦陷区各地的卫生机构，对各地卫生状况进行了详细的调查与研究。同仁会医师还对底层民众进行各种实验，满足其研究私欲，而日本军政当局则从其研究成果中获取中国社会的卫生情报，用于各种隐秘的目的。

从中可见，"卫生工作"实质上是战时日本军政当局利用以同仁会为代表的本国医界，在中国沦陷区内获取民心、保障自身卫

---

① 松林三吉等「北京における最下層民（乞食）の疫学調査」『同仁会医学雑誌』1944 年第 6 号、63—64 頁。

生安全，以及发展殖民医学的一项综合工程，其目的是在沦陷区建立为以日本为主导的卫生体系。作为执行"卫生工作"主角的同仁会，从中获得诸多实利，充分体现了其对日本军政当局的依附性。1937 年日本发动全面侵华战争前夕，同仁会的在华卫生机关，仅有四所直属医院，所辖医师数十人，日本国库当年对之补助，不过70.9 万日元；至 1943 年 8 月，同仁会在中国沦陷区的卫生机关，已达到约 70 所，下辖职员约 5000 人，当年日本国库对之补助，高达990.2 万日元。① 在日军的武力支持下，太平洋战争爆发后，南京鼓楼医院、上海仁济医院等 23 家外资医院先后被同仁会接收，同仁会实现了对沦陷区卫生体系的垄断与控制。

　　战时同仁会执行的"卫生工作"与日军对华细菌战，是日本医学界参与侵华战争的两大途径。但与细菌战的隐秘性不同，同仁会的医疗宣抚等活动，大多公开进行，对于同仁会对沦陷区社会生活的介入，民众的感观不一。有人看到同仁会诊疗班占据旧政府机关，感慨山河的破碎，"满目疮痍"。② 也有人附和日伪的统治，称中国医院"总得像日本一样组织巡回诊疗班等等，从事乡村的保健工作，努力普及卫生思想"。③ 总的来说，以笔者的有限阅读，民众对战时同仁会活动的观感，在中文资料中并不多见。推其原因，或正如同仁会医师所述，"卫生工作"的主要对象是沦陷区的底层民众，而他们一般又缺乏书写观感的意识或能力。

　　遗憾的是，同仁会在抗战末期的活动，未能于本章清晰呈现。随着 1945 年 8 月日本战败的临近，同仁会在沦陷区的卫生机构陷入瘫痪状态，"东京本部的相关者，为了免除战犯指控，一片混

---

① 青木義勇『同仁会診療防疫班』、序言。其中日本国库补助数据及接收外资医院数，参见末永惠子「日中戦争期における対中国医療支援事業の変容——同仁会の医療支援について」『宮城歴史科学研究』2011 年第 68、69 合并号，第 44、54 页。

② 《沪杭线上之所见》，《申报》（上海）1938 年 10 月 15 日，第 8 版。

③ 《女医座谈会》，《申报》（上海）1944 年 2 月 25 日，第 3 版。

乱，出现资料皆无的状态"。^① 1946 年 1 月 4 日，同仁会被驻日盟军总司令部以"协助并支持战时日军的侵略活动"之名义勒令解散，同仁会在沦陷区的卫生机构陆续为国民政府接收，大部分日本医师则被遣返回国，也有一小部分因身处内陆，加入国共两军，个别医师甚至 1949 年后定居大陆，服务于新生的人民政权。对同仁会日本医师战后经历的考察，已处本章范围之外，当属后话。

---

① 「木下武男致青木義勇函」（1973 年 3 月 25 日）、『青木義勇文書』、R1、24 頁。

第九章　侵华日军在中国战地的"征发"

全面侵华战争时期，日军高层对于士兵在中国战地的肆意"征发"有所警惕，将之视为宣抚工作之"敌"。[①] 诸多宣抚员在私记中，都指出日军战争犯罪行为对于宣抚工作造成负面影响，其中"征发"问题尤为严重。何谓"征发"？在中国的古典文献中有"兵革数动，民多买复及五大夫，征发之士益鲜"（《史记·平准书》）、"重增赋敛，征发如雨"（《汉书·谷永传》）等说法，这里的"征发"，指的是政府对民间物资与劳力的征调。日语中的"征发"，本义与中文并无多大的差异。但是，在近代日本的对外战争中，"征发"一词被频繁使用。一位参加过侵华战争的日本老兵这样描述日军对中国战地民众的"征发"：

> 日本对于此次原本被称为"圣战"的大战，不得不承认是"侵略战争"的原因，在于以"征发"的名义进行"掠夺"，进而为运送物资而残酷役使被称作"苦力"的老百姓。军队为了吃饭不得不夺取百姓粮食，明显就是"强盗"……粮食被掠夺去的人们在悲叹之余，怎能不从心里痛恨日本兵？

---

① 「華人応対要領百個条」杉山部隊報道課編『宣伝宣撫参考手帳』杉山部隊報道課、1939、223、229 頁。

丧失了良心而被称为"东洋鬼子"的盗贼们，抢夺的是民众所需的最低限度的食粮。①

作为日军老兵曾经的战地体验，"征发"的主体是日军普通士兵，征发的对象则是"敌国"民众的物资或劳力。毫无疑问，"征发"是日本军国主义在侵华战争时期犯下的战争罪行之一。虽然中日公私文献中广泛记载了日军在中国战地"征发"的现象，然而两国学界迄今尚未形成讨论"征发"问题的专题研究。② 日军士兵在中国战地是如何"征发"的？其背后又存在怎样的心理结构？在解答以上问题之前，我们有必要首先厘清近代以来日本对"征发"的法理认识及其所构建的"征发"模式。

一　近代日本对"征发"的法理认识

近代日本政府与军部以"征发"的名义，动员并征用本国民间各种资源，服务于其发动的对外战争。1882 年 8 月，日本政府以太政官名义发布第 43 号布告《征发令》，第一条即规定："征发令乃战时或事变之际，陆军或海军动员全部或一部所需之军用物资，向地方人民赋课而行征发之法令，平时演习行军，本条亦得准用。"③ 战时日本政府与军部依照此令，得享对国内民众的"征发"之权。按《征发令》之规定，"征发"的内容，既包括米麦、盐、酱料、腌菜等食粮，也包括饮水、柴薪、煤炭、人夫、马匹、车辆、船舶、铁路、宿舍、厩舍、仓库，乃至演习所需场地、器

---

① 〔日〕名波庄次：《写在〈走向故乡之路〉中译本出版之际》，〔日〕河村太美雄：《一个日本老兵对侵华战争的反思》，屈连璧、丁大等译，东方出版社，2003，第 428—429 页。

② 藤井忠俊在考察战时日本士兵的私记时，发现了大量关于"征发"的记载。他探讨了士兵们"征发"的动机，但并没有对之进行溯源。藤井忠俊『兵たちの戦争——手紙・日記・体験記を読み解く』朝日新聞社、2000、117—124 頁。

③ 小笠原美治等編『現行法律規則全書』天賜堂、1883、292 頁。

材等，可谓极为广泛。军部向被"征发"的民众发出"征发书"，政府则就被"征发"的物资按时价给予民众对等的补偿。同年12月，日本政府出台《征发事务条例》，对"征发"的细节做进一步规范，避免"征发"之权遭到滥用。至1945年日本战败，《征发令》一字未改地被承袭下来，成为近代日本对内"征发"的政令依据。① 日本政府与军部依据《征发令》对本国民众的"征发"，在性质上属于内政活动，与中国传统意义上的"征发"并无太大的出入。

然而，近代日本对外发动的战争，无一不在他国领土上进行，要将对国内民众的"征发"之权施于敌国民众，日本政府与军部就必须为之裹上国际公法的外衣。1863年林肯政府于南北战争期间颁行的《陆战条则》，明确规定美国军队对敌地民众的财产拥有征用之权，并对这一权利加以限制，如被征用的私人财产只能用于军事需要；在征用民众物资时，军官还必须提供票据证明，以使物资所有者能够获得补偿；在"征发"中严格禁止掠夺；军官或士兵均不允许于敌地利用其地位或权力牟取私利等。② 《陆战条则》出台后，欧洲各国纷纷仿效，以之训令军队。19世纪后期，《陆战条则》被各种共同宣言与国际公约吸收并加以改进，成为国际公认的战时国际公法的重要组成部分。③

日本对《陆战条则》的动向相当关注。在俄国沙皇亚历山大二世的召集下，1874年，17国使节于布鲁塞尔草拟《各国关于陆战条则的宣言》，列席的日本军官山泽静吾特意将与会时所做的记

---

① 有日本学者认为，《征发令》并非真正意义上的法令，或因军部担心该令中对其有利的强权条款会被修改。参见秦郁彦『日本陸海軍総合事典』（東京大学出版会、2005），第753页。笔者认为，这一点恰恰体现了日本军部视"征发"之权为其禁脔的现实。

② 《对野外美国军队的管辖指令》，即《陆战条则》（Instructions for the Government of Armies of the United States in the Field），http://avalon.law.yale.edu/19th_century/lieber.asp，2020年12月10日。

③ 周鲠生：《国际法》（上），武汉大学出版社，2007，第41页。

录寄给陆军少辅大山岩。1880 年，万国公法协会于英国剑桥召开，列国修改宣言的情况亦为大山岩所关注。① 大山岩对《陆战条则》的重视，反映了当时日本军部对战时国际公法的关注。1889 年日本军部制定的《野外要务令草案》，吸收了大量《陆战条则》的内容，其中关于军队敌地"征发"的规则，则较《陆战条则》更为细化。该草案特别强调"征发"对于日军战地生存的必要性：

> 在敌国的征发，乃给养方法中最为广用者。官宪或部队可直接征发所需物品。然而部队征发也存在无法节用战地资源与对其平等利用之弊端，故应尽量避免此法。唯在舍主供给品缺乏、后方给养品运输不继或采购阻绝等情况下方可行之。在非常情况下，各队长或其他拥有指挥权的老资格军官及分队队长均有征发之权。然实施之方法如何，须自身承担责任。（第二百八十条）
>
> 征发应确立极严格之规则，处于极严格之监视下，方可实施。若非如此，则将立使军纪紊乱，终使士兵模糊征发与掠夺之界限。若于被占领的村落等地施行征发，尤易流于掠夺，应以严格之方法禁遏之。（第二百八十一条）
>
> 军队必须考虑，不得无益费耗地方物品，或竭泽尽取，致使其后之作战给养陷入困难。（第二百八十三条）②

如上可见，日本军部虽然认为"征发"乃战地军队维持给养最常用之办法，但仍属战时环境下不得已而为之，军官须对"征发"持谨慎的态度。1891 年 8 月，《野外要务令》正式颁布，在纲领中还特别添加了军官应教导士兵维护军队名誉，不得滥行"征

---

① 有賀長雄編『万国戦時公法：陸戦条規』陸軍大学校、1894、緒言一；另见有賀長雄《戦時国際公法》（上）（早稻田大学出版、1904），第 124—127 页。
② 『野外要務令』川流堂、1889、237—241 頁。

发"的相关内容。①

日本军部对战时国际公法的吸收，并未止步于《野外要务令》。1891 年，在大山岩的推荐下，国际公法专家有贺长雄出任陆军大学讲师，专门讲授"战时国际公法"课程。1894 年 7 月，中日甲午战争爆发后不久，日本军部出版了有贺编写的《万国战时公法：陆战条则》。有贺长雄于书序中称，该著"所述皆有凭据，多记近世陆战之实例。其虽为法律之书，却并非偏于法律，乃专门致力于战地之实用"。② 他于书中以一章篇幅专门讨论军队在战地的"征发"问题，强调"征发"对于日军"极为必要"，"兵贵神速，一一运送军需到底难以实现。士兵自行携带给养，则大有妨碍其自由行动之弊。故一旦开战，征发乃主要满足需给之手段"。③ 但另一方面，他也指出《野外要务令》关于战地"征发"的论述，在现实中并不具有可操作性，《野外要务令》仅提到军官下达"征发"令之职权所在，却并未明确"征发"的具体方法。④ 可以看到，有贺对"征发"的认识，仅停留于法规条文层面；接踵而至的甲午战争，则为日军提供了实践的机会。

然而，战地的复杂还是远超日本军部的预想。日军在中国东北、山东地区的"征发"，遇到诸多与《陆战条则》《野外要务令》不符的情况。若按欧美诸国的"征发"惯例，对敌地民众的"征发"主要依赖当地官吏进行，因为他们大多熟悉当地民户贫富状况。然而现实中，日军尚未侵入，当地清朝官吏即已遁去，"我军若株守此等之惯例，到底无法进行任何征发，实乃遗憾至极"。⑤ 在第二军司令官大山岩等人的要求下，有贺长雄出任日军法律顾问，他根据中国东北战地的实际情况，制定《在清国领土实施征

---

① 伊藤芳公编『教育指揮』兵事雑誌社、1899、16—17 頁。
② 有賀長雄編『万国戦時公法：陸戦条規』、緒言二。
③ 有賀長雄編『万国戦時公法：陸戦条規』、467 頁。
④ 有賀長雄『日清戦役国際法論』陸軍大学校、1896、208—209 頁。
⑤ 穂波徳明『征清戦史：武勇日本（下）』大日本中学会戦史部、1901、729 頁。

发办法》，经日军司令部审议后，以大山岩《第二军征发规则》的名义向全军发布。该规则共计十条，其中重要数款如下：

> 但凡征发，除按《野外要务令》规定进行之外，并非军人、军属单独可用。然此并不妨碍以自由交易获取物品，但决不可胁迫取之。（第一条）
>
> 虽可对敌地住民课以搬运、建造、向导及其他劳役，但不得役使其从事与战斗直接相关之作业。（第五条）
>
> 征发时应尽可能以当地货币支付，使补偿金额与被征发物品实值相当，然此无须得到被征发民众之同意。若缺乏当地货币，可以一两兑换一圆四十钱之比率支付日本货币。（第六条）[①]

这一规则进一步扩大了日军于战地"征发"的权利，意味着即使在物资所有者不在场的情况下，日军也可对之行使"征发"之权，而战地的民众作为日军所需的劳力，亦可成为"征发"的对象。甲午战争期间，日军于山东"征发"了大量辎重运输用的牛车与车夫，为突袭威海卫提供了充足的后援保障。[②] 日军特意宣传这次"征发"的成功，乃"采用了最进步的文明主义……此实我征清军于方今战时公法上，绽放赫赫光辉之所在也"。[③]

1899 年 7 月，海牙万国和平会议通过了具有国际公法性质的《海牙第二公约》（即《关于陆战例规的条约》），第五十二条详列

[①] 竹井驹哲『日清交戦記』杉本七百丸、1895、3—4 頁。

[②] 当时日军所发中文告示称："威胁藏匿者将加以严重的处罚（传谕后，即将车辆据实声报，刻速驾御到城，本行政厅必从丰酌给车价草料，车夫优给饭钱，尔等其各踊跃从事，决不可借词推诿，倘或实有车辆，故事隐匿，一经察觉，定予严惩。"日军以现金为酬劳，具有双重目的，"一为尽可能按文明之战律。二为吝啬为世人所知的清国住民不对军队所需之物品藏匿，自行提供于我军"。参见有贺长雄『日清戦役国際法論』，第 220—221 頁。

[③] 穂波徳明『征清戦史：武勇日本（下）』、699 頁。

了关于"征发"的各种细则。该公约规定"征发"的对象是物资，而劳力则是课役的对象，这一点在该公约日文版中被清晰地表述。[1] 次年 11 月，日本政府批准《海牙第二公约》，这意味着日本军队在他国领土上进行的"征发"行为，只要符合该条约的规定，就具备"战时国际公法"的效力。

日俄战争期间，日军在朝鲜与中国东北地区施行大规模的"征发"。在中国东北，鉴于"在当地的征发伊始必将出现滥用权力之事。因野战部队情形急迫且以战胜之余势，多少又使之更为严重"，[2] 当地日军制定了《在清国征发规定方案》。该方案虽以《海牙第二公约》为法理依据，但一些条款也体现了当地部队的实际需要。如第五条规定，"在征发时，我军应速将军用手票直接交付于被征发者"。[3] 将"军用手票"代替日币或银两用于"征发"，显然利用了战时国际公法中关于"征发"货币的模糊界定。军票虽然有利于当地部队大量携带，然而现实中的推行并不成功，由于日军所持的军票与日币等值，日币本系金本位货币，在投机商人的操纵下，军票与银两在兑换上出现混乱，作为"征发货币"的军票很快因信用失坠而失去流通力。

1907 年 10 月，各国在海牙第二次万国和平会议通过《海牙第四公约》，该公约对 1899 年《海牙第二公约》略有修改，仅于第五十二条"征发"规则中"现品之供给，务宜酬以现金"之后，添加"否则宜出收据，且所应付之款，宜速交付之"一句。[4] 1910

---

① 「御署名原本・明治三十三年・条約十一月二十一日・陸戦ノ法規慣例ニ関スル条約」（1900 年 11 月 21 日）、日本国立公文書館、御 04772100。

② 蜷川新『黒木軍ト戦時国際法』清水書店、1905、123—125 頁。

③ 蜷川新『黒木軍ト戦時国際法』、124 頁。

④ 《海牙第四公约》是继承 1899 年 7 月通过的《海洋第二公约》的产物，在第五十二条关于"征发"的内容上有所改动，细节参见胡永龄《战时国际公法》（下），中华书局，1948，第 696—697 页。

年1月26日，日本政府批准该公约生效。[①] 直至1941年太平洋战争爆发，《海牙第四公约》作为日本在战地实施"征发"的法理依据，成为日本制定各种战地征发规则的母本。[②]

二 日本构建的战地"征发"模式

日本政府与军部如何基于对战时国际公法的认识与理解，构建出一套适于普通士兵于战地可操作的"征发"模式？考察第一次世界大战以来不同时期出版的"战地军用中日会话"读本中日军士兵与中国百姓关于"征发"的对话场景，或可发现一些线索（见表9-1）。

表9-1   "战地军用中日会话"读本中关于"征发"的对话

场景一 《中日会话》（1918）	场景二 《最新中日会话》（1929）	场景三 《中文速成》（1937）
日：你们铺子里有白米没有？ 中：没有。有点儿老米。 日：有小鸡子没有？ 中：没有小鸡子，可有点儿鸡蛋。 日：有什么生菜没有？ 中：有点儿白菜和葱。我们大家商量商量。价钱总得公道。 日：那是自然的，可实在是什么都贵了。 ……	日：您是做官的吗？ 中：是。我是做官的。 日：我要的是军粮。我求您出点儿力。 中：那么你要的是什么？ 日：我要白米、麦子、豆子、青菜、羊、猪肉什么的。 中：您要谷草不要？ 日：要四百斤多。还要雇苦力。 中：要雇多少人？ 日：要五十个人。一个人一天给一块钱的工钱。	日：叫乡董来，托他有点事。我们要牛、猪、鸡、鸭什么的。无论如何，办几头来。有多少给多少来。现在都有什么？ 中：青菜、葱、萝卜、白菜，都有。 日：都送一百斤来。明天要二十辆大车。你给想法子找一找。我们不是白用。给你们钱。 中：那么我想法子去。明天一定送到粮台来。 日：别耽误了。若不办，我们

[①] 「御署名原本·明治四十五年·条约第四号·陆战ノ法规慣例ニ関スル条约」（1912年1月12日）、日本国立公文書館、御09287100。

[②] 关于日本在全面侵华时期所制定的战地"征发"规则，参见大淵仁右衛門『国際法』（三笠書房、1942），第205—206页。

续表

场景一 《中日会话》（1918）	场景二 《最新中日会话》（1929）	场景三 《中文速成》（1937）
日：票子也可以吗？ 中：回头可以换的吗？ 日：那是自然的，不用疑惑了。 中：一块票子可以换一块现洋么。 日：对了，你把这个话告诉大家罢。 中：错不了么？ 日：我管保你放心。	中：我答应了。 日：这儿有几辆车？ 中：有五十辆车。 日：有汽车没有？我要雇三辆车。 中：有是有，可是不很好。 日：你去叫这房子的东家来。 中：东家来了。 日：你替我喂马。 中：已经喂好了。	就派兵抓去。那也无得怨。征发草料。喂马用什么草料？ 中：干草、油〔莜〕麦、黑豆、麸子、高粱秆儿，什么的。 日：各样儿都给送十担来。煤要五吨。柴火要十沙生。 日：征发什么的，一定给公道价钱。

注：“日”指前往“征发”的日军士兵，“中”指被“征发”的中国乡绅或民众。

资料来源：参谋本部编『日支会话』小林又七、1918、163—171 頁；兵书刊行会『最新式日支会話』兵書刊行会、1929、143—144 頁；朝日新聞社『支那語早わかり』朝日新聞社、1937、133—135、138 頁。

取材于 1918 年参谋本部所编《中日会话》的场景一，可能参考的是第一次世界大战期间日本出兵山东时的情况，兵民之间围绕“征发”的对话，具有鲜明的华北民间口语特色。与会话场景和平友善的气氛相反，在中方文献中关于日军在山东的“征发”，可谓极其野蛮：“（日军）所到之处，强占民房，将老幼尽兴逐出；搜捕鸡鸭猪牛，以供食料，抓获驴骡，以充代步；门窗析为烧柴，禾黍刈为喂马……代价不出分文，行动俨同盗匪。”[①] 取材于 1929 年兵书刊行会所编《最新中日会话》的场景二，参考的应是北伐战争期间日本第二次出兵山东时在当地的“征发”情况。场景二还涉及日军对“苦力”的雇用，确证日本将当地劳力作为“征发”对象的事实。取材于 1937 年 10 月朝日新闻社刊所编《中文速成》的场景三，显然是全面侵华战争中，日军在华北与华中战地施行“征发”的情形。《中文速成》作为满足卢沟桥事变以来日军于战

---

① 中研院近代史研究所编《中日关系史料——欧战与山东问题》，台北，中研院近代史研究所，1974，第 249 页。

地实际需要而编写的简易中文教材，其中关于"征发"的对话生动地呈现了日军士兵急切索求粮秣的形象。从中也可以看到，"征发"者与被"征发"者的因应，构建了日本基于其法理认识而形成的战地"征发"模式。

然而这一模式在实践中还会存在两个问题。第一，如何界定"征发"与掠夺的问题。正如日本制定的一系列"征发"规则中所强调的，若士兵滥用"征发"之权，必将败坏日军的"军风军纪"。全面侵华战争爆发后不久，日本军部就对"征发"与掠夺之间的关系加以界分：

> 所谓掠夺，乃趁战地居民恐惧我军威力而无从抵抗或避难时夺取他们的财产以充私欲之行径。此外，还包括夺取战场上战死、战伤者的衣服及其他财物之行为。原本所谓的征发，被赋予了权限，本意即在于军队须对居民提供的必要物资支付补偿。因居民悉数避难，在无法给予补偿支付的情况下，以私欲为目的而实行的抢夺、窃取，则完全与此本意不同。如此夺取居民财物的所谓掠夺，乃是借由征发名义，临阵而充私欲，必须深以为戒。①

第二，"征发"所使用的货币问题。如上所述，因日俄战争时期日军已有将军票用于"征发"的先例，发动全面侵华战争后不久，日本军部特别为军票再度成为"征发"货币进行了法理上的铺垫，"对于征发，应尽可能地支付现金（法币）。然而，若在困难的情况下，使用军票也不为国际法所禁止"。② 1937 年 11 月，从

---

① 大本営陸軍部『従軍兵士ノ心得第二号（軍紀風紀二就テ）』大本営陸軍部、1938、6—7 頁。
② 「軍票使用卜 戰時国際法二就テ」（1937 年 8 月）、『支那事変関係一件/支那事変関係国際法律問題』（第一巻）、日本外務省外交史料館、A—1—1—0—30 _ 50_001。

杭州湾登陆的柳川兵团开始大量使用军票，将其"作为现地调办军需物资而临时发行的征发证券"。[1] 随着战争的持久化，1938 年 9 月 23 日日本内阁决议将军票作为"现地一般通货"，军票事实上成为华中沦陷区内日军"征发"物资与劳力的标准货币。对于军票作为战时货币的"征发"性，当时的日本经济学者不无为之粉饰："为了使军票充分发挥军票的功能，有必要使之普遍流通与价值保持高度稳定，这就需要使军票'通货'化。概言之，军票并非因其征发性而发行之，而是因其具有替代通货的便利性而被使用，因此应被视为一种临时通货——政府纸币。"[2] 与军票相似，华北"中国联合准备银行"所发行的"联银券"，与华中汪伪"中央储备银行"所发行的"中储券"，也都具有"征发"性，它们与军票共同成为日本掠夺中国沦陷区民众物资的货币武器。

三　战地"征发"的实相

1937 年 7 月，日本发动全面侵华战争。随着大量日军侵入中国，前线士兵所携带的粮秣很快就被消耗，然而来自兵站的补给却难以为继。所谓"兵站"，是日军补充必要后勤物资的基地。日军对兵站建设的忽视，正如曾为日军士兵的历史学者藤原彰所指出的，"日军置于作战计划第一位的是实现作战目的，补给运输、给养、卫生等军队生存所必需的条件，因作战优先主义而被轻视乃至无视……日本的作战完全没有对补给重要性的认识，这原本系军队轻视士兵的生命与人权的缘故"。[3]

在中日战场上，"征发"与战事如影随形，成为日军普通士兵的日常活动。日军的"征发"，往往以"抢掠""掠夺""强征"

---

① 清水善俊『支那事变军票史』『日本金融史资料・昭和篇』（第 29 卷）、大藏印刷局、1971、109 页。

② 今村忠男『军票论』商工行政社、1941、263 页。

③ 藤原彰『饿死した英灵たち』青木书店、2001、234 页。

等词被广泛记载于中方各类文献，而战时日本政府的公文档案与军部的各类作战文书关于战地"征发"的书写，却基本按照日本军政当局所设计的模式，无法从中了解日军战地"征发"的实相。值得注意的是，作为"征发"主体的日军官兵，在战地私记中记述了相当丰富的关于"征发"的亲身体验。对这些私记的解读与梳理，可以成为我们了解日军于中国战地"征发"实相的有效途径。

在华中战场上，华中派遣军齐藤联队辎重兵砂塚熊太郎详细记载了日军在太仓、盐城"征发"的场景：

> 在太仓，因为军令不彻底，有人外出征发。军官发现某个士兵拉来了一头大牛，就问道："这头牛是从哪里拉来的？"士兵回答道："这是在某个农家小屋里系着的，用50钱买来的。"军官呵斥道："即使在战地，也不可能一头牛才50钱。"……（盐城郊外）今天一天我都是在征发中度过的。火柴2000盒、点心类、皮蛋、腌鱼等，要用三台两轮拖车来拉。盐、砂糖、火腿四支、鱿鱼、墨鱼等，就船能装得下的，都装上了。[1]

士兵通过一次"征发"获取的物资数量之多，在步兵第三十四联队小长井鉴重少佐的日记中也有详细的记载。小长井不吝笔墨地记载了士兵们"征发"的"收获"：

> 稻叶曹长一队今日也去征发了。征发到了牛7头、鸡40多只。这在日本国内到底是无法做到之事……所谓征发，是怎样的词语啊。可以说征发就是提供军事物资。牛、猪、鸡、蔬菜、米等，征发一次光牛就达7头，鸡达47只，猪达5头。

---

[1] 砂塚熊太郎『人間らしく在りたい　父が綴った「日支事変・南方戦線」——九年間の記録』合同出版、2006、39、62頁。

即使花钱，一头也需一百二三十日元的牛，一次就征来了两三头，我们则直接对之用饲料喂养。还有砂糖十俵，大米则是南京产的米，征发来的物品已足够我师团食用。真乃可怜的国民也。①

日军在华北战地的"征发"与在华中的情况相似。在华北派遣军独立山炮第一联队士兵广野武看来，他的战友们以"征发"之名行掠夺之实，"战友们将中国人家中能到手的东西都拿了出来。毛皮衣服、银食器、绢布匹。马上就要开赴战场了，为什么还要拿这些东西？真令人生气"。②战犯古海忠之则描述了战争后期在华北粮食紧缺的情况下，五十九师团对山东省范县作战中军官、士兵共同"征发"粮食的情形："中国人民轻易不肯将粮食交给侵略者。于是日军军官驱赶士兵从马厩中的马粪里，到房屋的基石下，到处搜寻粮食，甚至掘开新坟，将头钻进水井里的横穴中，哪怕是一把粮食也全部抢走。未及逃走的妇女被捉住，到了夜晚，遭到士兵的轮奸。"③

入侵南京的第十三师团山田支队的士兵们，在日记中留下了大量"征发"的记述，十分详尽地呈现出日军行军中"征发"的常态。士兵们的"征发"非常频繁，"由于征发兵马粮秣是必须先行解决的问题，故上午、下午战友们都必须去征发"。④"征发"是为部队所允许的行为，"由于没有来自军队的给养，联队的命令

①　小長井鑑重『オ父サンノセンサウ——小長井少佐　日中戦争陣中日誌』西田書店、2006、116、135頁。
②　広野武・広野紀代子『北支事変進軍日記』新風舎、2006、106—107頁。
③　〔日〕古海忠之：《日本军的"物资收集"任务》，中央档案馆等编《华北经济掠夺》，中华书局，2004，第849页。
④　1937年11月19日，「斎藤次郎陣中日記」小野賢二等編『南京大虐殺を記録した皇軍兵士たち』大月書店、1996、25頁。

是尽可能地通过征发去获取食粮"。① 日军的"征发"还引发了士兵对民众的各种暴行，"途中对城镇的征发，实际上都是睁一只眼闭一只眼进行的。各村子的火灾也是如此，对人的杀伤也是如此"。② 从日记中也可看到，在占领南京约一周后，日军上层方开始限制士兵的自由"征发"，士兵们大规模的"征发"活动才告一段落。③

日军上层对普通士兵的"征发"的限制，并非出于对中国民众的同情。以华中派遣军主力第十军为例，1937 年 11 月，随军宪兵向该军法务部报告了大量登陆以来士兵因"征发"而发生的战争犯罪行为，法务部由此向该军司令官提出应整肃军纪，避免引起国际问题的建议。④ 12 月初，华中派遣军参谋部意识到过度"征发"导致军纪混乱所带来的负面影响，要求各部队对"趁混乱之际，敢行掠夺暴行而将罪名归于日军者"进行严惩。⑤ 占领南京后不久，华中派遣军上层"鉴于上海及其附近在国际上的复杂性"，要求各部队避免士兵的"失态"，"尤要注意不得有些许危害我军全盘利益之行为"。⑥

从 1937 年 11 月至 1938 年 2 月，第十军法务部检举了士兵大量由"征发"引起的战争犯罪行为。从一些判例中可以发现士兵于华中各地"征发"的实相。例如，有士兵三人"于露营中擅自

---

① 1937 年 11 月 17 日、「目黒福治陣中日記」小野賢二等編『南京大虐殺を記録した皇軍兵士たち』、368、369 頁。
② 1937 年 11 月 21 日、「近藤栄四郎陣中日記」小野賢二等編『南京大虐殺を記録した皇軍兵士たち』、321 頁。
③ 1937 年 12 月 22 日、「斎藤次郎陣中日記」小野賢二等編『南京大虐殺を記録した皇軍兵士たち』、40 頁。
④ 「第十軍（柳川兵団）法務部陣中日誌」高橋正衛編『続・現代史史料6　軍事警察』みすず書房、2004、17 頁。
⑤ 「中支那方面軍軍法会議陣中日誌」高橋正衛編『続・現代史史料6　軍事警察』、195 頁。
⑥ 「中支那方面軍軍法会議陣中日誌」高橋正衛編『続・現代史史料6　軍事警察』、141 頁。

离开营地，前往约一里外的金山卫城东门乡，进入当地因逃避战祸而无人居住的数户民家中物色烟酒。由于无法到手这些物品，愤然将该乡原棉米谷商人陆肖云等三人所有的瓦房烧毁"。① 又有预备役陆军炮兵四人，"为了征发蔬菜，趁前往中国人村落之际，带剑闯入数户中国民家，或进行身体检查，或搜索书桌抽屉，合计掠夺金钱二百六十四元及衬衫等衣物"。② 从判例中可发现，"征发"引起的最主要犯罪是掠夺罪，士兵往往趁户主不在盗取其家中的钱财或贵重物品，而这正好被便衣宪兵发现。被日军军事法庭控诉犯下掠夺罪的士兵，大多只受到了惩役一年的处罚。

随着战争进入相持阶段，日军注意到过度"征发"对"治安维持"与宣抚工作所造成的负面影响。日本军部编写的战地宪兵《勤务教程》中，就指出"（掠夺等）不仅紊乱军纪，而且煽动事变地民众的抗日意识，妨碍治安工作，为敌对宣传所利用，损害我军出兵的真义，进而对我国的对外政策造成不利影响，其弊害甚大"。③ 驻屯于广州新塘的伍长村田和志郎，在日记中记载了"征发"小队与当地宣抚工作者之间的"默契"：

> 如果严禁征发的话，那好像有点恐怖了。这个城镇是步兵第五十六联队的警备区而投入了宣抚之力，故部队下达了不许征发一物的指令，哪怕征发一个橘子也不许。④

然而这种"默契"轻易就会被士兵打破，村田日记中也记载

---

① 「第十軍（柳川兵団）法務部陣中日誌」高橋正衛編『続・現代史史料 6 軍事警察』、35 頁。

② 「第十軍（柳川兵団）法務部陣中日誌」高橋正衛編『続・現代史史料 6 軍事警察』、101 頁。

③ 「軍事警察勤務教程」高橋正衛編『続・現代史史料 6 軍事警察』、447—448 頁。

④ 1938 年 12 月 5 日、村田和志郎『日中戦争日記』（第三巻）、鵬和出版、1984、140 頁。

了士兵们随意闯入"严令禁止征发"的广州英租界，"依然如同前日，若无其事地征发不止"的现象。①

进入"治安巩固时期"的日军士兵，在"征发"中更注意"巧取"。驻屯于安徽衢州"治安区"的第一一六师团士兵松本博，在日记中详细记载了他的"征发"技巧：

> 我们抓来了悲惨呼叫的猪，将之投入船室中。鸭子、鹅也被轻松制服后塞了进去。征发的情景实在令人愉快。补偿就是给中国人食盐。一只猪给价值五日元的盐，鸡、鸭则给五十钱。竟然如此便宜。国内的猪肉商、鸡肉商如果羡慕的话，就来中国！……前天给予苦力的工资也是盐。这些盐都是从街上商家逃亡后无人的商店中取来的。这使我不禁感到有趣。他们都认为这是日军特意从铜陵运来的。这就是所谓的"用别人的兜裆布来当相扑"。②

在官兵们的记忆中，豫湘桂战役期间的"征发"所得最少。日军华南军第一〇四师团围攻柳州，在武宣一带，因当地农作物很少，该师团的"征发"往往毫无所得。令日军恐惧的是，"征发"中的士兵一旦落单，"就极会被附近山野中潜伏的住民发现而杀掉，成为野狗的食物。在领地自卫意识强烈的广西内地，离开了队伍的人，无论敌友，等待他们的都是犬死的命运"。③ 由于长距离的饥饿行军，日军在豫湘桂战场上的"征发"已毫无顾忌：

---

① 1938 年 11 月 26 日、村田和志郎『日中戦争日記』（第三卷）、124 頁。
② 1940 年 7 月 20 日、1940 年 7 月 22 日、松島博『華中従軍日記』石崎書店、1958、64—65、66 頁。
③ 亀井人司『中国に捧げた青春の記　大陸回顧——南支軍、湘桂作戦参加鳳兵団一兵士の記録』新風舎、2004、168 頁。

　　士兵们胡乱闯入家宅，将所有食物全部分享。水、酒之中混入毒药本不为奇，然而士兵们对此毫不介意，轻松地将之填入肚子。有个词叫作"强盗"。我们的行为完全如同组织党徒出没、杀人掠夺的强盗一般。部队离开后的村镇，一切食物都被吃光，大部分酒都被喝完，猪、鸡等家畜不见踪影。难以启齿的是，只剩下"士兵的粪便"。没有比此更能感到战场的悲哀了。①

　　值得注意的是以"征发"名义对中国劳力的掠索。通信兵久保村正治亲睹了第十一军在进攻湖南之前，对汉口民众的大规模"征发"行动：

　　突然，光天化日下在汉口的主干道中山路上开始了对人的征发。征发者是中国警察，被征发的是中国男性。可以看到凄惨的光景，强壮的男子从路边被强行抓上卡车，运往他方。男人身后的老婆孩子大声哭喊着追赶，被官宪强行拉开……只要是街角边站着的稍有力气的男子，就自然会被日军带走。被征发的苦力达到数万人之多。②

　　日军"征发"的对象并不限于壮年男子。在湖南衡山地区，日军部队还"征发"年轻女子。她们被迫穿上男装，充作随军"慰安妇"，一路忍受日军的蹂躏。③ 而在华南地区，"因当地民众具有强烈的抗日意识，根本没有与日军合作的想法，征发的苦力，就多为中年妇女。几乎没有青年男子，即使有男性，也都是五六

---

① 堀江祐司『湘桂作戦に従軍した一軍医の回想』堀江病院、1988、76—77 頁。
② 久保村正治『第十一軍通信隊』図書出版社、1987、132—133 頁。
③ 1945 年 1 月 5 日、向山寛夫『粤漢戦地彷徨日記』中央経済研究所、1994、78 頁。

十岁的老人"。① 在普通士兵看来，日军对劳力的"征发"实为"必要"，"这并非有商有量的征用。而是粗暴的捕捉。若没有苦力，行李就必须由士兵自己搬运……"②

四　士兵"征发"的心理结构

"征发"作为一种战争末端的现象，也是一种战争思维。③ 要把握"征发"的性质，就有必要了解作为"征发"主体的日军普通士兵的心理结构。

作为对士兵非法"征发"的反思，华中派遣军法务部总结了"征发"引起的掠夺罪，乃士兵"放纵物欲、受好奇心驱使所犯……其根本之动机，乃存在战争中即便有如此违法行为也不易被发现的浅薄想法"。④《勤务教程》中即指出："士兵掠夺的行为是为了满足自身的欲望而越过'过度征发'的界线，渐渐成为满足物欲的计划犯罪、智力犯罪。"⑤ 在日军上层看来，过度的"征发"是因为士兵追求物欲，而并非"征发"这种行为本身存在什么问题。

另一个值得关注的现象是，普通士兵在其私记中往往不厌其烦地描述他们"征发"时的心境，这种对"征发"的自白与内心剖析，构成了他们的战地体验，也从侧面反映了士兵与战地环境的某种联系。"征发"带给士兵获取敌方物资的兴奋感，他们尤其期待对大城市的"征发"："按所设想的，战争需要消耗大量的物资。但另一方面，如果攻下敌人的主要城市，就可以获得军队近

---

① 　堀江祐司『湘桂作戦に従軍した一軍医の回想』、157 頁。
② 　堀江祐司『湘桂作戦に従軍した一軍医の回想』、157—158 頁。
③ 　藤井忠俊『兵たちの戦争——手紙・日記・体験記を読み解く』、123 頁。
④ 　「中支那方面軍軍法会議陣中日誌」高橋正衛編『続・現代史史料 6　軍事警察』、200 頁。
⑤ 　「軍事警察勤務教程」高橋正衛編『続・現代史史料 6　軍事警察』、448 頁。

十日的生活物资，这在价值上是何其巨大。有人称之为'蒋介石的赠予'。士兵们还真是善于制造术语！"① 在豫湘桂战役中，步兵第二二七联队中尉藤崎武男率领的中队在攻入郑州后做的头一件事就是"征发"，"征发"是对士兵的"奖励"，"谁都在半公开地进行中，谁也不会抱有罪恶感"。② 长沙沦陷后，日军对城内商铺大肆"征发"，商品与家具被随意丢置，连片商业区遭到掠夺。士兵阪本楠彦自陈，"可从作战中的胡作非为获得乐趣……"③

在私记中，士兵将"征发"作为一种获取乐趣的日常"习惯"。第四十九联队士兵矢泽新五在日记中描述了 1938 年 6 月、7 月他在湖北大冶乡间"征发"的每日生活：

> 每天，吃过早餐后，就只有擦手枪，无事可做。也有在散步的时候顺便去征发蔬菜、肉品的情况。穿着一件白色衬衫、肩上挂着一只手枪，以所谓"征发型"装束去附近的田里拿甘蔗、韭菜、萝卜……虽然已经不需要搜寻猪、鸡等，但以运动为目的，征发如同每日功课一般充满乐趣。④

士兵将"征发"视为"日常功课"，即使物资并不紧缺也对之乐此不疲，这些记载真实地反映了他们在战地环境下的精神空虚与道德沦丧。

在私记中，一些士兵并不否认"征发"这种行为的不义与野蛮。何谓"征发"？"自己的村子被占领，猪、鸡、米、盐被征发，房屋和山林都被烧掉，即使是优哉游哉的中国人，也会拿起武器

---

① 1939 年 4 月 3 日、中村常賢『陣中日誌　日中戦線　昭和 13 年・昭和 14 年』刀水書房、2007、112 頁。

② 藤崎武男『歴戦 1 万 5000 キロ　大陸縦断一号作戦従軍記』中央公論新社、1999、147 頁。

③ 阪本楠彦『湘桂公路　1945 年』筑摩書房、1986、141 頁。

④ 矢沢新五『生きて帰れまいこの命　支那事変の記憶』文芸社、2007、83、87 頁。

而奋战吧。然而结果是即便战斗，比起生命轻于鸿毛的日本兵，他们到底不是对手。”① “所谓的日本强盗之说，不是颇有意思的说法？不断袭入民家，炊米吃鸡，将桌子、床具当作烧火的材料。还真是毫不客气。这就是战争。杀人放火的强盗可谓比比皆是。”② 松本博的日记中记录了他亲自参与“征发”时的心理感受，具有一定的代表性：

> 征发队恰如饿着肚子的年轻人进入面馆，一下子蜂拥闯入房子里。发现有盐、米、布、豆、锅、猪一头……在这个村落中的征发大获丰收。因为还剩两个中国人，就让他们搬运物资。我痛切地感到，战争不能败。自己家里的物资被人抢走，还要充当这些物资的搬运工，为了获得其中微小的一部分物资而低头。③

对松本而言，“征发”是强者对弱者、胜者对败者强索物资、强迫劳作的特权，沦陷区的中国民众不得不顺服地接受被“征发”的命运。通过与其他士兵日记的比较，可以发现松本的感想，是日军在中国战地进行“征发”时的普遍心理状态。

也有士兵看到了被“征发”中国民众的凄惨。豫湘桂战役中士兵们目睹了中国民众因口粮被掠夺后饿死的惨状，“只剩下皮骨的儿童尸骸，数不尽地顺湘江而流下”。④ 在华北村落，“村子里妇女儿童很少，只有逃得晚的、惊慌失措的老人与小孩。当我看到没有食物、在已被烧掉的房屋废墟中瑟瑟发抖的他们时，流下了眼泪”。⑤

---

① 1938 年 2 月 18 日、村田和志郎『日中戦争日記』（第二卷）、18—19 頁。
② 1938 年 2 月 19 日、村田和志郎『日中戦争日記』（第二卷）、31 頁。
③ 1941 年 5 月 16 日、松島博『華中従軍日記』、151—153 頁。
④ 読売新聞大阪本社社会部『中国慰霊』読売新聞社、1983、190 頁。
⑤ 広野武・広野紀代子『北支事変進軍日記』、114 頁。

虽然士兵"征发"的心理结构因人、地、时而异，然而考察一些士兵的私记，仍可从中发现一些共同点：第一，士兵们并没有将"征发"与掠夺特意加以区分；第二，士兵们将"征发"视为胜利者的特权，从"征发"中追求兴奋感与满足感；第三，士兵在"征发"时并没有战时国际公法的观念，也没有任何将过度"征发"或掠夺视为战争犯罪的意识。

"征发"作为近代日本帝国对外战争中频繁使用的词，战后与"宣抚""肃正"等词成了"死语"。将中国传统的"内生性"词语改造成对外战争中的话语资源，是近代日本军国主义构建战争话语体系的一个特点。

近代日本政府与军部对战地"征发"的法理认识，既来自其自身对战时国际公法的理解，也来自战地日军的实际需要。在吸收战时国际公法的过程中，日本制定了一系列在敌国战地"征发"的规则，设计了战地"征发"的模式，这些都巧妙地融入其自身的利益诉求，意图使其在他国领土上对物资、劳力的掠取行为获得合法性与合理性。现实中侵华日军在中国战地的"征发"，与日本军政当局所设想的模式大相径庭，军部制定的"征发"规则，"根本无法遵守，甚至很多干部不知道它的存在"。[1]日军如此热衷"征发"的根弊，在于其本国贫弱的物资动员能力无法满足其持久作战的需要，"现地自活"也就成为战地生存的唯一法则，"几乎没有军干部会将战争视为一种经济行为，根本不考虑生产天天消耗下去的物资以及补给体制，只认为从对手阵地中获取即可胜利。所谓'当地征调'听起来不错，不过是公认的掠夺"。[2]

侵华日军在中国战地的"征发"，无论是否符合战时国际公

---

① 藤原彰『中国戦線従軍記』、110 頁。

② 森金千秋『湘桂作戦』図書出版社、1981、125 頁。

法，都是其所发动的侵略战争的产物。考察日本士兵在战地"征发"的实相并分析其"征发"的心理结构，能够毫无辩驳地证明"征发"的侵略本质。日军士兵的"征发"心理与八路军高度严明的纪律意识形成鲜明对照，决定了战地民心之所向，也从侧面反映了宣抚工作必然走向失败的真正原因。

结　语

　　九一八事变以后，伴随关东军的武力占领与"治安作战"，宣抚工作成为日本军政当局怀柔中国民众的策略，广泛运用于东北沦陷区。宣抚工作内容极为庞杂，大体可分为难民招抚、傀儡组织扶植、医疗宣抚、地方"治安"、经济"复兴"、思想宣传、"铁路爱护村工作"、情报搜集、物资搜集等方面。卢沟桥事变发生后，日本军政当局基于对伪满洲国的统治经验，迅速向华北沦陷区派遣大批宣抚班，意图在当地建立日本主导、傀儡政权协从的殖民统治体系。伴随日军对华北主要都市的侵占，沦陷区形成了以华北方面军特务部宣抚班本部为中枢、以各地宣抚班为末梢的"宣抚势力圈"。

　　宣抚工作具有临时性、无序性的特点。"宣抚势力圈"伴随日本对华北"治安战"的开展而伸缩不定。1938 年 5 月徐州会战之后，各地宣抚班逐渐成为依附于当地日军部队的准军事组织，其军事属性不断加强。抗战进入相持阶段之后，伪满模式的宣抚工作在华北沦陷区陷入困境，满铁出身的旧宣抚员群体逐步为职业出身多元化的新宣抚员群体所替代。随着八路军等抗日武装力量的壮大，宣抚班的施策之术逐渐失去效力。八路军持之以恒的群众工作，对农民阶层反复的教育与动员，最终使日本的宣抚工作流于形式，成为阻遏日伪势力深入华北沦陷区基层的最关键力量。为了转嫁财政危机，也为了掩饰日本对华北沦陷区的殖民统治，

1940 年 3 月，华北宣抚班与"新民会"合并，华北宣抚工作宣告终结。

华北宣抚工作之所以能够取得一定成效，缘于日本军政当局捕捉到了战时环境下部分旧军人、乡绅、底层民众政治投机、随波逐流、寻求安定的心理。在日本军政当局看来，宣抚工作中最有效的形式莫过于两途：其一，为贫苦民众提供盐、糖、茶、烟草等日用物资，博取他们对日伪政权的认同。物资救济的形式产生效果，正如宣抚员山本英一所认为的，"在交通不便且空旷的大陆，物资难以运入内地。甚至连日常用品都极为短缺，茶、盐、糖等奇货可居且供应不足。故我们在进入内地时一定携带茶、盐，真正的成年人，必为之欣喜"。① 其二，通过免费施疗施药等医疗宣抚的形式，缓解底层民众的战争创伤。这一形式，如日本医疗组织同仁会医师所云，"比之文字海报的宣传，在现实中对患者进行治疗并使之亲眼所见，当然效果更好"。② 这两种宣抚形式虽然取得了一定效果，但也加剧了日本军政当局的财政负担。

在淞沪会战将要结束时，日本向华中沦陷区派出第一支宣抚班——宝山宣抚班，由此拉开华中宣抚工作的序幕。不同于华北沦陷区，华中沦陷区战前既为国民政府统治的中心区域，也是欧美在华利益集中之所在。日本军政当局认为，华中宣抚工作较华北宣抚工作更为复杂，"华中民众概比华北所受抗日教育之浸润更甚，如今故应多在性格、思想、政治上做进一步考量"。③ 除获取民心之外，华中宣抚工作还具有"中日亲善"的示范意义。在日本对华中沦陷区各地开展的宣抚工作中，南京宣抚工作是比较特殊的一环。日军曾在南京犯下骇人听闻的暴行，南京宣抚工作另

① 山本英一『愛の宣撫行』教文館、1942、66 頁。
② 「『日本医学の大陸進出』座談会：新支那建設と医療宣撫の問題」『文芸春秋』1938 年第 12 期、174 頁。
③ 「中支宣撫班建直し 陸軍で人材を募る」『東京朝日新聞』（朝刊）、1938 年6 月 13 日、第 11 版。

有消除中国民众的创伤记忆、掩饰日军战争犯罪行为的意图。在南京，宣抚班的工作取得了一定成效，不仅因日本侵略者谙熟一般民众的战时心理需求，为之进行了精心准备，也因沦陷后的南京基本不存在反抗日本的强势力量，欧美在南京的势力也并无与日本长期竞争的实力。

在江南名城杭州，日本对当地的宣抚工作，积极服务于日本军政当局的物资统制工作与军票政策，着力于将日本的经济、金融势力渗透至当地社会。然而，因江南小农经济的独立自足性、国民政府法币经济的坚强韧性，以及浙东浙西国共抗日武装力量的牵制，杭州宣抚工作取得的成效有限。武汉会战前夕，华中各地的宣抚班因"难以取得充分效果"，其业务被移交给华中派遣军特务部。华中日军特务部对当地宣抚班的控制得到强化，成为华中宣抚工作实际上的主导者。此后，华中宣抚工作的特务性质更为浓厚，一直延续至日本战败。

在华南沦陷区，三灶岛宣抚工作由日本海军主导。日本对三灶岛的殖民统治，基于对抗日武装的残酷镇压与依托"治安维持会"开展的宣抚工作，构建出一种独特的殖民统治模式。这种统治模式，以军人利益至上为原则，成为太平洋战争爆发后日本对东南亚沦陷区实行的军政统治的雏形。

如前所述，伴随日本对华侵略战争的持久化，宣抚员群体内部出现更替与分化。以熊谷康为代表的上海满铁系统宣抚员，不同于早期以八木沼丈夫为首的东北满铁系统宣抚员，前者强调以怀柔手段获得中国民众"自发"对日伪政权的支持，提倡所谓"平等"的宣抚观；而后者视中国民众为"国民性低下"的劣等民族，对中国民众采取"居高临下"的态度。两者在工作思路上虽有不同，但本质都在于控制中国民众的思想、消磨其反抗侵略者的意志，服务于日本对中国的武力侵略与殖民统治。

一些宣抚员在宣抚工作中看到了中国民众坚持抗战到底的决心。伴随晋南宣抚工作的开展，宣抚员渊上辰雄得以近距离观察当地民众，思考战争对于晋南区域社会的影响。他见证了国民党部队以游击战的形式，对新绛等地实行的包围战。他还尝试了解八路军，并在接触到马克思主义理论后，坦承日本所谓的宣抚理论根本无法与之抗衡。在渊上看来，宣抚工作不仅在现实运作中遭遇挫折，而且在理论构建上脱离实际，呈现出空洞贫瘠的特点。

从冈本勇平、岛崎曙海、小岛利八郎、关田生吉等宣抚员的宣抚经历，不难发现四人的宣抚内容较为统一，体现出各地宣抚班的工作具有较强的组织性与规范性。这些宣抚员的私记生动地记载了他们对沦陷区社会状况与民众日常生活的观感，展现了战时中国沦陷区的诸多侧面。在来到中国沦陷区之前，他们对宣抚工作拥有极高的热情、对宣抚理念拥有极大的认同，然而这一情感伴随对中国沦陷区实况的了解而消退。他们目睹了日军对中国民众的暴行，却只能在私记中记下内心的挫败与沮丧。小岛利八郎对村民日落而息、单纯生活的赞美，关田生吉对纯情"姑娘"的欣赏等，反映出他们头脑中的中国民众印象朴实而原始，由此产生作为文明国、先进国的日本，若对之施以"恩惠"，即可收获人心的错误认知；但另一方面，他们也观察到战火硝烟中新生中国的奋起、底层民众的生生不息，感慨中国人民抗战的伟大意义。

宣抚工作作为战时日本对中国沦陷区开展的一项规模庞大的民众工程，其主要实施组织是宣抚班，但不限于宣抚班。在日本对中国沦陷区的宣抚工作中，日本医疗组织同仁会扮演了重要的执行角色。成立于1902年日本"亚细亚主义"浪潮下的同仁会，以在东亚普及日本医学为宗旨，至全面侵华开始前，已成为日本在华最大的医疗卫生团体。医疗宣抚作为战时日本军政当局对华宣抚工作的重要组成部分，由同仁会在外务省的指导下，派往沦陷区各地的诊疗班实施。同仁会诊疗班在当地日军特务机关等部门的指挥下，利用免费医疗等策略，"安抚"底层民众，改善日本殖民统治者的形象。同仁会的医疗宣抚工作，作为战时日本在中国沦陷区"卫生工作"的一部分，与防疫、医事卫生调查紧密结合，其目的是在沦陷区建立为以日本为主导的卫生体系。

宣抚工作走向失败的根本原因，在于日本军国主义的侵略行径与对沦陷区的肆意索掠不得人心。诸多宣抚员的私记都揭露日军的战争犯罪行为对于宣抚工作造成负面影响，其中"征发"问题最为突出。近代日本政府与军部对战地"征发"的法理认识，既来自其自身对战时国际公法的理解，也来自战地日军的实际需要。在吸收战时国际公法的过程中，日本制定了一系列于敌国战地"征发"的规则，设计了战地"征发"的模式，巧妙地融入其自身的利益诉求，意图使其在他国领土上对物资、劳力的掠取行为获得合理性。然而现实中侵华日军在中国战地的"征发"，与日本军政当局所设想的模式大相径庭，考察日本士兵在战地"征发"的实相并分析其"征发"的心理结构，能够毫无辩驳地证明"征发"的侵略本质。日军士兵的"征发"心理与八路军高度严明的纪律意识形成鲜明对照，决定了战地民心之所向，也从侧面反映了宣抚工作必然走向失败的真正原因。

参考文献

一　史料

1. 档案

（1）日本外务省外交史料馆藏

『支那事変関係一件/支那事変関係国際法律問題』（第一巻）、A－1－1－0－30_50_001。

『本邦会社関係雑件/台湾拓殖株式会社』、E114。

『本邦会社関係雑件/福大公司』、E－2－2－1－3_21_001。

『同仁会関係雑件』（第七巻）、H－4－2－0－3_007。

『同仁会関係雑件/診療班支那派遣関係』（第一巻）（第二巻）、H－4－2－0－3_4_001、H－4－2－0－3_4_002。

『同仁会関係雑件/防疫事務関係』（第一巻）（第二巻）（第三巻）（第四巻）、H－4－2－0－3_5_001、H－4－2－0－3_5_002、H－4－2－0－3_5_003、H－4－2－0－3_5_004。

『参考資料関係雑件/学校及学生関係』（第八巻）（第十巻）、H－7－2－0－4_1_008、H－7－2－0－4_010。

『在外日本人各学校関係雑件/在南支ノ部　3 三灶島国民学校（3）　補助費関係』、I－1－5－0－2_6。

『第六十七議会用調書　別冊第一（満洲国治安状況）』、議TA－4。

（2）　日本防卫省防卫研究所藏

『北支の宗教「基督教・回教」』、支那 – 参考資料 – 23。

『宣伝工作資料　3』、支那 – 参考資料 – 252。

『宣伝、宣撫工作資料　4　（附　情報）』、支那 – 参考資料 – 253。

『支受大日記（密）其 64　73 冊の内　昭和 13 年自 11 月 29 日至 12 月 3 日』、陸軍省 – 陸支密大日記 – S13 – 30 – 139。

『支受大日記（密）其 65　73 冊の内　昭和 13 年自 12 月 5 日至 12 月 12 日』、陸軍省 – 陸支密大日記 – S13 – 31 – 140。

『支受大日記（密）其 6　昭和 13 年自 2 月 10 日至 2 月 17 日』、陸軍省 – 陸支密大日記 – S13 – 4 – 113。

『陸支受大日記（密）第 16 号　2/2　昭和 14 年自 4 月 11 日』、陸軍省 – 陸支密大日記 – S14 – 16 – 105。

『支受大日記（普）其 8　2/2　第 8 号の2　12 冊の内　昭和 13 年自 8 月 30 日至 9 月 29 日』、陸軍省 – 陸支普大日記 – S13 – 16 – 158。

『陸支受大日記（密）第 22 号　2/3　昭和 14 年自 5 月 6 日至 5 月 11 日』、陸軍省 – 陸支密大日記 – S14 – 22 – 111。

『北支事変解決後の処置　昭和 12 年 7 月 18 日—12 年 8 月 24 日』、支那 – 支那事変全般 – 168。

『宣撫班小史』、支那 – 支那事変全般 – 180。

『宣撫班教化工作実施概況　昭和 15 年 3 月 31 日』、支那 – 支那事変全般 – 181。

『宣撫工作実施計画表　昭和 13 年 11 月』、支那 – 支那事変全般 – 183。

『治安工作経験蒐録　昭和 14 年 6 月中旬』、支那 – 支那事変全般 – 197。

『第 1 軍情報記録　1/8　昭和 12 年 10 月 22—12 年 11 月 17 日』、支那 – 支那事変北支 – 95。

『陣中日誌　昭和14年1月』、支那－支那事変北支－905。

『江蘇省嘉定宣撫班工作資料　昭和12年12月13日—13年4月18日』、支那－支那事変上海・南京－22。

『原田混成旅団浙贛作戦　戦闘詳報　昭和17年5月1日—17年5月14日』、支那－大東亜戦争武漢－24。

『支那事変　第12第14航空隊関係綴（1）　昭和13』、②戦史－支那事変－40。

『支那事変　第12第14航空隊関係綴（2）　昭和13』、②戦史－支那事変－41。

『昭和15年軍艦飛龍　仏印進駐作戦』、②戦史－仏印進駐－14。

（3）日本国立公文书馆藏

『御署名原本・明治三十三年・条約十一月二十一日・陸戦ノ法規慣例ニ関スル条約』、御04772100。

（4）日本国立国会图书馆宪政资料室藏

『青木義勇文書：同仁会診療防疫班に関する問い合わせへの回答書簡』、YF－A20。

2. 报刊

（1）中文

《大公报》《东方画报》《合作前锋》《申报》《时事月报》《文楼月报》《医药评论》《中山文献》

（2）日文

『大阪毎日新聞』『大阪朝日新聞』『東京朝日新聞』『読売新聞』『南京日本商工会議所所報』『上海日本商工会議所年報』『同仁』『同仁会報』『同仁会医学雑誌』『医海時報』

3. 资料集、回忆录等

（1）中文

北京市文史资料研究委员会编《日伪统治下的北平》，北京出版社，1987。

秉中编《敌伪宣传内幕》，军事委员会政治部，1942。

蔡兢平著，蔡芜编译《杭州沦陷之前后——蔡兢平的 70 年》，西泠印社出版社，2017。

嘉定区政协文史资料编辑委员会编印《抗日战争在嘉定》，2005。

刘大鹏著，乔志强标注《退想斋日记》，北京师范大学出版社，2020。

马洪武等编《新四军与华中抗日根据地史料选》第 1 辑，上海人民出版社，1982。

《山东文史资料选辑》第 25 辑，山东人民出版社，1988。

王静修编《山西省新绛县抗日战史纪录》，手抄本，1946。

王卫星编《南京大屠杀史料集》第 8 卷，江苏人民出版社、凤凰出版社，2005。

“新民会”中央指导部：《新民会会务须知》，“新民会”中央指导部，1938。

赵焕林主编《日军宣抚班档案史料》，线装书局，2015。

浙江省档案馆、中共浙江省委党史研究室编《日军侵略浙江实录（1937—1945）》，中共党史出版社，1995。

中共蚌埠市委党史办公室编《烽火抗战——蚌埠抗日战争史料选》，安徽大学出版社，1995。

中共杭州市委党史研究室、杭州市政协文史资料委员会编《杭州抗战纪实》，临印本，1995。

中共中央文献编辑委员会编《朱德选集》，人民出版社，1983。

中国第二历史档案馆编《汪伪政府行政院会议录》第 2 卷，档案出版社，1992。

中研院近代史研究所编《中日关系史料——欧战与山东问题》，台北，中研院近代史研究所，1974。

中央档案馆等编《华北经济掠夺》，中华书局，2004。

中央档案馆等编《细菌战与毒气战》，中华书局，1989。

朱民威等：《战区通信》第 1 辑，战时出版社，出版时间不详。

珠海市政协文史组编印《珠海文史》第 1 辑，1982。

（2）日文

小笠原美治等編『現行法律規則全書』天賜堂、1883。

陸軍省『野外要務令』川流堂、1889。

有賀長雄編『万国戦時公法：陸戦条規』陸軍大学校、1894。

竹井駒哲『日清交戦記』杉本七百丸、1895。

有賀長雄『日清戦役国際法論』陸軍大学校、1896。

伊藤芳公編『教育指揮』兵事雑誌社、1899。

穂波徳明『征清戦史：武勇日本』（下）、大日本中学会戦史部、1901。

有賀長雄『戦時国際公法』（上）、早稲田大学出版、1904。

蜷川新『黒木軍ト戦時国際法』清水書店、1905。

小野得一郎『同仁会三十年史』同仁会、1932。

参謀本部編『日支会話』小林又七、1918。

兵書刊行会『最新式日支会話』兵書刊行会、1929。

同仁会北京医院巡回診療班『冀東地方巡回診療記』同仁会、1936。

同仁会済南医院巡回診療班『巡回診療報告』同仁会、1937。

同仁会青島医院巡回診療班『山東省東部地方巡回診療報告』同仁会、1937。

朝日新聞社『支那語早わかり』朝日新聞社、1937。

中国通信社編『抗日支那の真相』（中国調査資料第 1 輯）、平野書房、1937。

大本営陸軍部『従軍兵士ノ心得第二号（軍紀風紀ニ就テ）』大本営陸軍部、1938。

花輪義敬『中支の治安と南京の復興』日本外交協会、1938。

馬郡健次郎『大陸経営』厳松堂、1938。

小松孝彰『現地を語る』亜細亜出版社、1938。

島崎曙海『地貌：宣撫官詩集』二〇三高地詩社、1939。

杉山部隊報道課編『宣伝宣撫参考手帳』杉山部隊報道課、1939。

台湾拓殖調査課『事業要覧（1939年度）』台湾拓殖株式会社、1939。

小池秋羊『北支宣撫行』都新聞、1939。

熊谷康『胡麻』（上海満鉄調査資料第24編　支那商品叢書第9輯）、南満洲鉄道上海事務所、1939。

熊谷康『卵及び卵製品』（上海満鉄調査資料第22編　支那商品叢書第8輯）、南満洲鉄道上海事務所、1939。

熊谷康『葉煙草』（上海満鉄調査資料第29編　支那商品叢書第14輯）、南満洲鉄道上海事務所、1939。

中川豊舜『新東亜の建設と仏教』仏教連合会、1939。

伊藤武雄『事変後における中支占領地区商品流通事情』南満州鉄道上海事務所、1939。

内閣情報部『思想戦概論』内閣情報部、1940。

三田了一『新秩序建設と宣撫工作』改造社、1940。

「排共懇談会」事務局『新民会の新発足』「排共懇談会」事務局、1940。

新垣恒政『医療宣撫行』東亜公論社、1940。

江崎郁郎『華北における同仁会』同仁会華北支部、1941。

今村忠男『軍票論』商工行政社、1941。

木場敬天『陸戦隊宣撫記』清水書房、1941。

市来義道『南京』南京日本商工会議所、1941。

中支調査機関聯合会社会文化分科会編『中支に於ケル医療防疫調査書』興亜院華中連絡部、1941。

大淵仁右衛門『国際法』三笠書房、1942。

南京特務機関『南京市政概況』未刊本、1942。

山本英一『愛の宣撫行』教文館、1942。

帝国在郷軍人会本部編『陸軍軍人志願者の手引：附録・陸

軍文官志願者の栞』軍人会館図書部、1942。

上野太忠『上海自然科学研究所十周年記念誌』上海自然科学研究所、1942。

石井信太郎『東亜の熱帯病』大日本出版株式会社、1942。

小島利八郎『宣撫官』錦城出版社、1942。

貝原守一『細菌の歴史』創研社、1943。

熊谷康『支那郷鎮雑話』満州日日新聞社、1943。

松島博『華中従軍日記』石崎書店、1958。

臼井勝美『日中戦争』中央公論社、1967。

穂坂唯一郎『同仁会四十年史』同仁会、1943。

防衛庁防衛研修所戦史室編『北支の治安戦（1）』朝雲新聞社、1968。

青江舜二郎『大日本軍宣撫官——ある青春の記録』芙蓉書房、1970。

陸上自衛隊衛生学校編『大東亜戦争陸軍衛生史』（第一巻）、陸上自衛隊衛生学校、1971。

清水善俊『支那事変軍票史』『日本金融史資料・昭和篇』（第 29 巻）、大蔵省印刷局、1971。

防衛庁防衛研究所戦史室編『中国方面海軍作戦（1）——昭和十三年三月まで』朝雲新聞社、1974。

上海満鉄会編『長江の流れと共に——上海満鉄回想録』上海満鉄会、1980。

森金千秋『湘桂作戦』図書出版社、1981。

岡本勇平『武器なき戦士——ある宣撫班員の手記』北国出版社、1982。

堀江祐司『湘桂作戦に従軍した一軍医の回想』堀江病院、1988。

井上久士編『華中宣撫工作資料』不二出版、1989。

長崎大学「熱研 50 年の歩み」編集会『熱研 50 年の歩み』

昭和堂、1992。

　向山寛夫『粤漢戦地彷徨日記』中央経済研究所、1994。

　小野賢二等編『南京大虐殺を記録した皇軍兵士たち』大月書店、1996。

　藤崎武男『歴戦 1 万 5000 キロ　大陸縦断一号作戦従軍記』、中央公論新社、1999。

　藤井忠俊『兵たちの戦争——手紙・日記・体験記を読み解く』朝日新聞社、2000。

　中川晶輝『ある平和主義者の回想』新教出版社、2002。

　村上政則『黄い土の残照　ある宣撫官の記録』文芸社、2004。

　高橋正衛編『続・現代史史料 6　軍事警察』みすず書房、2004。

　秦郁彦『日本陸海軍総合事典』東京大学出版会、2005。

　広野武・広野紀代子『北支事変進軍日記』新風舎、2006。

　砂塚熊太郎『人間らしく在りたい　父が綴った「日支事変・南方戦線」——九年間の記録』合同出版、2006。

　小長井鑑重『オ父サンノセンサウ——小長井少佐　日中戦争陣中日誌』西田書店、2006。

　矢沢新五『生きて帰れまいこの命　支那事変の記憶』文芸社、2007。

　中村常賢『陣中日誌　日中戦線　昭和 13 年・昭和 14 年』刀水書房、2007。

　佐藤正導『日中戦争　ある若き従軍僧の手記』株式会社文芸春秋、2008。

　近現代資料刊行会編『中国占領地の社会調査 I』（第 8 巻）、近現代資料刊行会、2010。

　吉岡義一『零の進軍——大陸打通作戦　湖南進軍』（上）、「新老人の会」熊本支部、2015。

青木義勇『同仁会診療防疫班』藤木博英社、1975。

読売新聞大阪本社社会部『中国慰霊』読売新聞社、1983。

興晋会在華業績記録編集委員会編『黄土の群像』興晋会、1983。

村田和志郎『日中戦争日記』（第二巻）（第三巻）、鵬和出版、1984。

阪本楠彦『湘桂公路　1945 年』筑摩書房、1986。

久保村正治『第十一軍通信隊』図書出版社、1987。

「『日本医学の大陸進出』座談会：新支那建設と医療宣撫の問題」『文芸春秋』1938 年第 12 期。

原剛・野村乙二朗「渕上辰雄の宣撫班『派遣日記』」第一回—第十一回、『政治経済史学』2013 年 4 月—2014 年 2 月、第556—566 号。

熊谷康「満鉄上海事務所の宣撫・情報活動」（1983 年 9 月28 日）、『アジア経済』1988 年第 12 期。

東中野修道「南京事件の真相——南京特務機関（満鉄社員）丸山進の回想」『亜細亜大学日本文化研究所紀要』1996 年第 2 号。

南龍瑞「『満州国』における満映の宣撫教化工作」『アジア経済』2010 年第 8 期。

堀内寛雄「憲政資料中の戦前期朝鮮・台湾・中国東北部関係資料（続）（付）憲政資料中の戦後期東アジア関係資料」『参考書誌研究』第 78 号、2016 年 12 月。

二　著作

1. 中文

〔加〕卜正民：《秩序的沦陷：抗战初期的江南五城》，潘敏译，商务印书馆，2016。

陈安吉主编《侵华日军南京大屠杀史国际学术研讨会论文集》，安徽大学出版社，1998。

〔日〕河村太美雄：《一个日本老兵对侵华战争的反思》，屈连璧、丁大等译，东方出版社，2003。

胡永龄：《战时国际公法》（下），中华书局，1948。

黄东：《塑造顺民：华北日伪的"国家认同"建构》，社会科学文献出版社，2013。

黄福庆：《近代日本在华文化及社会事业之研究》，台北，中研院近代史研究所，1982。

经盛鸿：《南京八年沦陷史》，社会科学文献出版社，2005。

潘敏：《江苏日伪基层政权研究（1937—1945）》，上海人民出版社，2006。

王强：《汉奸组织新民会》，天津社会科学院出版社，2006。

王向远：《"笔部队"和侵华战争——对日本侵华文学的研究与批判》，北京师范大学出版社，1999。

巫仁恕：《劫后"天堂"：抗战沦陷后的苏州城市生活》，台北，台湾大学出版中心，2017。

张力：《国际合作在中国——国际联盟角色的考察，1919—1946》，台北，中研院近代史研究所，1999。

张泰山：《民国时期的传染病与社会——以传染病防治与公共卫生建设为中心》，社会科学文献出版社，2008。

周鲠生：《国际法》，武汉大学出版社，2007。

2. 日文

小高健『伝染病研究所——近代医学開拓の道のり』学会出版センター、1992。

藤原彰『飢死した英霊たち』青木書店、2001。

見市雅俊等『疾病・開発・帝国医療——アジアにおける病気と医療の歴史学』東京大学出版会、2001。

飯島渉『マラリアと帝国——植民地医学と東アジアの広域秩序』東京大学出版会、2005。

波多野澄雄・戸部良一編『日中戦争の軍事的展開』慶応義

塾大学出版会、2006。

福田由紀『近代上海と公衆衛生——防疫の都市社会史』御茶の水書房、2010。

3. 英文

Chou, Sun-Hsin, *The Chinese Inflation, 1937 - 1949*, Columbia University Press, 1963.

Coble, Parks M. , *Chinese Capitalists in Japan's New Order: The Occupied Lower Yangzi, 1937 - 1945*, University of California Press, 2003.

MacKinnon, Stephen R. , *China at War: Regions of China, 1937 - 1945*, Stanford University Press, 2007.

Moore, Aaron William, *Writing War: Soldiers Record the Japanese Empire*, Harvard University Press, 2013.

三 论文

1. 中文

曹大臣：《日本占领华中初期的基层控制模式——以太仓县为中心（1937—1940）》，《民国档案》2004 年第 1 期。

陈永忠：《论日伪对浙江的文化侵略》，《浙江学刊》2015 年第 4 期。

丁蕾：《日本近代医疗团体同仁会》，《中华医史杂志》2004 年第 2 期。

黄彩霞、王升远：《"不拿武器"的侵略：日本对华"宣抚工作"与"宣抚文学"研究刍议》，《山东社会科学》2018 年第 6 期。

赖晨：《宣抚班：日军侵华心战特务组织》，《钟山风雨》2013 年第 3 期。

刘大可：《山东沦陷区新民会及其活动》，《山东社会科学》2001 年第 3 期。

刘江：《应对与调适：日伪华北新民会组织机构变迁（1937—

1945)》,《学术研究》2019 年第 9 期。

罗久蓉:《历史情境与抗战时期"汉奸"的形成——以 1941 年郑州维持会为主要案例的探讨》,《中央研究院近代史研究所集刊》第 24 期下册,1995 年 6 月。

潘敏:《日伪时期江苏县镇"维持会"研究》,《抗日战争研究》2002 年第 3 期。

〔日〕蒲丰彦:《中日战争时期在广东三灶岛的日本农业移民》,《抗日战争研究》2004 年第 4 期。

〔日〕森正孝:《日军细菌攻击的初步展开》,《浙江学刊》1997 年第 4 期。

孙邦华:《战胜瘟疫重在预防——记原辅仁大学研制预防斑疹伤寒育苗的活动》,《北京档案史料》2003 年第 2 期。

谭忠艳:《满铁华中宣抚班"宣抚活动"研究》,《军事历史》2019 年第 3 期。

唐志勇:《日伪"新民会"始末》,《山东师范大学学报》(社会科学版) 1994 年第 3 期。

王鹤亭:《20 世纪 30 年代江苏北部黑热病流行及防治初探》,《中华医史杂志》2004 年第 3 期。

王格格:《全面侵华初期日本在华北论陷区的医疗"宣抚"考论》,《民国档案》2021 年第 2 期。

王乐:《"本土化"的帝国殖民地宣传——以伪满农村电影巡回上映为例》,《当代电影》2011 年第 2 期。

王龙:《滴血的橄榄枝:抗战时期日军的"宣抚班"》,《文史天地》2016 年第 7 期。

王萌:《侵华日军在中国战地的"征发"》,《民国档案》2021 年第 1 期。

王萌:《日本对沦陷后南京的医事卫生调查》,《民国研究》2018 年春季号。

王向远:《日军在中国沦陷区的"宣抚"活动及"宣抚文

学"》，《名作欣赏》2015 年第 31 期。

王晓峰：《日伪统治下的东北宗教侵略》，《东北史地》2007年第 4 期。

王占西：《抗战时期的华北沦陷区铁路"爱护村"述论》，《日本侵华南京大屠杀研究》2018 年第 4 期。

解学诗：《日本对战时中国的认识——满铁的若干对华调查及其观点》，《近代史研究》2003 年第 4 期。

谢忠厚：《华北甲第一八五五细菌战部队之研究》，《抗日战争研究》2002 年第 1 期。

徐勇：《侵华日军驻北平及华北各地细菌部队研究概论》，《抗日战争研究》2002 年第 1 期。

叶伟敏：《侵华日军〈宣抚班小史〉史料价值评析》，《抗战史料研究》2018 年第 1 期。

曾业英：《略论日伪新民会》，《近代史研究》1992 年第 1 期。

张汉静、王鹏飞：《抗战初期山西晋北地区侵华日军宣抚班研究》，《史志学刊》2019 年第 5 期。

张慧卿：《"宣抚"抑或控制：大屠杀后日军在南京的卫生防疫》，《江海学刊》2019 年第 3 期。

张慧卿：《后大屠杀时期日军当局在南京医疗"宣抚"的实质》，《学海》2018 年第 6 期。

张泰山：《论抗战时期日伪在湖北沦陷区的文化控制模式》，《武汉科技大学学报》（社会科学版）2005 年第 4 期。

章伟良：《浅析杭州沦陷时期日本的殖民教育及其影响》，《绍兴文理学院学报》2007 年第 2 期。

赵伟：《摄影如何"宣抚"——以〈大陆画刊〉为窗口》，《现代中国文化与文学》第 32 辑，2020 年 6 月。

赵艳珍：《日军入侵三灶新谈》，《红广角》2016 年第 1 期。

郑泽隆：《日伪政权在关东的奴化宣教概述》，《广东史志》1999 年第 3 期。

周东华：《全面抗战初期日军对沦陷区的佛教"宣抚"研究——以杭州日华佛教会为个案》，《社会科学研究》2020 年第 6 期。

周章森：《日本在侵华期间对浙江沦陷区的奴化教育》，《浙江学刊》1997 年第 1 期。

朱宝琴：《沦陷时期南京社会的基层控制》，《南京大学学报》2003 年第 1 期。

2. 日文

竹内実「ああ大東亜共栄圏・宣撫の思想」（上）（下）、『新日本文学』1972 年第 11、12 合刊号。

中村孝志「厦門及び福州博愛会医院の成立——台湾総督府の文化工作」『天理南方文化』1988 年 11 月号。

西野留美子「北京甲 1855 部隊の検証」『季刊戦争責任研究』1995 年秋季号。

川瀬千春「日本の大陸侵略と中国の民衆芸術『年画』の変容——中国人の『抗日年画』、日本軍の『宣撫年画』」『国際開発研究フォーラム』1997 年第 7 号。

丁蕾「近代日本の対中医療・文化活動——同仁会研究（一）」『日本医史学雑誌』1999 年第 4 期。

丁蕾「近代日本の対中医療・文化活動——同仁会研究（三）」『日本医史学雑誌』2000 年第 2 期。

中生勝美「オロチョン族をアヘン漬けにした日本軍——『満州国』少数民族宣撫工作の裏面」『世界』2000 年第 5 号。

田中寛「東亜新秩序建設と日本語の大陸進出——宣撫工作としての日本語教育」『植民地教育史研究年報』第 5 号、2002 年。

末永恵子「日中戦争期の国際連盟による対中防疫支援と日本」『十五年戦争と日本の医学医療研究会会誌』2007 年第 1 号。

末永恵子「日中戦争期における対中国医療支援事業の変容——同仁会の医療支援について」『宮城歴史科学研究』2011

年第 68、69 合併号。

　　中西裕「延原謙と同仁会医療班中国派遣」『学苑・文化創造学科紀要』2012 年第 11 号。

　　小野田廉平「支那事変における日本の宣撫工作」『軍事史学』第 49 巻第 2 号、2013 年 6 月。

　　寺戸尚隆「日本の仏教界による『満州国』宣撫工作」『龍谷史壇』第 138 号、2013 年 12 月。

　　清水亮太郎「満州国統治機構における宣伝・宣撫工作」『戦史研究年報』第 17 号、2014 年 3 月。

　　工藤信弥「日中戦争期日本陸軍における宣撫工作と映画交流：民心獲得のための活動として」『軍事史学』第 52 巻第 2 号、2016 年 9 月。

　　谷拓弥「日中戦争期における──日本軍の情報活動北支那方面軍の共産党軍対策を中心として」『防衛研究所紀要』第 21 巻第 1 号、2018 年 12 月。

附　录

以下六则文件，译自战时华北日军的机密档案或报告。这些文件真实地揭露了日本对中国沦陷区民众施行宣抚工作的内幕。其中，文献（一）（二）（三）充分揭露日本军政当局为宣传战、思想战而进行的精心调查与准备，从历史、民俗、宗教、心理等学科知识，至礼仪、神态、俗语等，无不成为宣抚工作可供利用的"资源"，宣抚员用以向民众宣传日本侵略中国的"合理性"；而文献（四）（五）（六）则清晰地揭示了华北宣抚班从事宣抚工作的诸多措施及工作要点，从中不难窥知宣抚工作的本质。

（一）占领区各村落平时集会方案①

一　各种平时集会原则

1. 民众的各种集会蕴含对民众的教育，宣抚人员应在各种集会中进行临时性的政情宣传。

2. 民众各种集会的种类，应以村民日常习惯的形式为原则。

3. 组织各种集会的人员，要以各乡各村子的乡长、副乡长、村干部或小学教师来充当。

4. 各种集会的经费，由驻屯当地的日军或地方官署予以补助。

---

① 「占領区域各郷村の平時集会方案」杉山部隊報道課編『宣伝宣撫参考手帳』杉山部隊報道課、1939、186—188 頁。

5. 执行人员应采取"不借日人威势压迫中国人"的态度。

二　应举行的各种平时集会

1. 鼓励举行民间固有的"庙会"。

2. 鼓励举行民间固有的"迎神会"。

3. 鼓励于阴历元旦举行"敬老会"。

4. 鼓励于元宵节（阴历一月十五日当夜）举行"提灯会"与"烟花会"。

5. 鼓励举行民间流行的"游艺会"（如"高跷会""秧歌会"等）。

6. 鼓励定期举行乡村"义仓纪念会"。

7. 鼓励定期举行乡村"义塾纪念会"。

8. 鼓励定期举行乡村小学"游艺展览会"。

9. 鼓励清明节扫墓与举行"祭祖会"。

10. 鼓励村民举办时事问题方面的演讲会。

11. 使邻近村落同时举办"善邻会"。

12. 为使"中日亲善"自儿童时代即生根发芽，需举办"儿童健康竞赛"。

13. 举办音乐会，利用村中原有乐器，配合留声机，播放中日音乐与宣传性演讲。

14. 举行"家庭清洁运动周"，介绍日本家庭情况，宣传家庭与社会、国家的关系。

15. 举行"识字日"（消灭文盲），使村民彻底了解标语字句的含义。

16. 举办国家公私纪念庆祝会。

三　各种集会时必需的宣传品

1. 各种时事漫画。

2. 各种时事照片，放映电影则更有效。

3. 各种简单的传单。

4. 各种语言通俗的标语。

四　说明

1. 无论何种仪式的集会，首先要引起民众兴趣，然后方得发挥宣传之力。

2. 参加民众集会时，不应注重形式，而应努力接近民众。

3. 乡村固有的风俗民情，不要随意将之废除，不如将之利用，发挥宣传力量。

4. 与民众的谈话要通俗易懂，最好能够流畅使用方言。

5. 在各种集会中给予奖励，以此激发民众兴趣。

6. 对于民众不可偏袒，要完全以诚相待。

7. 对于并非民间固有的集会，应使民众了解此种集会的意义。

8. 要努力使民众自发举办各种集会，宣抚人员仅居协助及指导的地位。

（二）华人应对要领百条[①]

1. 问候时以屈身四十五度为宜，无须反复多次，若如此则反使中国人轻视。

2. 对于地方长官要让路，正颜而立，表示好意。对于老人亦如此。

3. 在中国无须早晚问候，可以理解为即使没有问候，也并非无礼。"你吃饭了吗"是唯一的问候。

4. 应尽可能学习中文，在使用翻译的情况下，要选择人格高尚者。若非如此，翻译将利用地位行恶事，或将导致误解，应特别留意。

5. 因中国农民对于中国军人抱以极度恐惧心理，应对之尽量采取温和的语气态度。

6. 留意尽量勿使农民见到武器。

---

① 「華人応対要領百個条」杉山部隊報道課編『宣伝宣撫参考手帳』、218—231 页。

7. 洗澡后立即穿上裤子，若使中国人见到下半身，则会受到嘲笑。尤其在女子面前要注意。

8. 因在传统中国，女子禁止与男子交谈，故要回避与其交谈。在必要情况下，可通过女子宣抚员或老人与之进行交谈。

9. 因在传统中国，女子具有极度回避与男子会面的倾向，故碰到遇见军人逃跑的女子，不可对之追赶。

10. 除必要情况，不得进入民家。可使乡长、闾长、邻长代行。

11. 注意绝对不可进入女厕所。

12. 因中国人对祖先崇拜观念很深，故不可对其祖先牌位及坟墓有不敬行为。

13. 进入厕所后，留意扣上裤子纽扣后再出来。

14. 在中国三大节——新年、中秋节、端午节期间，留意给予农民充分休息并慰问。

15. 中秋节之际，使农民得以表演拿手戏剧，在给予 10 元左右贺礼的同时，宣抚员亦可亲往观赏。对于农民而言，此为最光荣之奖励。

16. 新年之际，可回以"新禧新禧"等祝语，在婚礼、老人生日之际，可给予"大喜大喜"等祝语。注意不要在葬礼等场合，误说"大喜大喜"。

17. 注意不要对农民，特别是妇女拍照，很多农民将拍照视为摄取灵魂，甚至会抱有死亡等不吉的预感。

18. 在农村调查户口，乃以往中国未有之先例，故特别要注意。因农民将户口调查误解为要增税而感到恐惧，故在调查户口之前，应向乡长等先行说明为宜。

19. 对于农民演讲或谈话，应挑白天时间。作为一般农民，习惯日落后就寝。

20. 中国人有诸多不必要的虚礼，故要注意避免将有些谦让误解为拒绝。

21. 被赠予物品时，一时推却属于礼貌行为。在接受之前，不妨先鞠躬感谢。

22. 中国农民若初始便对之信任，则此后会极度信任。对此宜尽量以诚待之，然仅限于善良者。对此不可轻忽。

23. 农村中的知识分子，被称为"地痞""流氓"者，多为巧舌如簧之辈，应特别留意，可将之彻底驱逐。

24. 在使中国人工作的情况下，虽然其甚为迟钝，但也应利用其具有持久性的优点。

25. 中国人行事并不果断，且农民极为愚钝，应留心应对之策。

26. 农民一般对理论极为无知，在说明时，应做最原始且具体的讲解。

27. 中国人注重所谓的"面子"，有看重脸面的习惯，无论在何种情况下，都必须研究如何尊重其面子，且留心如何利用之。在极多情况下，比之强力压迫，尊重其面子更为有效。

28. 对于农民，应以亲切态度与之对话，他们将来自地位高者的亲切问候视为光荣。若给予其面子，即可以诚意使其服从命令。然而对此应有所限度，对于近乎乞丐者，则无须给予亲切问候。

29. 若逢机会，可留心给予农民日本制的简单玩具、摆设，但应避免施予全体。随机施予比之全体施予效果更大。若施予全体，则农民就会误解吾等之好意，有时还会怀疑日军抱有其他居心。

30. 当农民从事不正当行为时，应以温和态度对之训诫，使其认真改正其不当行为，然而居无定所的流浪汉不在此例。

31. 在训诫中国人的情况下，应尽量避免直接对之斥责，可初始便使人对之间接训诫，因前者伤其面子也。

32. 从中国人处接受礼物时，可暂先接受。若无理由地将之拒却，则会有伤面子。

33. 宴席时，离圆桌入口较远者为上位，故被中国人劝说入座时，应对之表示谦虚，然后方可入座正位。作为主宾若不坐于正位，则有伤邀者的面子。

34. 宴席上中国人若无交杯的习惯，应皆用自己的酒杯。然应慎于深饮，若烂醉则有失君子风度。

35. 在动筷之前，应用"请""敬"等词劝进。

36. 对于农民不要强行劝酒，同时不要过于粗口，以免受辱。

37. 在中国饭店里，可以品评菜肴。但对于农民等亲手所种之物，不应对之品评，应顾及其面子。

38. 宜利用聚餐等机会，向中国人讲授日本风俗习惯。

39. 对于来自农民的招待，可给予某种程度的敬意。应特别注意，若地方豪族、商人、知识分子设宴款待，必有所求，故需做好准备工作。

40. 宴会结束，在一同起立的情况下，或辞别之际，不可忘记道谢。

41. 农民因受共产党或国民党将日本人视如恶鬼的宣传，日本军人要以身垂范，努力纠正这一宣传之错误。

42. 对于农民的关爱，不可过度。若过度，则恐遭辱。与中国农民的应对，似如对女子的操纵，应张弛有术。

43. 对于农民，日军应礼貌规范，使其知晓日军乃是真正为了中国而牺牲，首先不得对百姓所有物品进行免费征发，令农民最为反感者，乃是对其劳动结晶的侵害，故应特别注意。

44. 日军出于卫生目的与人道上的考虑，为防止农民之间出现传染病，对农民加以注射。共产党、国民党将此作为素材，宣传日军注射者乃毒药，为避免误会，有必要先试验其并非毒药。

45. 农村的无赖或军队中的中国人雇用者，往往利用其地位，对百姓恫吓或榨取钱物，应注意对其加以管理。

46. 在农民的投诉中，多有希望利用日军宣泄私愤的情况，应对之慎重调查后方可处理。

47. 利用鸦片吸食者、吗啡癖好者、赌徒时，多因无法对其信任而招致危害，故要特别对之加以注意。

48. 朝鲜人、满洲人、白俄人多有依仗日军狐假虎威、行恶事者，应对此心中明了。

49. 日本军人不可表现出过于温和亲善，应采取不失严谨的态度，留心不使中国人发现可对其轻侮的缝隙。

50. 在村中开展行动之前，首先应向老人或乡长详细打听附近状况。

51. 绝对不可说出中国式的骂人话，因其并非如日语"傻瓜"般的简单意思。且之所以有对他人出口不逊的想法，多因自身也受过如此辱骂。

52. 口出下流之言，在中国乃是人格低下的象征。故日本军人应保持风度，不可口出恶言。

53. 也要注意不说其他恶言。比如"ちんぽ坏了""さいくさいく""姑娘好看"等，① 这些话极有损我军威信，故要特别注意。

54. 不同于日本人对细节拘泥于形式而常加干涉的习癖，中国人在风俗习惯上无法一朝即日本化，故应将细节化的工作交由中国人承担，如此既可使中国人认真工作，亦无须日本人监督，可谓一举两得。

55. 军人应尽量留意剃须。以同文同种名义进行宣抚工作时，中国人往往见留有胡须者以为是其他人种。共产党军队见日军的后备部队多有留胡须者，故宣传这些军人较为软弱，可歼击之。中国人认为没有胡须的军人更为强大。

56. 在回教徒较多的地区，绝对不可谈及猪，回教乃对猪极度厌恶的宗教。

57. 在中国并不存在真正被理解的信仰，农民的生活多受自然条件支配，故拜天畏天的心理浓厚，执政的统治者，可以天罚之说来恫吓之。

58. 军队在进入村庄时，应特别派人或以飞机散布印刷品，某

---

① 这些话语涉及性器官，带有侮辱色彩。——引者注

种程度上预先缓和村民的恐怖心理。

59. 军队抵达一村、一镇、一城时，应直接贴出安民布告。

60. 军队驻屯之际，不得进入民家，应尽量使用公共场所。

61. 军队驻屯之际，对于避难的农民只要其不反日，就不触碰其遗留的物品。

62. 举办敬老会等，通过老人彻底宣传日军真义，此为最便捷之法。兵法所谓欲射其将，先射其马，此乃宣抚之妙法也。

63. 驻屯某地时，应尽量组织地方维持会，要由地方德望最高者出任会长，维持会组织后，应注意其成员的良莠与否。

64. 可指导维持会通过设置难民收容所、施粥场等，致力于安定农民的基本生活。

65. 军医要协助地方维持会，在对农民施疗时采取严谨之态度。

66. 因一些地区基督教教会势力很大，利用当地教堂或获得教会的协助，亦为宣抚工作之一法。

67. 在发行良民证时情况下，必须限于拥有土地、家庭者。必须于良民证原件贴上照片。且良民证的发行不可交由中国人维持会来进行，因为他们会贩卖良民证。在不了解当地时，应尽量避免发行良民证等。在使中国人执行重要工作时，应采取五户以上联保的形式。

68. 在采购地方物资上，应与维持会合作。

69. 在部队即将离开之际，应对维持会表示感谢，并介绍从事新宣抚工作的负责人，向其完成交接工作。

70. 宣抚员常与农民中的有力分子举行茶话会，保持密切联系。但也要留心常与其反对的一派联系，参考双方意见，以求公平公正。

71. 因战乱往往造成土地归属不明，在地方豪强或无赖之徒将其归为己有时，应通过调查土地账簿，使之成为村子的共有土地，并指导其被利用于有益之处。

72. 在部队尚有剩余宣抚资金的情况下，不可散布于农民间而行一时之宣抚，而应将之汇总后交于维持会，组织金融合作社等。

73. 在对全体农民进行训示的场合，应通过维持会会长来进行，其无论语言上，还是信用上，都更为彻底有效。

74. 对于青年农民阶层，要给予无职者职业，应给予其不随意离开家园的稳定感。

75. 经常为青年农民举办有益的演艺会、运动会等，引导其进行正确的娱乐活动。

76. 应注意充分利用青年，有知识者可利用于宣传工作等。要掌握青年阶层，努力使其理解日军的真义。

77. 在宣传工作中利用妇女，将使效果大大提高。

78. 不可进入妇女独居的房屋。若其房屋中有男子，应先行问候。在给予妇女物品之情况下，必先通过其家中男子转交。不可侮辱妇女，否则千仞之功，终毁于一旦。

79. 欲得妇女欢心，首先应关爱其孩童，可使儿童宣传日军的温善与正义。勿忘儿童乃最大的宣传工具。

80. 很少有中国农村般，对收获存在如此的不确定性。故对农作物要绝对留心，不可加以伤害。

81. 农家的家畜乃百姓唯一收入现金额渠道，故不可滥施征发，必要时可支付适当补偿。且家畜粪便乃唯一肥料，故应注意勿使家畜数量过度减少。

82. 农民的特性，首先在于迷信，其次在于保守，再次在于实利主义。在考虑以上三点后，方进行宣抚乃至宣传工作。

83. 在春耕期间配给种子，努力获取农民欢心。

84. 不可破坏村中的庙宇，伤害农民信仰。

85. 成立如消费行会等，使农民得以廉价采购物资，此举亦与其实利主义心理匹配。

86. 对农民的宣传不用传单，以讲演的形式最为上策。绝大多数农民并不识字，亦可使识字者向其讲解传单内容。

87. 对于铁路附近的农民，通过实行连带保证方法，组织如铁路爱护团等，以五人乃至十人为一组，可使其于警备区域内从事警备工作。

88. 可指导农民从事公路建设，向其力陈公路建设乃便利谷物收割、运输及棉花摘取等的工作。

89. 在接近儿童时，可先给予其如小画册等，然后为食物点心，反之则易生误解，儿童以为使其吃下毒药而不敢靠近。对于成人亦如此，应先给予一些物品。

90. 开设学校等义塾，收容贫者子弟，并对之教育。

91. 不可男女混浴。

92. 设立所谓"告密箱"，寻找机会倾听村民之不平控诉，此亦便于收集土匪的情报。

93. 因放入告密箱中的投诉书多为诬告，故应慎重调查，并对诬告者施以严惩。

94. 在告密属实的情况下，应私下给予若干奖金。

95. 设立"建议箱"，听取农民关于建设方面的声音。

96. 在农村中存在被称为绅士的恶毒地主，其多有以金钱压迫农民的恶事，故有必要对其特别注意。然对其之应对，应特别慎重。因其有相当势力，若应对失败则会对农民产生颇大影响。

97. 对于农民的建议，应尽量付之实践，注意表现日军的诚意。

98. 对于报告铁路、公路、电线等损毁情况者，要公开给予褒奖。

99. 对于报告铁路损毁情况者，应注意的是，若存在自身破坏后报告者，应对之严罚。

100. 应认识到中国农民的生活水平非常之低，在利用劳工时，应充分调查当地的习惯，不随意支付高额的劳动工资，留心不要使其在其他方面添乱。

（三）宣抚注意事项①

1. 为使村民聚集，可击打村中庙宇里的吊钟，但为了不引起误解，应由乡长击打，注意不要使村民误解为火灾或匪袭。

2. 演讲后可使农民自由提问，并对之详细回答。

3. 若使当地人进行演讲则最佳，毕竟通过土语最能使听众感到亲近。

4. 语言无法充分表达的部分，可以神态来补充。

5. 只要宣传材料允许，可使儿童以童谣或唱歌等形式来宣传。

6. 在演讲时为使百姓引起兴趣，可在其前后插入演戏等活动。

7. 不要使宣传陷入为宣传而宣传的境地，要经常伴随活动来宣传。

8. 宣抚员从百姓的视角来看，要注意保持其品位。

9. 宣抚员需要获得农民的信任，因在言语上容易引起种种误会，应尽量不与农民直接接触，而使部下担任折冲，自己则居于超然之高位。

10. 宣抚员应经常操纵部下，指导其满足农民的要求。

11. 宣抚员除重大事项以外，不应直接处置。

12. 因中国与日本社会条件相异，必须采取适应中国社会之态度。具体而言，中国社会制度中，仍存在过去的封建习惯，故官吏居于极高地位，而贫民则处于极低地位，完全没有日本般的平等观念。将一般平民视如奴隶，且一般贫民也习惯于此制度，故对于平民表示亲近，平民则将会视为同类，从而使官吏的威令难以推行，故对此点应细心留意为要。

13. 农民历来将一般官吏视同恶魔，故若农民了解宣抚员的真义，宣抚员必受到非常欢迎。然而日本人之习性，过于讲求良心，

①　「宣撫注意事項」杉山部隊報道課編『宣伝宣撫参考手帳』、234—240 頁。

由此则不仅不会使农民感激，作为逆反的效果，还会使其产生猜疑，故应留心逐步施予恩惠。

14. 为农民谋利的事业，不可使自身独占其功劳，而应使部下亦获得声名，如此则宣抚员的人格将更放光芒。

15. 宣抚员对于农民不可使用难解的语言文字，不可得意洋洋倾述思想问题等难懂之理论，如此则不过对牛弹琴，毫无效果。

16. 演讲结束后，须再次提及演讲要点，并使听者记忆后，回家转述于家人。

17. 宣传工作中应注意添加贴近农民真实生活的材料，触及其实利主义的本质，避免观念上的宣传，而不留下任何实质之物。

18. 为何恐惧共产党？共产党是被称为"俄国人"、如同饿鬼般人种的帮凶。共产党占领中国后，俄国人必然也会入侵。共产主义者如诸位所知，称共妻主义，俄国人入侵后亦主张共妻主义，中国妇人即为其牺牲，诸位的妻子也会为俄国人所掠夺，诸位能忍受此事乎？要注意宣传，日军将协助诸位驱逐非人道的共产主义等。

19. 要宣传共产军、游击队直接于途中阻断可供采购的廉价物资，并从中榨取。物价高涨乃共产党、游击队行动所致。

20. 要强调共产军、游击队与土匪同类。其对农民征发谷物，采取一切诡辩，以补充其供应之不足。以区区小人数对抗日军数万精锐，不可能产生任何微末之影响。

21. 要宣传农产品价格高涨乃日军协助下的结果。如铲除土匪、共产党军队，则物资采购将更为低廉、物资出口价格更为高涨，农民很快就会走上富裕之途。若不能铲除土匪、共产军，则此目的无法实现，而将其罪转嫁于共产党。

22. 要强调农民将物资出口兑换成现金，就需要发达的交通工具，故应爱护铁路、公路。

23. 在水灾地区，要说服当地民众参与建筑堤坝。并告知其在出现水灾的情况下，若利用铁路则可避免死伤，故为达此目的而应爱护铁路。

24. 因农村中并无对时局有正确认识者，其为游击队等宣传所惑，故在集会的场合，要为其解读报纸内容或时局问题，使其对时局产生正确的认识。

25. 宣传与其利用文字，不如利用画报更为有效。故应分配画报，且以内容简单者为宜。

26. 各地要有充足的关于中日亲善的小册子。关于亲善，无须任何理论依据，总之，只要有可堪信任的理由即足矣。注意文字简洁，不要使用难懂字句。

27. 庙宇或乡公所之前，要树立报纸栏，给予民众更多阅读报纸的机会。

28. 要向民众说明法币仅限于三月内使用，指导其尽快与联银券交换，避免损失。

29. 向民众说明，使用法币者将被误作为土匪，故应尽量不使用法币，或阻止其使用。

30. 宣抚员应尽可能穿上堂堂中国服装，不要留有夸张的胡髭等。应经常留意使中国农民自发以亲善态度欢迎其到来。

31. 中国残存的宗教，并非因其为真实信仰而留存。大致区别在于，乃最原始的敬天思想及迷信，为了某一目的而被利用。要对此详细研究，留心可利用者。例如，在惩戒百姓的情况下，必以天罚、轮回、因果报应之说而惩戒之，或利用其尊敬祖先之念，对之努力说服。此外，中国人也有利用宗教保护自己身体或财产安全的行为，例如土匪或自卫团通过宗教团结起来保护自身的情况颇多。故若能利用这种情况，也会使土匪归顺工作变得容易。

32. 在说明不可革命时，可从其字面开始解释。所谓革命乃革天之命。以人冒犯天，必然遭到天谴，今日国民党之败北，遭遇惨祸，皆因革命所致。自民国十七年（1928）迄今，日无宁日，如农民诸位所知，旱魃水灾皆其表征也。其与清朝时期之太平相比，可谓相差甚远。清朝因奉天命而得二百数十年之治，国民党以革命不足十年而灭。鉴之历史，李斯以法治天下，秦不过数年而亡；王莽施行"均田之法"，新朝不过一代而灭，此皆明证。日军基于人道，遵循天命，为救助诸位而驱逐国民党军，必然不久将致太平。应说服民众遵奉天命，协助日军等。

33. 对于回教徒，绝不可谈及猪。如谈及之，则至少抱以厌恶之感，否则将成为宣抚工作推行之一大阻碍。

34. 对于回教徒，要说明日本人亦为不食猪肉的民族，且是最适合成为回教徒的民族。回教徒厌恶猪的理由，乃犹太教徒有食猪的宗教文化。且两教相异，恰如犬猿关系。回教徒在极端禁止食猪的同时，也厌恶食猪的民族。故若说日本人也食猪，则将导致其厌恶，此必然成为宣抚工作上的一大障碍。

35. 在蒙古人较多的地区，说明蒙古族与日本民族同属通古斯族祖先，乃同一种族。为了实证，可指出蒙古语与日语属于相同语系，人种骨骼亦类似等。

36. 对于蒙古族回教徒，在深入调查之后，可使其认为日本人往往视蒙古人为英雄，回教徒乃基于宗教形成的强大且团结的种族。蒙古族、回民等因受到来自清朝的压迫，遭受诸种歧视，在数百年怀柔压迫的结果下，形成弱小的民族性格。同族间暗斗、告密、诬告、嫉妒等相当严重，对此应留意并加以指导。

（四）宣抚工作实施要目[①]

一 民心的安定镇抚

1. 召回难民
2. 纠正对于事变的认识
3. 保护良民的生命财产

---

① 「宣撫工作指針 寺内部隊宣撫班本部」『宣伝、宣撫工作資料 4 （附 情報）』日本防衛省防衛研究所、支那 – 参考資料 – 253。

4. 救恤难民

5. 施疗施药

6. 开设民众问事处

7. 张贴分发布告、传单、海报

二　治安维持

1. 指导组织治安维持会

2. 组织训练自卫团

3. 对土匪采取怀柔政策

三　与军队的合作

1. 收集诸类情报

2. 人夫军马的供应、物资的调配、宿舍的协调

3. 道路、桥梁的修筑

4. 武器、弹药、弹夹的收集

四　铁路爱护工作

1. 铁路爱护村的组织

2. 成立情报联络网

3. 对负责区域的线路实施巡逻

4. 砍除沿线高杆植物并禁止种植

5. 彻底普及爱护思想

五　经济产业的复兴

1. 促使商铺、工厂开业

2. 宣传金票（日元）的流通

3. 促进农作物的收获及上市

4. 开设市场

5. 协调物资交易

6. 协调金融活动

六　教育文化的促进

1. 清除抗日教育

2. 贯彻日满华亲睦精神

3. 开办学校

4. 普及奖励日语教育

5. 指导组织青少年队

6. 发行报纸

（五）宣抚工作实施要领[①]

一　一般注意事项

1. 各宣抚班致力于通过与政治工作机构及地方诸机构（官民诸团体）圆满的合作，实现宣抚目的。

2. 宣抚工作从多方面开展，主要通过诱导、启发当地农、商、教育、宗教诸团体，以及公安队、保卫团等自发协助我工作。

3. 在县城及主要村邑之外的地区，通晓文字者不过占全体人口之百分之五至百分之十，故口头宣传实际上颇有效。

4. 在将携带的宣传材料（海报、传单、布告等）张贴或分发之后，要调查其反响，努力将人群聚集起来说明其主旨。并不仅将之分发完毕就视为完事大吉。

5. 宣抚的成败在于准备工作是否完备，故各班抵达当地后，直接进行宣抚实施上所必需的调查，特别是调查宣传对象及协助我方工作的地方机构的各类情报，决定与之相应的工作要领，然后再着手宣抚工作。在次日命令下达之际，班长应尽可能允许这些人列席，不得已于次日接受必要指示的情况下，应于次日出发之前做好充分的准备工作。例如宣传材料中有次日使用者，应对之预先区分对待。

6. 宣传品的分发，应尽可能利用地方各机构、团体（商会、农会、教育会、宗教团体等），要努力使其具备能够向民众说明的

---

① 「宣撫工作指針　寺内部隊宣撫班本部」『宣伝、宣撫工作資料　4　（附　情報）』日本防衛省防衛研究所、支那 – 参考資料 –253。

储备知识。

7. 应特别考虑旅馆、剧场、粮栈、浴场、市场等民众聚集之地，在这些场所向民众普及扩大宣抚的影响。

8. 通过学校及其他村邑孩童或青年进行宣抚，则特别有利。为此可利用童话会、座谈会等形式。

9. 一般地方民众因中方的宣传，普遍抱有"日军恐怖"的认识。在彻底高调宣传我军威力的同时，亦使之知晓我军的本事及出兵的本义，通过恩威并施，说明我军乃"神军"的事实，引导其态度从畏仰转向钦服。例如，利用"日本的敌人乃南京政府、国民党、共产党，因此对于中国军队，无论其所至何处都会对之歼灭，然而中国民众乃日本的朋友，故要与你们亲睦。看吧！日本兵购物也会付钱，晚上则站岗放哨保护你们村子的平安"等，用民众触目可及的事实来说服则最为有效。本次出兵的地区，大多并不了解我军情况，故有必要为宣传我军的本领而做进一步努力。

10. 尽可能使各店铺开业，亦使摊贩、市场如既往般开放。若见主要都邑人心安定，附近之村民也会以此为准而安心。因此宣抚班员常要注意主要都邑的商况，重要的是通过使农会、商会、粮栈、钱庄等进行适当必要的宣传，以使民众安定家业。

11. 对于日本国旗应持尊敬之念。分发的纸制国旗四散于街头，将其放置于地为赤足所践踏，此最需为戒者。宣传国旗乃了解日本极重要的措施，在分发之际应特别注意。

12. 将宣抚班宿舍公示，务使民众了解，在因语言不通而与日本士兵产生误解的情况下，无论何时宣抚班都会不吝充当翻译之劳，宣抚班要致力使民众与日军融洽接触。

13. 华北驻屯有采取抗日教育的抗日政权及军队，且在共产党、国民党、蓝衣社、CC 系等活跃的地区，务使宣抚班开展多方面的工作。各宣抚班应熟读事先即配给的宣抚相关文件，持续实施有效适当的宣抚工作。茫然前往当地，并不妥当。

14. 华北的宣传对象包括中国军队、国民党、共产党等抗日团体，以及官吏、领导阶层、学生、一般民众，极为复杂，故宜把握各地民众的心理，致力于贯彻所期的目的。

15. 文盲阶层对于绘画虽然理解，但其认识常十分幼稚，尤其是心怀恐惧的人群，多进行错误的解释。应努力向其恳切地说明，使其了解其中真义。

16. 华北各地流行着中方的逆反宣传。各宣抚班抵达当地后，应直接调查中方以往所进行的宣传内容，包括宣传班的组织、宣传者的概况、宣传的要领，以及没收宣传材料的内容等。而且要观察其对于住民的影响，然后努力将之彻底消灭。

17. 行军中的宣传应于休憩及宿营期间适当实施。在路旁或各村落中，以平易的语言说明，"在日军的威力及其本领下，中国军队已全面败退，平津之天地已恢复和平，目前正酝酿日满华融洽合作的气氛，或日军乃民众好友等"，给予民众安心与希望为要。即使在五分乃至十分的休憩期间，也要使各宣抚班员分工宣抚（主要利用满系宣抚员），应注意在人心安定上极有效之做法。

18. 按地方状况，组织宣传队（青年学生、少年、少女等），对其于一定时间内加以适当之训练，对之指导使其协助宣传，此最有效果。确立宣传品分配、街头宣传、村落宣传等适当实施之计划，使其担任宣抚之时，充分满足少年青年之好奇与自负心理，能够发挥意外的效果。留意使他们增加对日本及满洲国的理解与亲和感，此对于将来影响甚大，要致力于对其善加引导。

19. 歌谣宣传多具脍炙人口的渗透力。选定适当的歌谣，应首先使儿童唱和。

20. 实施救恤，必在地方代表者到场后方可进行。千方百计不忘把握宣抚的时机。

21. 宣传用语提倡简单平易。向无智民众说明遥远的概念与难懂的理论，可谓极其迂腐。理性且投入感情，需要花功夫回避较长的文句而选用简洁明了的标语。

22. 在对无智民众实行宣抚之际，比喻的效果往往极好。将其生活中的感情故事吸收消化后灵活运用，大多有助于其理解并增加亲切感。不忘经常留意并利用当地的民情、传说、宗教、历史等。

23. 宣传的要诀在先制，这与战斗相同。通过有效贴切的计划与实施，而使敌无可乘之机。

24. 宣传要通过获取大众的信任，初始便发挥其效用。宣抚班员首先要把握所在地大众的心理。

25. 所谓宣传，在于组织。各班宜启发所在当地大众，对之加以组织，倾全力于将其向实践阶段推进。

二　实施要领

其一　准备

第一，宣抚班到达当地后，速与日军、县公署、公安局、商务会、农会及其他地方有力人物取得联系，从欲逃亡但残留下来的民众中收集宣传工作所必要的各种情报，并基于此确立实施的各项计划。其调查要点如下所示。

1. 敌军的状况，尤其是首领所属系统、数量、位置、掠夺暴行的程度、民心动向等。

2. 省县及村治一般的状况，特别是治安、财政、教育、卫生等一般状况。

3. 地方官员公吏及人民对于国民政府及日军的感情。对于国民政府的感情及对于日本及日军的认识程度，特别是官员、公吏中重要人物的经历及如今的态度。

4. 共产党、国民党及其他抗日团体的态度、活跃程度、领导者、党员人数、对大众的渗透状况。

5. 敌方所做宣传的概况（手段、方法、材料、人员、经费、对大众的渗透程度等）。

6. 可利用的宣传机构（报纸、通信、印刷厂、纸张、职工是否具有能力等）。

7. 可利用的宗教、其他团体结社等。

8. 可利用的地方有名望者及其他领导阶层。

9. 其他宣传对象的现状及其动向。

第二，追随军队行动的情况下，宣抚班应预先了解次日军队的意图与行动，保持密切联系，树立计划方案。

第三，班长在确立各项计划方案之际，要先要了解所属部队长的意图，进而提出具体意见，不断致力于完善准备工作，以待其令而不可失去时机。

第四，班长首先确立详细实施之计划，进行始终一贯的工作。

其二　实施

第一，首先聚集当地代表，着手组织治安维持会。治安维持会的机构应尽量避免繁杂，职员由地方代表间互相选出。

第二，决定治安维持会之机构、职员后，举行启动仪式，使治安维持会职员首先理解本次事变的意义、日军的态度、中日亲善的必要性等，诱导其形成协助日军作战的氛围。而后在实施诸项工作之际，常与治安维持会保持密切联系，以使治安维持会积极开展活动为良策。

第三，关于我军所要求的人夫军马供应、物资调配、宿舍协调等对于军事行动有直接影响的事项，要对治安维持会鞭策指导，使其充分满足我军的要求。经常注意物价高低，勿疏忽大意而使商人贪得暴利。

第四，对于在教堂等地残留的难民，对其应进行安抚讲演，使其速速归家。与此同时对于逃亡近乡者则派人或亲自前往说服其归宅。但在情况险恶的地方，应使密探掌握情报之后方可出发。

第五，经常举办农、工、商、教育、宗教等不同职业代表者的恳谈会，以及与街长、乡镇长、村长等有见识者的恳谈会，以获得领导阶层之信任为初期工作的重点。

第六，对于一般民众，通过街头演讲、讲演会、广播播送、发行报纸、张贴海报布告、分发传单、游行大会等各种方法（其中口耳相传的方法最有效），反复唤起其注意，普及其对时局的认识。

第七，组织青年队、少年队，对其加以教育训练，使之作为宣抚工作可持续的外围实践者，此最有效果。然而在对其指导之际，要获得治安维持会、学校、父兄等各方面的充分谅解。此外训练的科目可为解说本次事变的意义、强调中日亲善必要性、日语课程、军事训练、宣传实用课等。

第八，稳定民食，乃掌握蒙受战祸民心的捷径。关于农、工、商等方面的恢复策略，应于各界代表者合作，寻求迅速打开局面的策略（协调农作物的收获及上市、调度运送工具，补充运入不足物资，成立贩卖行会、采购行会、金融行会，开设市场等）。然而物资的赠与仅限于极度贫困者，应以树立自力更生、恒久健全之策为首位。

第九，应特别留意确保治安。在抵达后应直接组织自卫团，使其收集情报、检举讯问可疑者、夜间巡逻等。且自卫团的组织不限于某一城市，应留意于县下各乡设立分团，彼此协助，以确保全县的治安。

第十，在对土匪采取怀柔策略之际，应与所属部队长充分联系，采取慎重态度以对待之。不留意者将陷入敌方诡计之中，或招致其反感，或穷于怀柔后的处置，徒然丧失宣抚班的威信，应细心加以注意之。

第十一，确保铁路、通信，乃军事上绝对必要的举措。应直接组织铁路爱护村并巩固之，动员附近村民巡逻、监视，使其尽快报告匪徒、败兵等情报。在实施之际，在以严格命令督行的同时，在物资、精神上也要注意给予其酬报。

第十二，宣抚班应组织地方宣抚班立足主要都市及交通要冲，渐渐使其扩大，致力于确立宣传体系与形成宣传网络。

其三　与各机构之协调

第一，宣抚班承所属部队长的意图，致力于完成其所布置的任务。为此则应与所属队长保持密切联系，不可脱离其统辖。

第二，所属部队的干部，当然要与下士官兵经常发扬和衷共济之精神。

第三，与宪兵经常交换情报，致力于协调宣抚与监察的关系。

第四，积极协助卫生部及施疗班的施疗，并利用其达到宣传目的。

（六）宣抚工作业务概要[①]

一　对军方的协助

1. 作战协助

情报收集

敌情地形侦查及其他调查

道路向导及翻译

协助军用铁路、道路、桥梁、堤防、飞机场通信线路的修筑

协助武器弹药的补给

协调战死战伤者的回送与收容

战场清扫（尸体处理，对武器弹药、弹匣等其他遗弃物品的收集）

协调军方宿舍

军用粮食、马粮及其他物资的调配

军用枕木、钢材、木材及其他资材的收集

隐匿武器弹药的搜出与回收

2. 确保兵站线

对爱护村（铁路、主要公路、水路、飞机场及通信线）的组织与指导

---

① 杉山部隊本部宣撫班「宣撫工作業務概要」（1939 年）、『宣撫班小史』日本防衛省防衛研究所、支那 – 支那事变全般 – 180。

对高秆植物（铁路、主要公路、水路、飞机场及通信线两侧地区）的采伐与禁止种植（两侧 700 米）

协助对铁路、公路、桥梁、堤防、飞机场的设备补修

3. 对警备的协助

对警察队的组织、指导、训练

对自卫团、保卫团的组织、指导、训练

对红枪会、大刀会、青帮、红帮及其他特殊团体的争取与利用

对剿共义勇军等特殊团体的组织、指导、训练

对潜伏抗日分子及土匪的搜出与检举

分离匪民的清乡工作

对民间枪械的回收

4. 对敌方组织的破坏工作

通过对敌宣传战的展开，使敌军丧失战意，及发动暴动工作

劝告敌军投降

宣传扰乱敌军驻守地区民心的工作

在敌方失陷地区组织、指导、训练亲日团体，并使之积极斗争

二　民众宣抚

1. 民众镇定安抚工作

纠正其对事变的认识并阐明我军本义

扑灭敌人的宣传并张贴各种布告与海报

难民回归工作

开设妇女避难所

开设民众问事所

户口调查

举行各种治安会议

对不稳分子的警戒善导

对民众实施慰问娱乐

2. 新政工作

各府县市治委员会的组成与指导

县市村制度的确立与指导

恢复县政的基础工作

新政府拥护运动的开展

3. 新生工作

阐明中国事变的真义

"剿共灭党"工作

彻底普及新民主义的工作

"东亚新秩序"建设工作

4. 救恤工作

对难民、极贫者的救济（施米施粥及其他）

开设难民收容所

开设免费诊疗所及巡回施疗

介绍职业

援助开设无劳动能力者（身体不便、废疾患疫、老人、孤儿等）的救济机关（救济院等）

促进并援助开设有劳动能力者的救济授产机构（民生工厂等）

协调难民回乡

协调外出劳作者

5. 保护奖励工作

发给良民证

对正当职业者的保护并援助其发展

对有功劳者及行善者的表彰

对匪袭村子的救援保护

开设避难所（防止匪袭）

对普及日语的奖励

对植树爱林的奖励

6. 经济工作

组织、指导、改良各种经济团体

组织、指导物资对策委员会、灾区复兴委员会

组织、指导商务会、农务会

联合准备银行券、军票流通工作及对旧纸币的流通管理

促进商铺、工厂的开设

再度开设市场

再度开设金融机构

协调紧缺物资、滞货的流入与流出

优良种子的配给

指导、协助播种耕作

保护农作物的收获并协调交易

对敌经济封锁

事业对策

物价统制

7. 教育文化工作

组织、指导各种教化组织

组织、指导思想领导组织

组织、指导普通学校与日语学校的开设

各种报纸、教材、戏剧、小说及其他刊物的刊行或颁布

摧毁抗日教育并没收消灭相关资材

指导、监督邮局再开

对广播的指导

对电影及其他民众娱乐的指导

实施新生中国纪念事业

开展生活改善运动

设置卫生机构并指导防疫业务

8. 团体指导

组织、指导、训练青少年队

组织、指导、训练妇女会

组织、指导、训练家老会

组织、指导、训练自卫团、保卫团

爱护村（铁道、主要公路、水路、飞行场、通信线）

指导秘密结社（红枪会、大刀会、青帮、红帮等）

指导宗教团体（佛教、基督教、回教及其他）

组织、指导教育会、商工农会

指导慈善团体（红卍会、红十字会等）

三　对象调查

1. 一般调查

户口调查（代际、人口、男女、职业、国籍）

面积（全面积、耕地面积、未耕地面积）

铁路、公路、河川、运河、桥梁、飞行场

主要生产物

军需资源

家畜家禽

汽车、马车、人力车

官公署

警察组织

自卫组织

民间所持的枪械弹药

学校

医疗机构

邮递、电信、电话机关

官民所有之工厂

宗教

慈善团体

秘密结社

租税公课

地主自耕地、自耕地兼佃户耕地、佃户耕地

物价、地价

2. 特殊调查研究

对敌军军事政治组织、政策宣传的调查研究及对策

对共产党、国民党及其他抗日团体的组织活动的调查研究及对策

对各种秘密结社的研究及对策

对中国社会实体的研究

图书在版编目（CIP）数据

谋心：日本在中国沦陷区的"宣抚工作"：1937—
1945 / 王萌著. -- 北京：社会科学文献出版社，
2021.11（2024.2 重印）
　ISBN 978 - 7 - 5201 - 9222 - 4

　Ⅰ.①谋… 　Ⅱ.①王… 　Ⅲ.①侵华战争 - 史料 - 日本
- 1937 - 1945 　Ⅳ.①K265.06

中国版本图书馆 CIP 数据核字（2021）第 215328 号

谋心：日本在中国沦陷区的"宣抚工作"（1937—1945）

著　　者／王　萌

出 版 人／冀祥德
责任编辑／邵璐璐
责任印制／王京美

出　　版／社会科学文献出版社·历史学分社（010）59367256
　　　　　　地址：北京市北三环中路甲 29 号院华龙大厦　邮编：100029
　　　　　　网址：www.ssap.com.cn
发　　行／社会科学文献出版社（010）59367028
印　　装／三河市尚艺印装有限公司

规　　格／开　本：787mm×1092mm　1/16
　　　　　　印　张：17　字　数：227 千字
版　　次／2021 年 11 月第 1 版　2024 年 2 月第 3 次印刷
书　　号／ISBN 978 - 7 - 5201 - 9222 - 4
定　　价／89.00 元

读者服务电话：4008918866